电子商务类专业创新型人才培养系列教材

电子商务数据分析 | 微课版

徐文瑞 文林莉 / 主编
黄浩锋 林佳林 / 副主编

人民邮电出版社
北京

图书在版编目（CIP）数据

电子商务数据分析 ：微课版 / 徐文瑞，文林莉主编
. -- 北京 ：人民邮电出版社，2023.7（2024.6重印）
电子商务类专业创新型人才培养系列教材
ISBN 978-7-115-61627-2

Ⅰ. ①电… Ⅱ. ①徐… ②文… Ⅲ. ①电子商务－数据处理－教材 Ⅳ. ①F713.36②TP274

中国国家版本馆CIP数据核字(2023)第063082号

内容提要

本书包括电商数据分析认知、市场与行业数据分析、竞争数据分析、商品数据分析、客户数据分析、销售数据分析、供应链数据分析 7 个项目。全书按照“理论知识讲解+综合实操演练”的思路组织内容，并通过“同步练习”栏目帮助读者及时内化知识，通过“数据意识”“数据思维”“数据安全”等栏目培养“数据工匠精神”，提升职业素养。

本书立足岗位，内容全面，既可以作为应用型本科院校、高职院校电子商务、经济管理等专业相关课程的教材，也可以作为电子商务数据分析职业技能培训教材，还可以作为电子商务从业人员的自学用书。

◆ 主　　编　徐文瑞　文林莉
副 主 编　黄浩锋　林佳林
责任编辑　楼雪樵
责任印制　王　郁　彭志环

◆ 人民邮电出版社出版发行　　北京市丰台区成寿寺路 11 号
邮编　100164　　电子邮件　315@ptpress.com.cn
网址　https://www.ptpress.com.cn
涿州市京南印刷厂印刷

◆ 开本：787×1092　1/16
印张：10.5　　2023 年 7 月第 1 版
字数：294 千字　　2024 年 6 月河北第 2 次印刷

定价：59.80 元

读者服务热线：(010) 81055256　印装质量热线：(010) 81055316
反盗版热线：(010) 81055315
广告经营许可证：京东市监广登字 20170147 号

FOREWORD

前　言

党的二十大报告提出，要加快发展数字经济，促进数字经济和实体经济深度融合。电子商务已成为数字经济和实体经济的重要组成部分，是催生数字产业化、拉动产业数字化、推进治理数字化的重要引擎。

近年来，电子商务（以下简称“电商”）迅猛发展，移动互联网、物联网、大数据、云计算、人工智能、虚拟现实等数字技术，为电商创造了丰富的应用场景，不断催生新模式、新业态。数据蕴藏着巨大的商机，数据化运营成了企业在电商制胜的关键，数据分析则成了电商从业人员必备的核心技能。

在数字经济发展背景下，本书旨在通过对行业前沿的店铺引流、市场竞争、商品规划、客户分析等运营数据分析方法和技能的讲解，培养具有数据思维及数据分析能力、能够服务新时代数字经济建设的高素质电商人才。具体来讲，本书具有以下特点。

1.“岗课赛证”融通，系统设计专业技能实训体系

本书依据电商运营及数据分析岗位技能要求，对接电商技能大赛、1+X 证书标准，基于“岗课赛证”融通育人模式设计项目内容；聚焦企业数字化转型需求，对数据分析工作任务进行解析，遵循电商运营工作流程，形成电商数据分析认知、市场与行业数据分析、竞争数据分析、商品数据分析、客户数据分析、销售数据分析、供应链数据分析 7 个教学项目。本书系统讲授电商运营数据指标及指标间的内在联系、运营数据分析的思路和要点、数据分析报告撰写等知识，并引入实战任务，帮助读者通过数据化思维解决企业实际问题。

2.“工匠精神”引领，构建“三阶递进”育人模式

本书遵循“洞察数据—分析数据—应用数据”的内在决策逻辑，以培养“数据工匠精神”为主线，从强化数据思维、培养工匠精神、实现数据赋能三个层次，通过“数据意识”“数据思维”“数据安全”等栏目，递进式提升电商从业人员的职业素养。

3.“讲练结合”教学，打造师生互动高效课堂

本书既强调基础，又力求体现行业新知识、新技术、新规范。本书在编写体例上采用活页式设计，同时利用简约的文字表述、大量的操作演示，并通过“理论讲解+思考练习”“实操演练+技能训练”的模式，丰富课堂教学活动，引导师生有效互动，优化课堂教学效果。

本书配有微课、课件、教学大纲等丰富的教学资源，供读者学习，全书实操配套素材文件可通过人邮教育社区（www.ryjiaoyu.com）下载。

本书由徐文瑞、文林莉担任主编，黄浩锋、林佳林担任副主编。其中，项目 3 由徐文瑞撰写，项目 2、项目 5 由文林莉撰写，项目 4 由黄浩锋撰写，项目 1、项目 6 由林佳林撰写，项目 7 由刘电威撰写。本书大纲的编写，内容的总体设计，以及最后的统稿、审核由徐文瑞完成。本书在编写过程中得到了校企合作企业芜湖雷士照明电子商务有限公司、珠海市煜晟电子商务有限公司的指导和帮助，在此表示感谢。

由于编者水平有限，书中难免存在疏漏和不足之处，恳请广大读者批评指正。

编　者

2023 年 3 月

CONTENTS

目　录

项目 1

电商数据分析认知

学习目标 ↓

知识目标

- 了解数据的概念、电商数据的分类，以及电商数据分析的作用
- 了解数据化运营的概念和电商数据的来源
- 掌握电商数据化运营的相关指标及计算方法
- 掌握电商数据化运营的流程

能力目标

- 能对电商数据及电商数据化运营相关指标进行分类
- 能对电商数据化运营相关指标进行计算及分析
- 能根据电商数据化运营流程开展数据分析

素养目标

- 熟悉电商数据化运营应遵守的相关法律法规
- 培养正确的数据价值观及数据安全观
- 培养实事求是、精益求精、开拓创新的数据工匠精神

思维导图 ↓

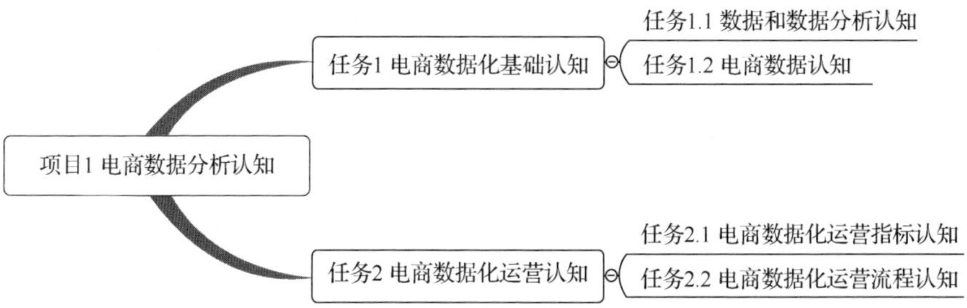

任务导入

索菲亚：做家具行业的大数据公司

近年来，为应对日趋加剧的市场竞争，传统家具行业龙头企业索菲亚提出数字化转型，率先向数据化精准营销的方向迈进。索菲亚斥巨资进口德国数据管理自动化生产设备、引入甲骨文一体化数据管理系统、成立几百人技术研发团队，通过分析已成交订单客户的大数据来预测客户未来3～5年的新消费需求，如婚房装修后两年可能产生的对儿童家具的需求；并根据分析结果，通过微信公众号等方式适时向潜在客户推送其商品，刺激其产生购买欲望。通过对客户的行为数据和交易数据，以及产品制造数据的分析，索菲亚更早地了解了客户行为，从而可以更精准地向客户推送对应的产品。此外，索菲亚运用大数据实现了品类联动，将索菲亚衣柜的老客户引流到司米橱柜，让老品牌推动新品牌快速发展。

与此同时，为深度推进数字化转型，索菲亚建立了公司层面的执行团队，对生产经营活动各个环节和渠道的数据进行收集、汇总与深挖。索菲亚已经成功将经销商的数据收集起来，并通过数据分析及挖掘，极大地提高了供应链管理及运行效率，实现了柔性生产。图1-1所示为索菲亚数字化营销整体结构。

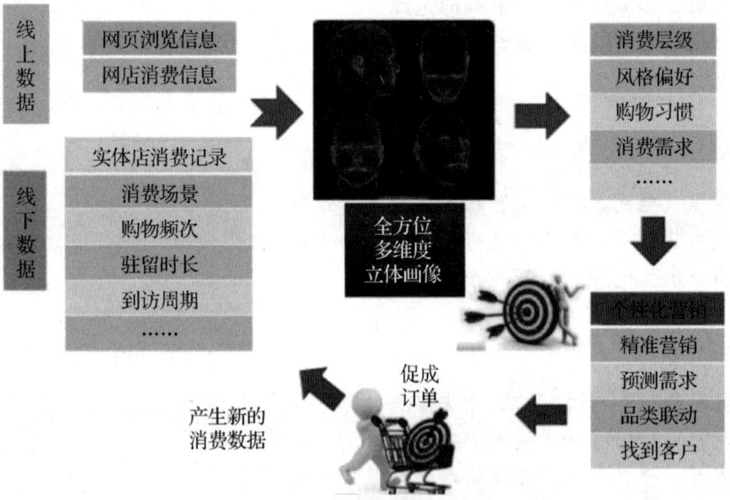

图1-1　索菲亚数字化营销整体结构

任务思考： 随着电商时代的来临，数据已成为重要的生产要素，越来越受到企业的高度重视，数据战略必将成为现代企业的基本战略。那么，企业应如何寻找有价值的数据？又应该用什么方法开展数据分析，并将分析结果运用到电商运营过程中呢？

任务 1　电商数据化基础认知

随着数字经济的快速发展，数据作为现代经济发展的重要生产要素，能有效提高企业经营管理效率，推动企业数字化变革。借助现代信息技术，充分挖掘数据的应用潜力，实现企业数字化转型升级，是现代企业发展的必由之路。

任务 1.1　数据和数据分析认知

数据（Data）是进行各种统计、计算、科学研究或技术设计等所依据的数值，是可识别、抽象的符号。随着现代信息技术的发展，计算机对数据的处理能力越来越强，数据变得越来越复杂多样。

1.1.1　数据的概念

数据是对客观事物的逻辑归纳，是事实或观察的结果，是用于表示客观事物的未经加工的原始素材，其表现形式可以是符号、文字、数字、音频、图像、视频等。

数据意识

数据：新型生产要素

2020 年 3 月 30 日，《中共中央 国务院关于构建更加完善的要素市场化配置体制机制的意见》发布，首次将数据作为与劳动力、资本、土地、技术并列的生产要素。数据作为新型生产要素，具有以下特点。

1. 边际效用递增。传统生产要素因被使用而消耗价值，数据则相反，数据在流动、应用过程中能得到进一步积累，价值会更大。

2. 间接赋能。数据并不能直接创造价值，其价值需要通过赋能业务、管理或提升企业运营效率来体现，其价值传导具有间接性。

3. 数据量呈指数级增长。据测算，每 18 个月全球新增信息量是计算机有史以来全部信息量的总和。

4. 产权和价值界线识别难度增加。由于数据的特殊性，其产权归属及价值度量还没有统一、明确的标准，相关的法律法规体系还有待完善。

1.1.2　数据分析的概念

数据分析是指对收集来的大量数据进行详细研究和概括总结的过程，分析者通过适当的统计分析方法提取数据中的有用信息，形成结论，以求最大化地开发数据的功能，发挥数据的作用。数据分析可以帮助人们获取知识和洞察力，做出更好的决策。

1.1.3　数据分析的意义

数据分析通过数据的采集、整合、处理、提炼，得出相应的结论，使人们能够更清晰地认知事物，从而为人们做决策提供帮助，提高决策的合理性和科学性。

一是数据分析在大量的、看似杂乱无章的数据中，集中萃取和提炼出关键信息，可以发现研究对象的内在规律。

二是数据分析有组织有目的地收集数据、分析数据，使数据成为有价值的信息。

三是现代企业经营过程中，数据分析能帮助企业及时掌握运营状况、商品销售情况、用户特征、产品特性等信息，帮助企业提高决策的有效性。

任务 1.2　电商数据认知

在电商业务流程中，数据将商品、活动、客户等各环节有机结合起来，帮助电商企业实现精细化、高效化运营。

1.2.1 电商数据的概念

电商数据主要是指记录电商业务流程中各类商品及用户行为的数字信息，主要包括商品信息，用户的注册、登录、点击、消费、复购等量化数据。

1.2.2 电商数据的分类

与传统行业相比，电商数据的表现形式及来源更加多样，可按照不同维度进行分类。

一是按照数据的表现形式，电商数据可划分为数值型数据和分类型数据两类。

（1）数值型数据是由多个单独的数字组成的一串数据，是直接使用自然数或度量衡单位进行计量的具体的数值，是可以用来计算的数值或者观测值，如商品的销量、价格，网店一周的销售记录等。

（2）分类型数据即反映事物类别的数据。分类型数据可以通过分组或者分类来反映事物，如客户性别、企业规模、商品类型、品牌型号等。

二是按照数据的来源，电商数据可划分为市场数据、运营数据及商品数据 3 类。

（1）市场数据是指反映市场供需关系及店铺竞争环境的数据，主要包括行业数据及竞争数据，如表 1-1 所示。

（2）运营数据是指电商运营推广等活动所产生的数据，主要包括客户数据、推广数据、销售数据及供应数据，如表 1-2 所示。

（3）商品数据是指商品推广及销售所产生的数据，主要包括行业商品数据及企业商品数据，如表 1-3 所示。

表 1–1　市场数据类型

数据类型	含义	主要内容
行业数据	企业在整个市场发展的相关数据	包括行业销售额、行业增长率等行业发展数据，需求量变化、品牌偏好等市场需求数据，地域分布、职业等目标客户数据
竞争数据	能够揭示企业在行业中竞争力情况的数据	包括竞争对手销售额、客单价等交易数据，活动形式、活动周期等营销活动数据

表 1–2　运营数据类型

数据类型	含义	主要内容
客户数据	客户在购物过程中所产生的数据	如性别、年龄、职业等客户画像数据，以及浏览量、收藏量等客户行为数据
推广数据	企业在运营过程中进行推广所产生的数据	如各推广渠道的展现量与点击量，成交转化率等数据
销售数据	企业在销售过程中产生的数据	如销售额、订单量等交易数据，响应时长、询单转化率等服务数据
供应数据	商品在采购、物流、仓储过程中产生的数据	如采购数量、采购单价等采购数据，物流时效等物流数据，库存周转率、残次库存比等仓储数据

表 1–3 商品数据类型

数据类型	含义	主要内容
行业商品数据	商品在整个市场的相关数据	如行业商品搜索指数、行业商品交易指数等数据
企业商品数据	商品在具体企业的相关数据	如新客点击量、重复购买率等商品获客能力数据，客单价、毛利率等商品盈利能力数据

1.2.3 电商数据的来源

（1）电商网站或第三方网站提供的数据工具

在运营过程中，电商网站及店铺所产生的数据，可通过电商平台提供的数据工具获取，如淘系平台的生意参谋、京东平台的京东商智等。独立平台的流量数据，可使用第三方提供的数据工具进行收集，如百度统计、友盟等。

（2）政府部门、行业协会、媒体

政府部门、行业协会、新闻媒体、出版社等发布的统计数据、行业调查报告、新闻报道、出版物等都是获取数据的渠道。

（3）权威网站、数据机构

行业权威网站或数据机构发布的报告、白皮书等也是常见的数据收集渠道，如易观分析、艾媒咨询等。

（4）电商平台

电商平台上聚集着众多行业卖家和买家，记录了买卖双方交易全过程的数据，并提供相应的数据服务。

（5）指数工具

百度指数、360 趋势、搜狗指数等工具依托平台海量用户搜索数据，产生了相应的搜索趋势、需求图谱、用户属性等数据，该类数据可为行业市场分析、用户需求分析和用户画像构建提供重要依据。

数据安全

合法收集数据，远离非法数据来源渠道

据媒体报道，在一些专业二手平台上，网售大数据采集和定制业务颇为盛行。原来，这些数据商的背后隐藏着一条非法获取用户数据的产业链。他们通过专业的“爬虫软件”侵入搜索引擎、企业网页、微信公众号及朋友圈等，采集、汇总、整理数据，然后生成所谓的大数据产品用于出售。

按照《网络安全法》的规定，任何个人和组织不得从事“窃取网络数据”等危害网络安全的活动，不得提供专门用于从事侵入网络、干扰网络正常功能及防护措施、窃取网络数据等危害网络安全活动的程序、工具。电商运营人员应该加强辨识能力，远离非法数据来源渠道，做到合理合法收集数据。

1.2.4 电商数据分析的作用

企业在运营过程中积累了大量数据，运营者对这些数据进行分析，能够及时评价运营绩效，更精准、更科学地辅助企业发展。

（1）流量分析有助于提高运营推广效率

流量分析主要是对企业在电商平台内外进行营销推广所产生的数据进行分析。通过流量分析，运营者能够把控不同渠道的引流效果，掌握企业日常运营情况，及时发现运营异常并进行调整。

（2）客户分析有助于实现精准营销

客户分析主要是对企业的目标客户群体、实际交易客户群体、潜在客户群体等进行分析。对客户自然属性、设备属性、行为属性展开分析，有利于企业实现对客户的精准营销。

（3）商品分析有助于实现商品升级和优化

商品分析是对商品相应的指标进行分析，如对商品的点击量、订单量、成交量、客户反馈等进行分析，可帮助企业实现商品升级和优化。

（4）市场分析有助于运营者科学决策

市场分析是对企业所在行业及市场的发展现状、发展趋势等进行分析，能够帮助运营者确定市场定位、商品定位、发展目标等决策性内容。

任务 2　电商数据化运营认知

电商企业在经营过程中，通过数据化的工具、技术及方法，对运营过程的各个环节进行科学的分析，并提出专业、准确的行业数据解决方案，可以优化运营效率、降低运营成本、提高效益，实现企业数据化运营的效果。电商数据化运营需要围绕相关指标，遵循相应的流程和方法。

任务 2.1　电商数据化运营指标认知

指标是电商各环节运营效果的量化显示，电商数据化运营的相关指标可分为市场类指标、运营类指标及商品类指标。

2.1.1　市场类指标

市场类指标用于反映企业的经营环境，主要包括行业销售量、行业销售量增长率、行业销售额、企业市场占有率、竞争对手销售额、竞争对手客单价等。

（1）行业销售量：是指在一定时间内行业商品的总成交数量。

（2）行业销售量增长率：是指行业总体销售量的增长速度，其计算公式如下。

$$行业销售量增长率=\frac{行业本期商品销售总增长数量}{行业上期或同期商品总销售量}\times100\%$$

（3）行业销售额：是指在一定时间单位内行业所有成交数量对应的交易金额。对于同一交易类型，行业成交数量越多，行业销售额就越高。

假设本月手机行业销售量为 100 万部，平均每部价格为 1500 元，本月比上月多销售了 20 万部，则本月手机行业销售量增长率（环比）为 25%，行业销售额为 15 亿元。

（4）企业市场占有率：又称市场份额，是指企业商品的销售额（量）在市场同类商品中所占的比例，该指标在一定程度上反映了企业的竞争地位和盈利能力。企业市场占有率根据市场范围不同，共有 4 种计算方法。

① 企业总体市场占有率：是指一个企业的销售额（量）在整个行业中所占的比例。

$$企业总体市场占有率=\frac{企业销售额（量）}{行业销售额（量）}\times100\%$$

② 企业目标市场占有率：是指一个企业的销售额（量）在其目标市场（即其服务的市场）所占的比例。一个企业的目标市场范围小于或等于整个行业的范围，因此其目标市场占有率大于或等于总体市场占有率。

$$企业目标市场占有率=\frac{企业销售额（量）}{目标市场销售额（量）}\times100\%$$

③ 企业相对市场占有率：又称三大竞争者市场占有率，是指一个企业的销售额（量）与市场上最大的 3 个竞争者的总销售额（量）之比。一般来说，一个企业的相对市场占率超过 1/3，说明该企业在市场竞争中有一定的实力。

$$企业相对市场占有率=\frac{企业销售额（量）}{市场上最大的3个竞争者的总销售额（量）}\times100\%$$

④ 企业最大竞争者市场占有率：是指一个企业的销售额（量）与市场上最大竞争者的销售额（量）之比。一般来说，若企业最大竞争者市场占有率大于 100%，说明企业在市场中处于主导地位。

$$企业最大竞争者市场占有率=\frac{企业销售额（量）}{市场上最大竞争者的销售额（量）}\times100\%$$

例如，珠海白蕉海鲈行业年销售规模达 30 亿元，其中，线上年销售规模为 10 亿元。某网店专注于白蕉海鲈线上销售，年销售规模为 3 亿元，则该网店总体市场占有率为 10%，而目标市场占有率为 30%。与此同时，该企业市场上最大的 3 个竞争对手的总体市场占有率分别为 10%、8%、7%，则该企业相对市场占有率为 40%，最大竞争者市场占有率为 100%。上述数据说明，该企业在行业内特别是线上市场，具有较强的竞争力。

（5）竞争对手销售额：是指企业的竞争对手在一定时间内所销售商品数量对应的总销售额。

（6）竞争对手客单价：是指在一定时期内，竞争对手的每个客户平均购买商品所支付的金额。

$$竞争对手客单价=\frac{竞争对手销售额}{竞争对手成交客户数}$$

例如，某销售白蕉海鲈的网店通过生意参谋查到其在天猫及淘宝平台上的最大竞争对手 2022 年 10 月销售额达 360 万元，共有 3 万个客户下单，则其客单价为 120 元。

2.1.2 运营类指标

运营类指标主要用来衡量网店整体运营状态，包括客户指标、推广指标、销售指标、供应指标等。

（1）客户指标

客户数据化运营是网店运营的重要基础。客户指标主要用于描述可营销客户的黏度和忠诚度，包括注册用户数、重复购买率、购买频率、客单价等。

① 注册用户数：是指电商平台的注册用户总数。

② 重复购买率：简称复购率，是指在一定时间内产生两次及两次以上购买行为的客户数占购买客户总数的比例，有两种计算方法。

$$重复购买率=\frac{一定时间内重复购买的客户数}{购买客户总数}\times 100\%$$

$$重复购买率=\frac{一定时间内客户重复交易的总次数}{购买客户总数}\times 100\%$$

③ 购买频率：是指在一定时间内客户消费的次数，购买频率越高，说明客户的忠诚度及价值越高。

④ 客单价：是指在一定时间内网店每个客户平均购买商品所支付的金额，即平均交易金额。客单价越高，说明网店对客户的吸引力越强，客户购买意愿越强烈。客单价有两种计算方法。

$$客单价=\frac{销售额}{成交客户数}$$

$$客单价=\frac{销售额}{成交订单数}$$

例如，天猫平台某品牌女装注册会员达 12000 人，2021 年第 4 季度，该网店成交的客户数为 10 万，其中，复购的客户数为 3 万，重复购买率为 30%。该网店会员忠诚度较高，会员季度平均购买频率为 2.5 次。2021 年第 4 季度，该网店销售额达 2000 万元，客单价为 200 元。

（2）推广指标

推广指标的核心是流量，流量直接关系到商品的销量，要想取得不错的销量，就必须进行适当的运营推广。推广指标主要包括访客数、网页浏览量、访问深度、网站跳出率、展现量、点击量、成交转化率等。

① 访客数与网页浏览量

访客（Unique Visitor，UV）数又称独立 IP 访问者数或独立访客数，是一定时间内不同访客数量的统计指标。UV 数只记录第一次进入网店的具有独立 IP 的访客，对多次访问的同一访客进行去重计算，每个固定的访客只代表一个唯一的用户。通过 UV 数可以更加准确地了解一定时间内实际上有多少个访客来到相应的页面。

网页浏览（Page View，PV）量又称访问量，指在统计周期内用户浏览网页的次数。用户每访问网站中的 1 个网页均被记录为 1 次，访问次数累计形成 PV 量。PV 量是评价网站流量最常用的指标之一，也是用来衡量网站广告价值和用户关注度的重要指标。例如，网站当天记录的独立 IP 有 1000 条，每个用户平均访问了 5 个页面，则 PV 量为 5000 次。

② 访问深度

访问深度（Depth of Visit，DV）又称平均访问页面数，是指用户在一次浏览网站的过程中访问的页面总数。平均访问页面数越多，表明用户对网站中的内容越感兴趣。网站的平均访问页面数可以用 PV 量和 UV 数的比值表示，即 $DV=\frac{\text{PV量}}{\text{UV数}}$，这个比值越大，用户对网站的体验感就越好，黏性也越强。

③ 网站跳出率

网站跳出率（Bounce Rate，BR）是进入网站后马上离开的用户数与进入网站的总用户数的比值。网站跳出率是评价一个网站性能的重要指标，网站跳出率高，说明网站给用户的体验不好；反之，如果网站跳出率较低，则说明网站给用户的体验不错，用户对网站内容感兴趣，可能会再来光顾，这样就增强了用户黏性，大大增加了用户在网站中消费的概率。

$$\text{网站跳出率}=\frac{\text{仅进入网站就离开的用户数}}{\text{总访问用户数}}\times 100\%$$

④ 展现量与点击量

展现量是指统计周期内通过搜索关键词展现店铺或店铺商品的次数。展现量越高，表明搜索的人越多，市场需求量越大。点击量是指某一段时间内某个或者某些关键词广告被点击的次数。点击量越高，表明对商品感兴趣的人越多，推广的效果越好。点击量除以展现量可以得到点击率，在展现量不变的情况下，点击率高才能获得更多的流量。

例如，某女装网店日均展现量为 9977 次，点击量为 103 次，点击率约为 1.03%。为提高经营效益，该网店开展了直通车推广，展现量达到 17535 次，点击量为 787 次，点击率约为 4.49%，直通车推广效果明显。

⑤ 成交转化率

成交转化率是指在统计周期内完成付款的客户数占该商品所有访客数的比例。成交转化率越高，说明进店的流量越精准，网店运营推广效率越高。

$$\text{成交转化率}=\frac{\text{完成付款的客户数}}{\text{该商品的总访客数}}\times 100\%$$

（3）销售指标

销售指标是企业在销售过程中产生的指标合集，能够揭示企业销售状况，包括销售额、毛利、毛利率、投资回报率。

① 销售额，是指一定时间内网店销售商品所获得的全部价款（收入）。网店销售额可以通过访客数、成交转化率及客单价进行测算。

$$\text{销售额}=\text{访客数}\times\text{成交转化率}\times\text{客单价}$$

② 毛利，是指销售收入与成本之间的差额，是衡量商品或网店盈利能力的重要指标之一。

$$\text{毛利}=\text{销售收入}-\text{销售成本}$$

③ 毛利率，是指毛利与销售收入的比值，毛利率越高，说明网店或商品的竞争力越强，盈利能力越强。

$$\text{毛利率}=\frac{\text{销售收入}-\text{销售成本}}{\text{销售收入}}\times 100\%$$

④ 投资回报率，指投资后所得的净利润与总投资额之比，投资回报率越高，说明网店盈利能力越强。

$$投资回报率=\frac{净利润}{总投资额}\times 100\%$$

例如，2021 年某服装品牌销售收入为 10.5 亿元，销售成本为 8.8 亿元，则该品牌毛利为 1.7 亿元，毛利率约为 16.19%。扣除各项成本后，该品牌净利润为 0.3 亿元，总投资额为 7.8 亿元，则年投资回报率约为 3.85%。

（4）供应指标

供应指标是企业在采购、物流、仓储环节产生的指标合集，能够反映企业供应链的运营情况和存在的问题，包括平均配送成本、订单响应时长等。

① 平均配送成本是指在单位时间内平均每单位商品配送产生的成本。平均配送成本越低，说明网店物流管理效率越高。

$$平均配送成本=\frac{单位时间内商品配送总成本}{单位时间内商品配送总数量}$$

② 订单响应时长是指从客户下单到收货的时长，订单响应时长越短，说明客户满意度越高。

例如，某销售白蕉海鲈的网店为保证配送时效，与顺丰速运开展合作，将省内订单响应时长控制在 24 小时以内，省外订单响应时长控制在 48 小时以内。2022 年上半年该网店已累计配送 12000 笔订单，配送成本累计支出 30 万元，则平均配送成本为 25 元。

2.1.3 商品类指标

（1）SKU（Stock Keeping Unit，最小存货单位）即库存进出的基本计量单位，可以是件、盒、托盘等单位。SKU 现已被引申为商品统一编码的简称。对电商而言，SKU 是指商品的销售属性集合，每款商品均对应唯一的 SKU。一款商品有多个型号或颜色，则有多个 SKU。

（2）SPU（Standard Product Unit，标准化商品单元），是指一组可复用、易检索的标准化信息的集合，该集合描述了一款商品的特性。通常属性值、特性相同的商品就可以称为一个 SPU。

例如，某淘宝童装店销售的“蝴蝶侠棉衣”共有两种颜色，则“蝴蝶侠棉衣”为一个 SPU，分为两个 SKU（不同颜色）。

思考练习

正确区分 SKU 与 SPU

某手机天猫店销售小米手机 12，共有 64GB、128GB 及 256GB 3 种内存规格，且每种内存规格的手机均有黑色、蓝色、紫色 3 种颜色，请问该店铺有多少个 SKU、多少个 SPU？

任务 2.2 电商数据化运营流程认知

电商数据化运营的一般流程包括明确数据分析目标、数据采集、数据处理、数据分析、数据展现及撰写数据分析报告等环节。

2.2.1 明确数据分析目标

电商数据化运营要有明确的数据分析目标，才能根据目标准确选择所需的数据。明确了数据分析目标后，就可以把目标分解成若干个不同的分析要点，再针对每个分析要点确定具体分析指标和分析方法。

2.2.2 数据采集

数据采集按照采集方式，可分为线上采集和线下采集；按照采集渠道，可分为内部采集和外部采集。线上采集指的是利用互联网技术自动采集数据。线下采集是指在线下完成的数据采集工作，相对比较传统，对技术要求不高。内部采集是指获取的数据都来源于企业内部，如日常财务数据、销售业务数据、客户投诉数据、运营活动数据等。外部采集是指数据不是企业内部产生的，而是通过其他手段从外部获取的。

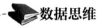

数据思维

尚品宅配创新家居行业数据采集方式

家居行业在零售业中属于明显的低频消费领域，导致所采集的数据多是一次性数据，只能从单一维度对消费者进行描绘，所以只能通过长期积累形成一定的数据基础。尚品宅配作为行业内率先实施数字化转型的龙头企业，有意识地捕捉每个环节的数据，主动开拓数据的采集渠道和方式。

尚品宅配开展在线免费设计活动，让 1 万多名设计师每年进入 60 万户家庭，用几年时间收集了全国 5 万多种不同的房型，并且实地把房型画出来。这些房型图不只是简单的房型数据图，还包含居住者的职业、年收入、家庭成员构成、喜好等立体数据，为尚品宅配打造大数据云计算平台奠定了基础。尚品宅配还针对每一种房型设计了不同风格的餐厅、客厅、卧室、书房等，并一直坚持补充和更新。看似无利润且耗时耗力的工作，却让尚品宅配积累了 100 多万种全屋设计方案，可最大限度地满足消费者的需求。

2.2.3　数据处理

数据处理是指从大量的、杂乱无章的、难以理解的数据中提取并推导出对解决问题有价值的数据，并根据数据分析目标进行加工整理，形成适合分析的数据形式。在数据处理过程中，应保证数据的一致性和有效性。

数据处理的具体过程包括数据清洗、数据转化、数据提取、数据计算。

（1）数据清洗是对数据进行重新审查和校验的过程，目的在于删除重复数据，纠正存在的错误，并保持数据的一致性。

（2）数据转化是将数据从一种形式变为另一种形式的过程，即将原始数据转化为适合开展分析的形式。

（3）数据提取是从原始数据中抽取所需数据的过程。

（4）数据计算是对数据进行有目的的加、减、乘、除等计算，以求最大限度地开发数据价值，提取有用信息。

2.2.4　数据分析

基于处理好的数据，网店运营人员可以对其进行分析和挖掘。数据分析是用适当的分析方法及工具，对处理过的数据进行分析，提取有价值的信息，形成有效结论的过程。常用的分析方法有描述性统计分析、趋势分析、对比分析、结构分析、交叉分析等。常用的分析工具包括 Excel、SPSS、Python、R 语言等。

2.2.5　数据展现

数据展现除遵循各企业已有的规范外，具体形式还要根据实际需求和场景而定。常见的数据展现形式有饼图、柱状图、折线图等。数据展现图表制作步骤包括确定图表主题、选择合适的图表类型，选择数据制作图表，完成图表的美化，以及检查图表是否能真实反映数据、完整表达观点。

2.2.6　撰写数据分析报告

数据分析报告是数据分析过程和思路的最终呈现，数据分析报告的作用在于以特定的形式将数据分析结果展示给决策者，给他们提供决策依据。

数据分析报告包括引入、正文和结论 3 个部分，其基本架构如图 1-2 所示。

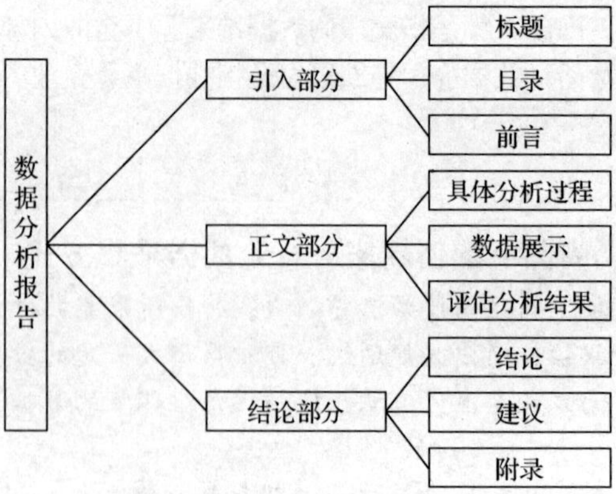

图 1-2　数据分析报告基本架构

同步练习

一、单选题

1. 下列关于电商数据化运营工作流程的表述正确的是（　　）。
   A. 明确数据分析目标—数据处理—数据采集—数据分析—数据展现—撰写分析报告
   B. 明确数据分析目标—数据处理—数据采集—数据分析—撰写分析报告—数据展现
   C. 明确数据分析目标—数据采集—数据处理—数据分析—数据展现—撰写分析报告
   D. 明确数据分析目标—数据采集—数据处理—数据分析—撰写分析报告—数据展现
2. 运营人员在店铺中应起到的作用是（　　）。
   A. 管理团队工作
   B. 确定团队分工
   C. 管理物流运输
   D. 监控店铺销售数据、制订运营计划
3. 在统计周期内，用户浏览网页的次数是指（　　）。
   A. 商品访客数
   B. UV 数
   C. 商品浏览量
   D. PV 量
4. 下列关于电商数据的表述不正确的是（　　）。
   A. 电商数据包括市场数据、运营数据、商品数据等
   B. 运营数据是企业在运营过程中产生的客户数据、推广数据、销售数据、供应数据等
   C. 市场数据包括行业数据、竞争数据、物流仓储数据等
   D. 商品数据是围绕企业商品产生的相关数据

二、多选题

1. 下列属于电商数据分析在企业中常见应用的有（　　）。
   A. 对企业网站运营及对外营销推广所产生的数据进行分析
   B. 对企业目标客户群体、实际交易客户群体、潜在客户群体等进行分析
   C. 对商品的点击量、订单量、成交量、客户反馈等数据进行分析
   D. 对企业所在行业及市场的发展现状与趋势进行分析
2. 电商数据化运营的价值包括（　　）。
   A. 洞悉用户
   B. 窃取机密
   C. 数据预测
   D. 数据化管理
3. 下列指标属于市场类指标的有（　　）。
   A. 复购率
   B. 企业市场占有率
   C. 市场增长率
   D. 竞争对手客单价

4. 影响销售额的指标主要有（　　）。

A. 成交转化率

B. 客单价

C. UV 数

D. 投资回报率

三、判断题

1. 数据化运营是指通过数据化的工具、技术和方法，对运营过程中的各个环节进行科学分析、引导和应用，从而达到优化运营效果和效率、降低运营成本、提高运营效益的目的。(　　)

2. 衡量企业通过网站投放广告的效果的指标是广告带来的 UV 数。(　　)

3. 小李认为只要每天的 UV 足够多，店铺就一定能发展得很好。(　　)

项目 2

市场与行业数据分析

学习目标 ↓

知识目标

- 了解市场需求分析的内容及方法
- 掌握市场趋势分析的方法
- 掌握行业集中度分析的方法
- 理解市场容量预测的重要性

能力目标

- 能够对市场需求量的变化趋势进行分析
- 能够对客户的品牌、属性、价格偏好进行分析
- 能够应用赫芬达尔指数进行行业集中度分析
- 能够应用趋势预测法和切片器工具对市场容量进行分析及预测

素养目标

- 在进行市场分析时合理合规采集数据
- 遵守职业道德，在进行数据分析时严谨、精益求精、不弄虚作假

思维导图 ↓

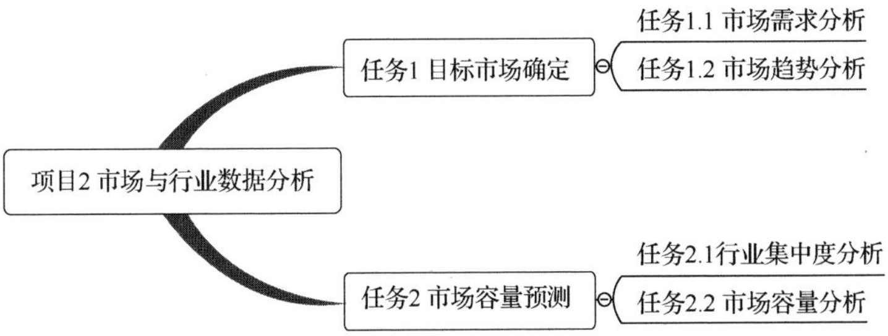

任务导入

女装行业市场需求分析

某电商企业在进入女装市场之前，借助百度指数工具了解行业的市场需求变化情况。在搜索框中输入行业类目词“女装”，查看搜索指数，了解客户对女装的关注情况，如图 2-1 所示，行业整体情况比较平稳，适合企业进入。

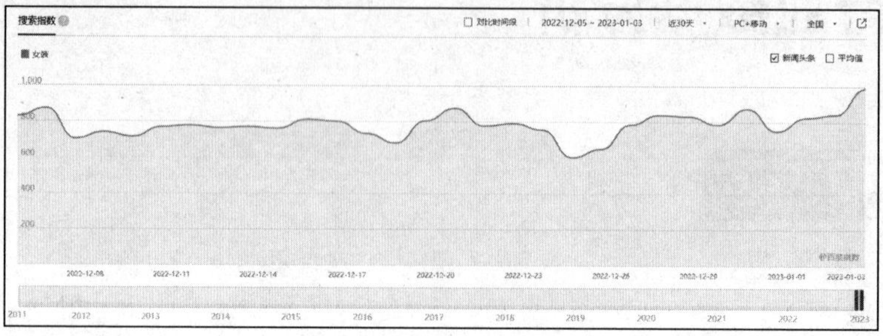

图 2-1　女装搜索指数

再通过需求图谱可以看出在需求方面关注度比较高的是“女装服装”等，且其搜索指数呈现上升趋势，如图 2-2 所示。结合市场需求来看，该企业可以尝试做女装。

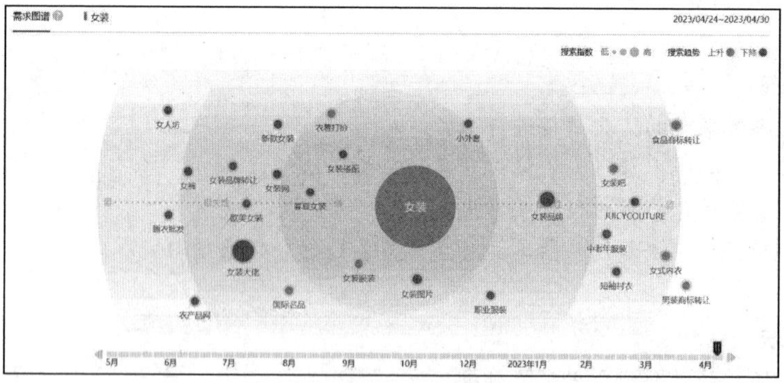

图 2-2　女装需求图谱

人群属性则显示目标客户年龄主要集中在 30～39 岁，其次是 20～29 岁，如图 2-3 所示。企业可重点研究这两个年龄段的目标客户需求，以此确定主营商品。

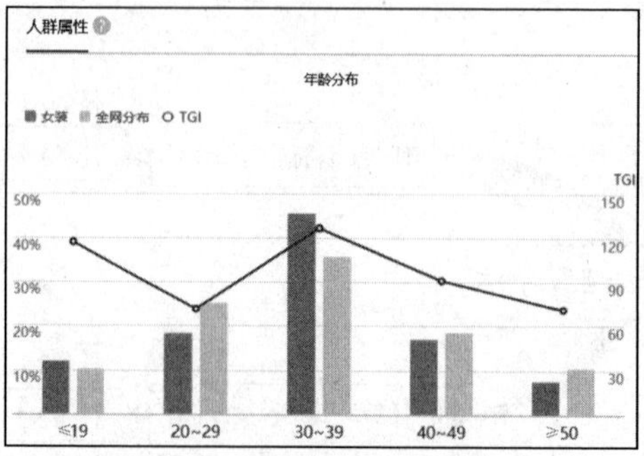

图 2-3　女装目标客户人群属性

任务思考：面对复杂的电商竞争环境，为了在市场上立足，该电商企业该如何及时有效地了解市场行情，做好店铺布局呢？

任务 1　目标市场确定

电商企业在进入某行业前，须先了解市场行情，才能选定目标市场，并进一步确定所选择的商品、类目是否有前景。为了确定目标市场，电商企业往往需要对市场需求和市场趋势进行分析。

任务 1.1　市场需求分析

1.1.1　市场需求的定义

市场需求是指在一定时期内，一定市场上，客户愿意并能够购买某种商品的总量。影响市场需求的因素有商品价格、客户收入、客户偏好、客户对商品价格的预期以及相关商品价格。

1.1.2　市场数据分析的意义

市场数据分析是电商企业进行经营决策之前的重要环节，分析是否全面到位决定决策的成败或经营效果的好坏，其重要意义体现在以下几个方面。

（1）有利于电商企业及时发现新的市场机会，通过预测市场行情，及时有效地调整市场或品牌战略，开拓潜在市场。

（2）提高信息对称性，为电商企业的经营决策提供参考，让决策所依据的信息更充分，从而提高经营决策的科学性和有效性。

（3）有助于电商企业找准自身定位，并发现经营中存在的问题，找到解决问题的方法。

（4）有助于电商企业整合内外数据，提升市场竞争力。例如，价格带分析、客户满意度分析的结果可作为电商企业调整战略目标的依据，帮助其提升市场竞争力。

1.1.3　市场需求数据分析的内容

电商企业在开店之前，需进行市场需求数据分析，明确客户对各类商品所表现出的需求，以便为店铺商品布局、上新提供依据。

市场需求数据分析主要包括市场需求量变化趋势分析、客户品牌偏好分析、客户属性偏好分析、客户价格偏好分析、搜索词偏好分析 5 个方面。

（1）市场需求量变化趋势分析

要了解客户需求在不同时期的变化情况，就需要进行市场需求量变化趋势分析，以对行业的需求周期进行基础性的预判，便于后期制订上新计划。在进行市场需求量变化趋势分析时，可在较大的市场范围内综合采集行业的相关指数。以淘宝网皮带类目为例，通过生意参谋采集 2021 年 1 个自然年（1—12 月）皮带的访问人气数据，如图 2-4 所示，可判断出 2021 年皮带的访问人气整体平稳，波动不大。

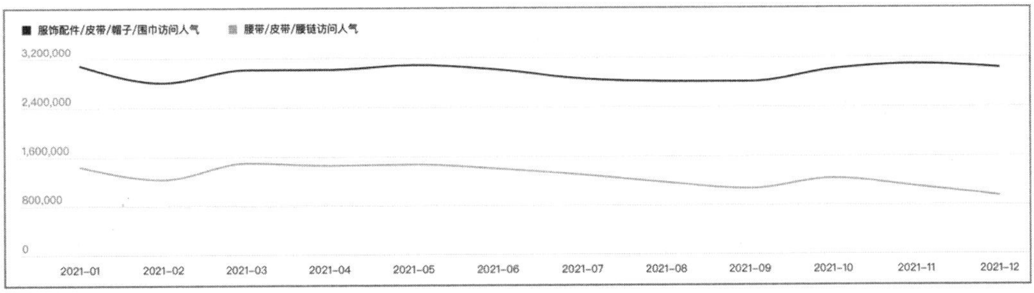

图 2-4　皮带的访问人气数据

为进一步了解市场需求量变化趋势，继续采集 2021 年 1 个自然年（1—12 月）皮带的交易指数数据，如图 2-5 所示，可判断出 2021 年皮带的交易指数波动较小、整体平稳。

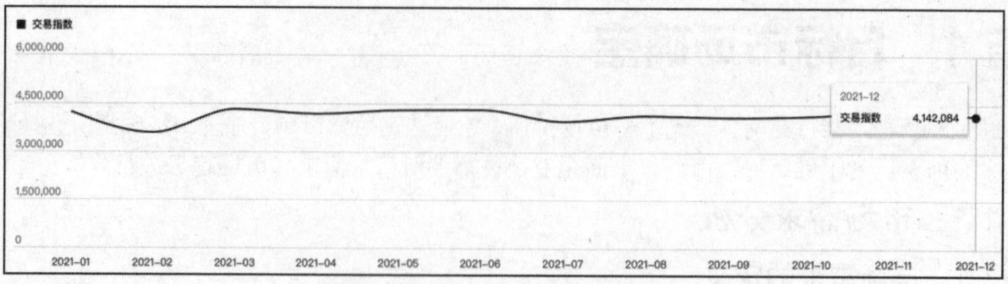

图 2–5　皮带的交易指数数据

通过对访问人气和交易指数进行分析可知，从 2021 年 1 月到 12 月，皮带的市场需求量在每个月都基本保持稳定，不受季节变化的影响。电商企业可以根据自身情况进行店铺新品布局。但在激烈的市场竞争中，保持商品的差异化才能抢占先机，因此除了大盘数据外，电商企业还需要结合不同细分类目的销售数据进行分析，提前做好商品布局和营销规划。

（2）客户品牌偏好分析

客户品牌偏好作为品牌力的重要组成部分，是指在某一市场中客户对该品牌的喜好程度，是客户对品牌的选择意愿。客户品牌偏好分析需基于通过生意参谋、京东商智、多多情报通等工具采集的数据进行。仍以皮带为例，通过生意参谋采集该行业热销品牌排行榜数据进行客户品牌偏好分析。

从图 2-6 所示的数据可以看出，排行榜是依据品牌交易指数按照由高到低的顺序确定的，卡帝乐鳄鱼排名第一，其次是七匹狼、菲拉格慕、金利来等。电商企业通过查看品牌排名情况，可以选择优秀店铺进行借鉴学习，然后根据热销品牌的商品，对自身店铺进行数据优化和上新优化。

（3）客户属性偏好分析

商品属性往往会影响客户购物时的最终选择。以淘宝网皮带类目为例，通过生意参谋的属性偏好数据分析皮带的热门属性，如图 2-7 所示，可以了解客户对该类商品在主材质、带身元素、颜色分类、品牌等方面表现出的偏好。电商企业可以对数据进行综合分析，根据偏好预测客户的需求和痛点，为打造商品的独特卖点提供参考。

品牌偏好

排名	品牌名称	交易指数
1	CARTELO/卡帝乐鳄鱼	982,241
2	Septwolves/七匹狼	835,633
3	FERRAGAMO/菲拉格慕	813,435
4	Goldlion/金利来	651,007
5	COACH/蔻驰	642,956
6	Gucci/古驰	617,189
7	阿玛尼（运动棉衣）	568,504
8	Mexican/稻草人	564,139
9	JEEPARKER	489,220
10	Louis Vuitton/路易威登	427,078

图 2–6　客户品牌偏好

属性偏好

属性	行业 TOP 属性值
适用对象	青年　中年　少年
主材质	头层牛皮　二层牛皮　其他
带身元素	光身　压字　字母
颜色分类	黑色　军绿色　天蓝色
品牌	other/其他　CARTELO...　FERRAGA...

图 2–7　客户属性偏好

（4）客户价格偏好分析

价格是影响需求量最重要的因素。需求量的基本变化规律显示，对于一般商品而言，在其他条件不变的情况下，需求量和价格呈负相关，即当商品价格上涨时，商品的需求量减小；反之，商品的需求量增大。电商企业在制定商品价格时，需要对客户的价格偏好进行分析，其中一个很重要的依据就是客户的消费层次和价格承受能力，电商企业可以此为参考制定相应的价格策略。

仍以皮带为例，如图 2-8 所示，通过生意参谋采集支付金额分布数据可知，客户支付最多的商品价格带为 0～15 元，但可以看到价格在 85 元及 85 元以上的商品需求量占比也相对较大，由此可知客户主要偏好低价位皮带，其次偏好中高价位皮带。电商企业应基于客户价格偏好分析，在维护自身和客户双方利益的前提下，制定店铺商品的定价策略，从而提高客户满意度。

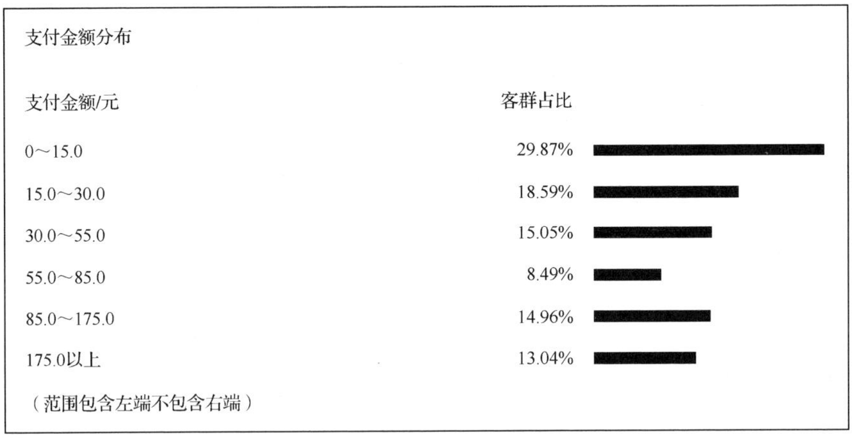

图 2-8　客户价格偏好

（5）搜索词偏好分析

搜索词在一定程度上能够反映客户的需求意向，以及不同的客户类型。

电商企业可以查看生意参谋市场大盘行业关键词数据，精准分析类目搜索词数据，从而了解该品类下的搜索量情况。从图 2-9 所示的搜索词排行数据可以看出，比较有热度的搜索词有皮带、腰带、皮带男等，电商企业可借此了解细分类目的客户搜索需求方向，然后据此优化店铺商品的上新方向，从而使店铺商品满足客户需求。

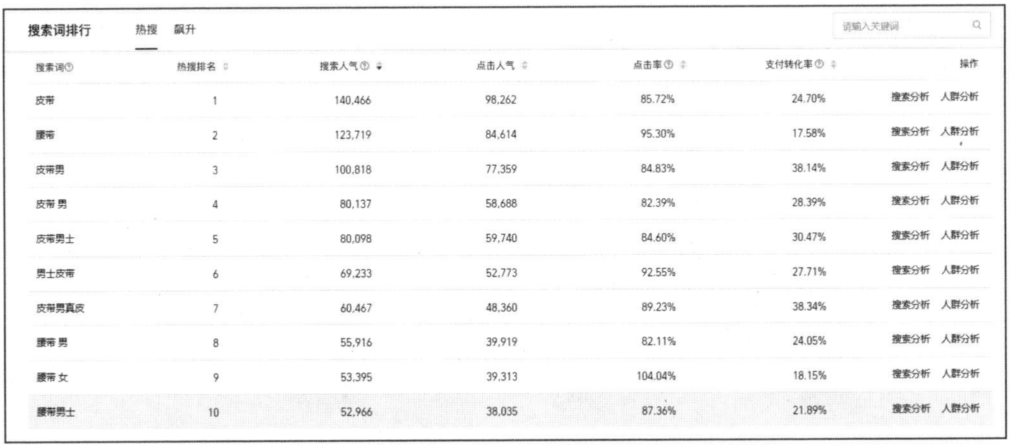

搜索词排行　热搜　飙升　请输入关键词

搜索词	热搜排名	搜索人气	点击人气	点击率	支付转化率	操作
皮带	1	140,466	98,262	85.72%	24.70%	搜索分析　人群分析
腰带	2	123,719	84,614	95.30%	17.58%	搜索分析　人群分析
皮带男	3	100,818	77,359	84.83%	38.14%	搜索分析　人群分析
皮带 男	4	80,137	58,688	82.39%	28.39%	搜索分析　人群分析
皮带男士	5	80,098	59,740	84.60%	30.47%	搜索分析　人群分析
男士皮带	6	69,233	52,773	92.55%	27.71%	搜索分析　人群分析
皮带男真皮	7	60,467	48,360	89.23%	38.34%	搜索分析　人群分析
腰带 男	8	55,916	39,919	82.11%	24.05%	搜索分析　人群分析
腰带 女	9	53,395	39,313	104.04%	18.15%	搜索分析　人群分析
腰带男士	10	52,966	38,035	87.36%	21.89%	搜索分析　人群分析

图 2-9　搜索词排行

思考练习

小李大学毕业后进入一家经营化妆品的电商企业，担任淘宝店铺运营助理一职。为协助店长布局上新商品，他需要了解目标客户群体的偏好，以便分析客户特征，并据此为客户推荐商品。请问小李需要整合哪些数据进行客户偏好分析？

数据思维

京东小魔方

京东小魔方是京东平台的新功能，作为品牌新品首发阵地，从名称就可以看出其具有的流量潜力。

1. 频道定位

其名称来源于“魔方”的概念延展，魔方代表“魔幻”“有趣”“神秘”，与新品传递的“新”“潮”“趣”“玩”理念契合。京东小魔方的目标是打造用户认知品牌新品的强认知与强关联 IP，定位于用户新品消费阵地和品牌新品首发阵地。

2. 频道用户特点

（1）用户基本属性：以 16～35 岁的年轻高学历男性用户为主。

（2）地域分布：用户所在地域以一线城市、省会城市为主，占比超 50%。

（3）用户价值：购买力强，白领层级占比超 75%，偏向购买中高端商品。

（4）用户敏感度：首发用户对评论敏感度高，特别是达人视频测评、真实用户已购买评论。

（5）用户访问质量：频道整体用户对于商品详情页的访问率超过 50%。

任务 1.2　市场趋势分析

通过对市场趋势进行分析和预测，电商企业可针对变化中的市场制订未来的业务计划并做出营销决策。

1.2.1　市场趋势分析的定义

市场趋势是指在既定的市场环境和时间段内，市场需求量或市场上某些商品的销量是在逐渐扩张还是收缩。市场趋势分析是对市场趋势进行分析和预测，通过分析市场趋势相关数据加深对市场环境和客户偏好的认识，判定这个行业处于萌芽期、成长期、爆发期还是衰退期，以便电商企业针对变化中的市场制订未来的业务计划并做出营销决策。

1.2.2　市场趋势数据采集

市场趋势数据采集的主要实现途径有以下两个。

途径一：行业研究报告。行业研究报告通过对特定行业的长期跟踪监测，对行业的整体情况和发展趋势进行分析，从中挖掘反映行业市场趋势的关键数据信息，并根据这些信息预测未来市场发展趋势，如图 2-10 所示。

图 2-10　行业研究报告

途径二：行业研究工具。行业研究工具有生意参谋、京东商智、多多情报通等，展示了行业市场趋势的相关数据，图 2-11 所示为生意参谋“行业趋势”界面。

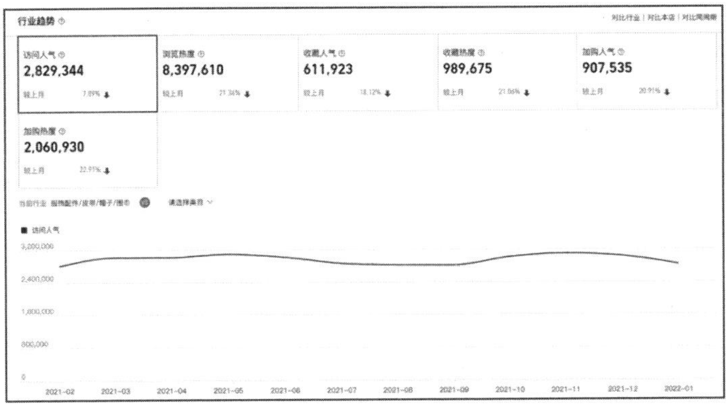

图 2–11　生意参谋“行业趋势”界面

1.2.3　市场发展趋势分析

下面以经营皮带的某店铺为例进行市场发展趋势分析。皮带市场在西装革履的标配下，显得更为重要，不仅需求增长，价格上浮，商品需求更是向中高端聚集，前景较好。

（1）各子类目市场占比分析

以皮带子类目为例，通过生意参谋的市场大盘数据，查看服饰配件类目下的子类目占比情况，采集 2019—2021 年各子类目的销售数据占比，如图 2-12 所示。2021 年，占比排前 3 的是帽子、围巾/丝巾/披肩、腰带/皮带/腰链，竞争非常激烈。腰带/皮带/腰链的占比为 15.9%，虽然稍有下滑的趋势，但总占比还是非常可观的，且未发现有沦为夕阳类目的趋势，可作为单一品类店铺的切入方向。

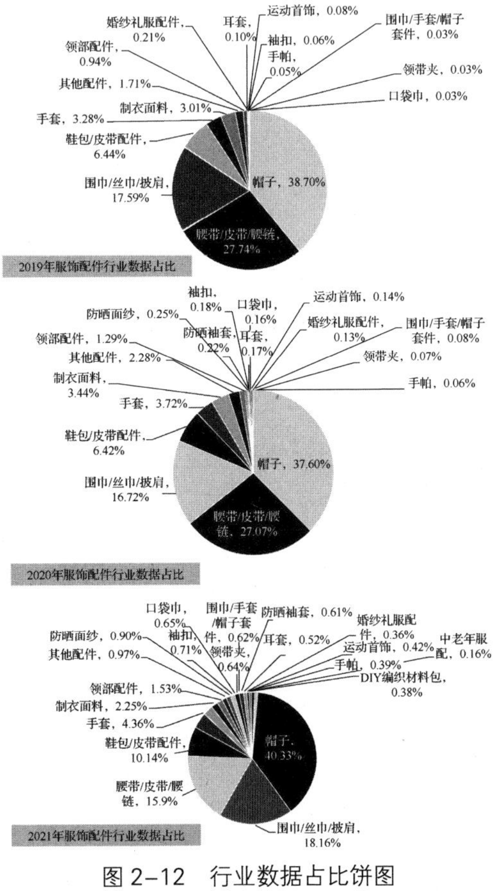

图 2–12　行业数据占比饼图

（2）同比数据分析

通过生意参谋的市场大盘数据，采集 2019—2021 年“腰带/皮带/腰链”子类目交易指数数据，用 Excel 表格整理数据，插入簇状柱形图，进行同比数据分析，如图 2-13 所示。分析结果显示，该子类目连续 3 年，每个月都有百万级的市场容量。由此可知，该子类目是一个规模较大的增量市场，店铺可以确定“腰带/皮带/腰链”为主要经营类目。

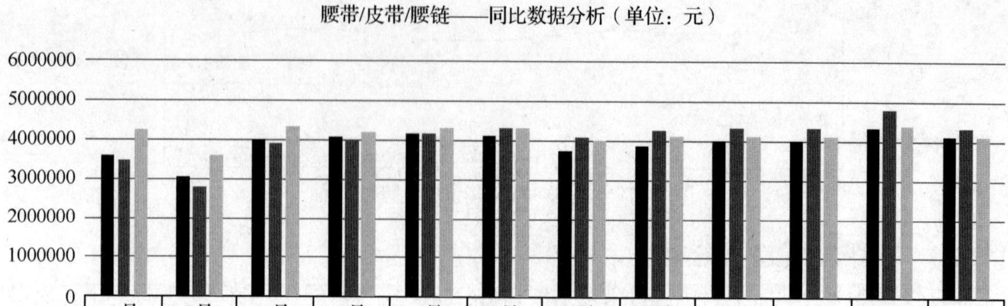

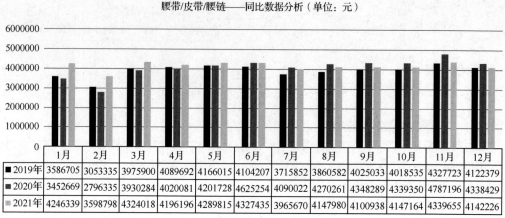

	1月	2月	3月	4月	5月	6月	7月	8月	9月	10月	11月	12月
■2019年	3586705	3053335	3975900	4089692	4166015	4104207	3715852	3860582	4025033	4018535	4327723	4122379
■2020年	3452669	2796335	3930284	4020081	4201728	4625254	4090022	4270261	4348289	4339350	4787196	4338429
■2021年	4246339	3598798	4324018	4196196	4289815	4327435	3965670	4147980	4100938	4147164	4339655	4142226

图 2-13 腰带/皮带/腰链——同比数据分析

（3）从卖家数看市场需求与竞争的变化趋势

从卖家数的角度看市场需求与竞争的变化趋势，如图 2-14 所示。分析结果显示，在“腰带/皮带/腰链”子类目下，2019—2021 年，该子类目的卖家数在 2020 年跌幅较大，但 2021 年又迎来了较大增长；有交易卖家数相对平稳，说明市场比较活跃、需求稳定，该子类目是一个有活力的市场，可以作为店铺的主营方向。

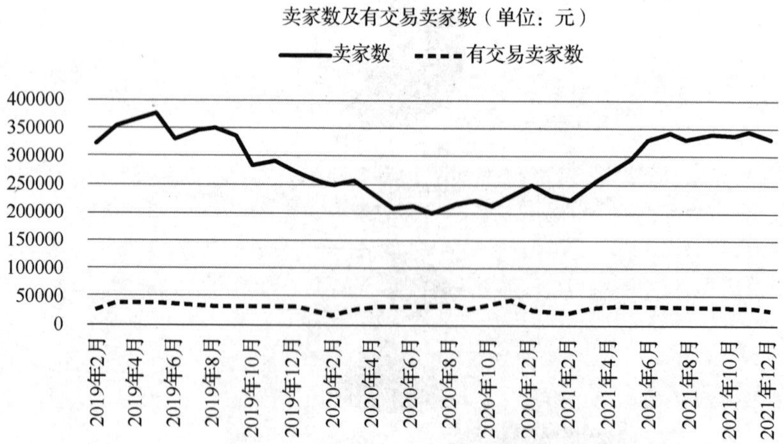

图 2-14 卖家数及有交易卖家数

（4）子类目交易趋势

为了解“腰带/皮带/腰链”子类目的交易趋势，从生意参谋的市场大盘数据中采集 2019—2021 年“腰带/皮带/腰链”交易指数，并用 Excel 表格整理数据，插入显示趋势的折线图，如图 2-15 所示，可以看出“腰带/皮带/腰链”的交易指数虽然有波动，但变化幅度不大，故受季节变化影响不大，可以作为主营业务。

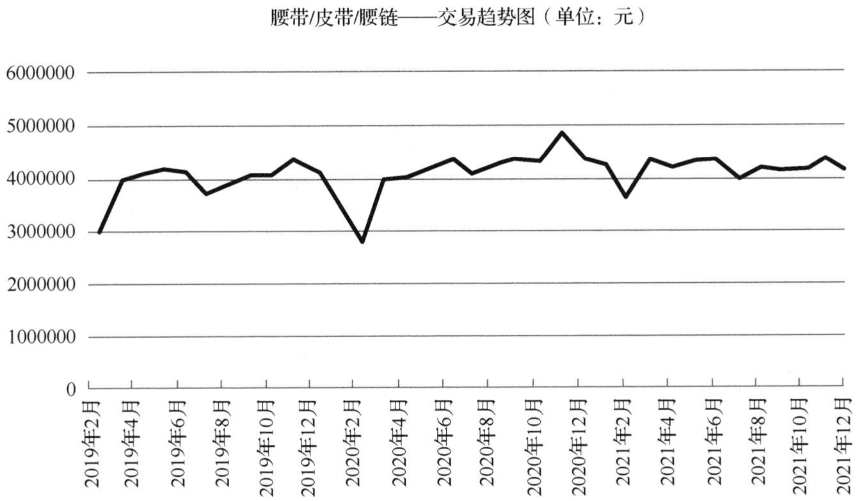

图 2-15　交易趋势图

思考练习

智研咨询发布的《2021—2027 年中国微商行业供需态势分析及竞争格局预测报告》显示：随着传统电商流量红利渐失，移动互联网与社交平台相结合的微商市场成为各电商及品牌竞相布局的渠道之一，微商市场交易规模持续增长。2015—2021 年的微商市场交易规模约为 0.18 万亿元、0.36 万亿元、0.52 万亿元、1.44 万亿元、2.46 万亿元、5.18 万亿元和 7.49 万亿元。请根据以上数据分析该市场的发展趋势及影响因素？

数据安全

揭秘电商平台背后的恶爬虫产业链，数据合规风险如何防控？

2021 年的“6 · 18 电商盛宴”来临，在“买买买”的同时，“如何省钱”成为用户最关心的问题。比价、返利、优惠券都是用户在网购时所关注的。但在这些“优惠”背后已产生灰色地带，爬虫由于成本和门槛较低，成为黑产组织常用的技术手段。

返利平台利用非法爬虫获取电商平台用户个人数据，黑产组织主要通过 MTOP 订单评价接口绕过平台风控系统批量爬取加密数据，爬取内容包括用户昵称、用户评价内容、手机号等敏感字段。爬取信息后，黑产组织再将信息数据导入“微信加人”软件，成功添加微信好友后，该黑产组织的员工负责发送广告链接，用户在广告群中购买商品，黑产组织由此获得佣金和商家服务费。

目前，针对电商平台的爬虫行为主要有商品详情页爬虫、用户隐私数据爬虫、交易数据爬虫等三大类。目前电商平台已采取措施，通过限制访问次数、前端页面展示加密、提高人机识别技术等拦截识别黑产组织，提高黑产组织作恶成本，同时正在加紧完善反爬虫技术，多方面拦截爬虫行为。提高公共安全治理水平，也要加强个人信息保护。违规采集电商平台用户的个人数据会带来什么风险，我们应该如何防控个人信息被泄露呢？

任务 2 市场容量预测

市场容量预测对于企业运营至关重要，若预测结果与实际水平相差甚远，企业要么承受库存过剩的压力，要么因存货短缺失去盈利机会。

任务 2.1 行业集中度分析

行业集中度可以反映整个行业的整合程度：行业集中度高，表明市场竞争激烈，强势品牌占据大部分市场份额，进入这个市场后的机会点较少；行业集中度低，表明市场竞争小，市场上缺少强势品牌，进入后的机会点较多。

2.1.1 行业集中度的定义

行业集中度又称行业集中率或市场集中度，是指某行业的相关市场内前 n 家最大的企业所占市场份额的总和，是对整个行业的市场结构集中程度的测量指标，用来衡量企业的数目和相对规模的差异，是市场势力的重要量化指标。

2.1.2 行业集中度测量指标

行业集中度常用的测量指标主要有绝对集中度指标、赫芬达尔指数、基尼系数等。行业集中度在反映某个行业的饱和度、垄断程度时，一般使用赫芬达尔指数。

赫芬达尔—赫希曼指数（Herfindahl-Hirschman Index，HHI），简称赫芬达尔指数，是一种测量行业集中度的综合指数，指一个行业中各市场竞争主体所占行业总收入或总资产百分比的平方和，用来计量市场份额的变化，即市场中企业规模的离散度。赫芬达尔指数兼具绝对集中度和相对集中度指标的优点，并避开了它们的缺点；可以不受企业数量和规模分布的影响，能够较好地测量行业集中度的变化情况。该指数含义如下。

（1）赫芬达尔指数的值越大，说明行业集中度越高，市场越趋于垄断。

（2）当赫芬达尔指数的值为 1 时，说明行业处于完全垄断状态。

（3）赫芬达尔指数的值越小，说明行业集中度越低，市场越趋于自由竞争。

2.1.3 赫芬达尔指数计算

赫芬达尔指数的计算方法及步骤如下。

步骤 1：获取竞争对手的市场份额。因为赫芬达尔指数对规模较大的企业的市场份额及其变化比较敏感，而对众多小企业的市场份额的小幅度变化不敏感，所以可忽略市场份额较小的竞争对手。

以淘宝网为例，进入生意参谋采集服饰配件的“腰带/皮带/腰链”子类目中排名前 20 的品牌交易指数，如图 2-16 所示。设定时间范围为一个月，将采集到的数据整理到 Excel 表格中，如图 2-17 所示。通过交易指数拟合交易金额，计算出各品牌的市场份额，即交易指数占比，某品牌的市场份额为其交易指数除以这 20 个品牌的交易指数之和，如图 2-18 所示。

排名	品牌名称	交易指数
1	CARTELO/卡帝乐鳄鱼	982,241
2	Septwolves/七匹狼	835,633
3	FERRAGAMO/菲拉格慕	813,435
4	Goldlion/金利来	651,007
5	COACH/蔻驰	642,956
6	Gucci/古驰	617,189
7	阿玛尼（运动棉衣）	568,504
8	Mexican/稻草人	564,139
9	JEEPARKER	489,220
10	Louis Vuitton/路易威登	427,078

排名	品牌名称	交易指数
11	WILLIAMPOLO	437,489
12	JEEP/吉普	371,803
13	PLAYBOY/花花公子	370,544
14	WHE	358,641
15	Hermes/爱马仕	356,334
16	Montblanc/万宝龙	339,227
17	RollsMinjor/劳斯名爵	339,021
18	Pierre Cardin/皮尔卡丹	312,381
19	Armani/阿玛尼	297,914
20	JIFANPAUL/纪梵保罗	295,166

图 2–16 品牌交易指数

C1　交易指数

序号	品牌	交易指数	市场份额	市场份额平方值	行业集中度（赫芬达尔指数）
1	CARTELO/卡帝乐鳄鱼	982241			
2	Septwolves/七匹狼	835633			
3	FERRAGAMO/菲拉格慕	813435			
4	Goldlion/金利来	651007			
5	COACH/蔻驰	642956			

图 2–17　用 Excel 表格整理品牌交易指数

D2　=C2/SUM($C$2:$C$21)

序号	品牌	交易指数	市场份额	市场份额平方值	行业集中度（赫芬达尔指数）
1	CARTELO/卡帝乐鳄鱼	982241	0.097542066		
2	Septwolves/七匹狼	835633			
3	FERRAGAMO/菲拉格慕	813435			
4	Goldlion/金利来	651007			
5	COACH/蔻驰	642956			

图 2–18　市场份额计算

步骤 2：计算市场份额平方值，如图 2-19 所示。

E2　=D2*D2

序号	品牌	交易指数	市场份额	市场份额平方值	行业集中度（赫芬达尔指数）
1	CARTELO/卡帝乐鳄鱼	982241	0.097542066	0.009514455	
2	Septwolves/七匹狼	835633	0.082983066		
3	FERRAGAMO/菲拉格慕	813435	0.080778679		
4	Goldlion/金利来	651007	0.064648664		
5	COACH/蔻驰	642956	0.063849154		

图 2–19　市场份额平方值计算

步骤 3：将竞争对手的市场份额平方值相加，即可得出赫芬达尔指数，该指数可反映选定行业集中度。

在图 2-20 中，由计算结果可知“腰带/皮带/腰链”最近一个月的赫芬达尔指数，即行业集中度为 0.057513542，这个数值较小，说明行业集中度较低，目前市场趋于自由竞争状态，“腰带/皮带/腰链”子类目可以作为店铺进入该市场后的发展方向。

F2　=SUM(E2:E21)

序号	品牌	交易指数	市场份额	市场份额平方值	行业集中度（赫芬达尔指数）
1	CARTELO/卡帝乐鳄鱼	982241	0.097542066	0.009514455	0.057513542
2	Septwolves/七匹狼	835633	0.082983066	0.006886189	
3	FERRAGAMO/菲拉格慕	813435	0.080778679	0.006525195	
4	Goldlion/金利来	651007	0.064648664	0.00417945	

图 2–20　赫芬达尔指数计算

数据思维

新职业“电影数据分析师”：读懂观众，读懂市场

近年来，随着信息化、智能化浪潮的蓬勃兴起，电影行业也纷纷进入数据蓝海，各种应用层出不穷，大量数据喷薄涌现。

大家在看电影时可能会疑惑：为什么有些电影场次多？如何安排电影放映时间？其实，这些问题的解决就有数据分析的功劳。观众看完电影后在平台上的打分、留言，每部电影的预售量、排片量、上座率等都是数据，片方和电影院通过数据分析可以预估电影票房，从而开展精准营销，为观众推荐优质影片。

2017 年，我国电影总票房达 559.11 亿元，城市院线观影人次为 16.2 亿，我国成为全球第二大电影市场。有人将数据比作“信息时代的石油”。拥有如此庞大的市场，服务如此多的观众，充

分利用数据提供便利，在帮助观众选择好电影的同时，辅助电影行业读懂观众、读懂市场，当好两者之间的桥梁，电影数据分析大有可为。

2.1.4 任务实战：赫芬达尔指数计算

任务目标

1. 明确赫芬达尔指数分析的意义。
2. 掌握行业赫芬达尔指数的计算方法及步骤。

任务背景

假设某行业市场份额较大的品牌有 10 家，现在需要计算该行业的赫芬达尔指数，通过赫芬达尔指数测量行业集中度，以便衡量品牌的数量和相对规模的差异，将其作为决策依据。

任务分析

赫芬达尔指数是较常用的一个行业集中度测量指标。行业集中度是整个行业市场集中度和市场势力的重要量化指标，可以反映某个行业的饱和度、垄断程度。在计算赫芬达尔指数前，需要了解赫芬达尔指数的计算方法及步骤。

任务操作

步骤 1：根据各品牌的交易指数，计算其市场份额，并将计算结果记录在表 2-1 中。

表 2–1 各品牌市场份额计算

品牌名称	交易指数	市场份额
A	1040843	
B	1002637	
C	910838	
D	822457	
E	733918	
F	686841	
G	531170	
H	512398	
I	481910	
J	475697	

步骤 2：计算市场份额平方值，并将结果记录在表 2-2 中。

步骤 3：将竞争对手的市场份额平方值相加，计算出该行业的赫芬达尔指数，并将计算结果记录在表 2-2 中。

表 2–2 赫芬达尔指数计算

品牌名称	交易指数	市场份额	市场份额平方值	赫芬达尔指数
A	1040843			
B	1002637			
C	910838			
D	822457			
E	733918			
F	686841			
G	531170			
H	512398			
I	481910			
J	475697			

步骤 4：根据赫芬达尔指数分析所测量行业集中度，并将分析结果记录在表 2-3 中。

表 2-3　　行业集中度对比

企业分布情况	赫芬达尔指数	行业集中度
独家企业垄断		
非垄断企业		

任务 2.2　市场容量分析

市场容量预测是对影响市场需求量变化的各种因素进行系统分析，探索市场需求量的变化规律及发展趋势，对未来市场需求量做出估计的过程。

2.2.1　市场容量的定义

市场容量即市场规模，是指目标商品市场或行业的整体规模，也就是目标商品或行业在指定时间内的销量、销售额。

2.2.2　市场容量预测步骤

由于市场是动态发展的，因此需要实时监控市场容量的变化，具体步骤如下。

（1）确定预测目的。首先必须明确预测的目的，即为什么要进行预测，要解决什么问题。

（2）收集资料。资料是预测的基础，收集什么资料是由预测目的决定的。收集资料的途径有很多：途径一是查看年度报告，如易观国际、艾瑞网等发布的年度报告，在这里可以收集目标行业的市场容量数据；途径二是参考各平台的交易数据，如淘宝网、京东网、拼多多等，通过目标销售平台收集相应的交易数据；途径三是通过生意参谋、京东商智、百度指数等工具收集有针对性的数据，使收集的数据更加全面。

（3）选择适当的方法。必须从市场实际出发，根据预测目的和资料收集情况，选择有效的预测方法。预测方法有很多种，如趋势预测法、移动平均法、指数平滑法、回归预测法等。

（4）进行预测。根据已经选定的预测方法，同时利用所掌握的资料，即可开展计算研究，做出定性或定量分析，推测判断未来市场的发展方向和发展趋势。

若需要预测市场规模，可采用趋势预测法中的趋势线进行预测。趋势线是数据趋势的图形表示形式，可用于分析预测问题。使用趋势线进行预测和分析，可以将图表中的趋势线延伸至事实数据以外，预测未来值。趋势线的可靠性取决于趋势线的 *R* 平方值，*R* 平方值是 0 和 1 之间的数值。当趋势线的 *R* 平方值为 1 或者接近 1 时，趋势线最可靠。如果用趋势线拟合数据，系统会根据公式，自动计算它的 *R* 平方值。需要注意，特定类型的数据具有特定类型的趋势线。若想获得最精确的预测结果，就需要为数据选择最合适的趋势线。

例如采集某行业 2018—2022 年市场容量数据，如图 2-21 所示，该行业市场容量保持了快速增长的趋势，截至 2022 年，市场容量达到 19950.0 亿元，说明该行业发展前景良好。

	A	B
1	年份	市场容量/亿元
2	2018年	366.0
3	2019年	1400.0
4	2020年	4338.0
5	2021年	10500.0
6	2022年	19950.0
7	2023年	
8	2024年	

图 2-21　某行业市场容量

若想预测 2023 年、2024 年的市场容量，可采用趋势预测法，如图 2-22 所示，在 Excel 表格中整理数据，插入折线图，再完成“线性”趋势线的添加；然后双击插入的趋势线，在弹出的“设置趋势线格式”任务窗格中完成各项设置，如趋势预测“前推”2 个周期，选中“显示公式”“显示 R 平方值”复选框。

现已知预测公式为“$y=4826.8x-7169.6$”，*R* 平方值为 0.8895。预测公式中的 x 是每年对应的数据点，y 是对应年份的市场容量。由于 2023 年是第 6 个数据点，2024 年是第 7 个数据点，由此计算出 2023 年、2024 年的预测市场容量分别为：

2023 年的预测市场容量=4826.8×6−7169.6=21791.2（亿元）

2024 年的预测市场容量=4826.8×7−7169.6=26618（亿元）

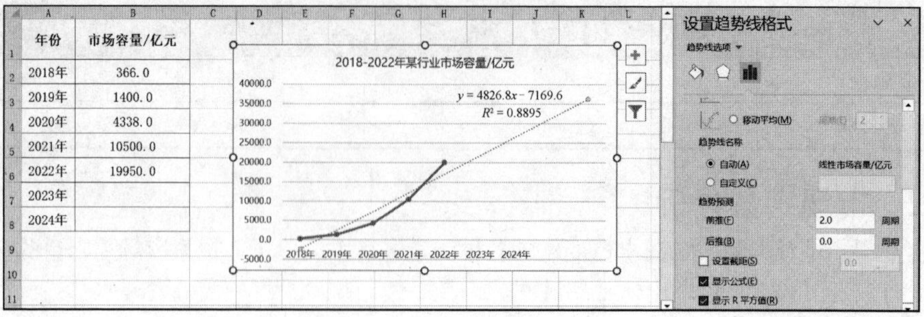

图 2–22　某行业市场容量预测

（5）分析预测误差。预测误差是预测值和实际值之间的差额，预测误差的大小反映预测的准确程度。在上述预测过程中，R 平方值为 0.8895，接近 1，说明使用预测公式预测的结果可靠性高。

（6）确定预测值，编制正式预测报告。

思考练习

现已知某行业近 5 年的市场容量分别是 3410 亿元、5979 亿元、9986 亿元、14979 亿元和 21760 亿元，请采用趋势预测法预测未来 2 年的市场容量。

1. 预测公式是什么？
2. R 平方值是多少？
3. 未来 2 年的市场容量分别是多少？

数据工匠

追数据的人——吴少华

吴少华是一名电子数据取证行业的从业者，在这个行业工作已经有 10 年了。电子文档、视频、聊天记录、微博内容等都是人们常见的电子数据。在社会信息化的过程中，大多数案件都离不开电子数据取证，电子数据取证从一个新颖的角度帮助执法部门办理案件。在永恒之蓝病毒肆虐的时候，吴少华带领突击小组迅速做出反应，研发出针对永恒之蓝病毒的数据恢复工具，帮助执法部门及普通民众恢复了许多珍贵的数据。

2.2.3　子行业容量分析

电商企业通过对行业集中度和行业市场容量的分析，已经能够确定计划进入的父行业，但在具体运营过程中，还需要了解父行业下所有子行业的发展情况，从中选出有销售前景、市场容量大的子行业，并进一步确定行业品类选定方案，制订合理的品类上新计划。父行业通常包含若干子行业，如图 2-23 所示。

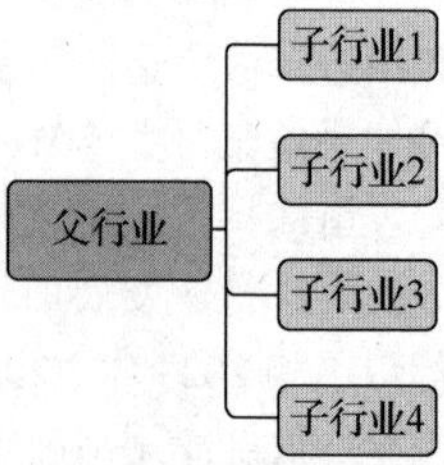

图 2–23　父行业与子行业关系图

某电商企业现已确定进入服饰配件行业发展，但对该行业下各子行业的发展情况不是很了解，为了明确计划切入的具体品类，需要对服饰配件行业下各子行业市场容量进行分析，分析步骤如下。

步骤 1：明确分析目标。通过分析目标行业下各子行业的市场容量，从中选出市场容量大，销售前景好的子行业进入。

步骤 2：采集并整理数据。考虑到服饰配件行业可能会有周期性变化，需要采集一个自然年的数据进行综合比较。因该电商企业计划入驻淘宝平台，所以可进入生意参谋采集服饰配件行业下各子行业一个自然年的行业构成数据，如各子行业的交易增长幅度、支付金额较父行业占比等指数，如图 2-24 所示。

	A	B	C	D	E	F
1	日期	子行业	交易指数	交易增长幅度指数	支付金额较父行业占比指数	支付子订单数较父行业占比
2	2021年1月	帽子	6680422	-22.39%	35.66%	27.11%
3	2021年1月	围巾/丝巾/披肩	5188680	-23.96%	31.90%	15.65%
4	2021年1月	腰带/皮带/腰链	4246339	-5.86%	10.32%	7.90%
5	2021年1月	手套	3615990	-23.35%	5.00%	11.68%
6	2021年1月	鞋包/皮带配件	3581973	-6.14%	4.66%	14.02%
7	2021年1月	制衣面料	2661764	-18.84%	2.84%	7.50%
8	2021年1月	领部配件	1559640	-10.12%	0.69%	3.42%
9	2021年1月	其他配件	1553066	-15.46%	0.69%	5.22%
10	2021年1月	袖扣	1495730	-3.27%	0.59%	0.76%

图 2-24　行业构成数据

步骤 3：创建数据透视表。通过整理后的数据，可以了解服饰配件行业下各子行业支付金额较父行业占比。为了直观展示数据，可以在 Excel 中创建一个数据透视表，将“子行业”字段添加到“行”列表框中，将“支付金额较父行业占比指数”添加到“值”列表框中，如图 2-25 所示。接下来更改值字段汇总方式，设置计算类型为“求和”，单击“确定”按钮，如图 2-26 所示，即可完成数据透视表的创建。

	A	B
1	子行业	求和项:支付金额较父行业占比指数
2	DIY编织材料包	0.0414
3	耳套	0.0563
4	防晒面纱	0.0974
5	防晒袖套	0.066
6	婚纱礼服配件	0.0394
7	口袋巾	0.0701
8	领部配件	0.1658
9	领带夹	0.0692
10	帽子	4.3598
11	其他配件	0.1053
12	手帕	0.0424
13	手套	0.4714
14	围巾/手套/帽子套件	0.067
15	围巾/丝巾/披肩	1.9615
16	鞋包/皮带配件	1.0956
17	袖扣	0.0768
18	腰带/皮带/腰链	1.7189
19	运动首饰	0.0454
20	制衣面料	0.2428
21	中老年服配	0.0169
22	总计	10.8094

图 2-25　数据透视表

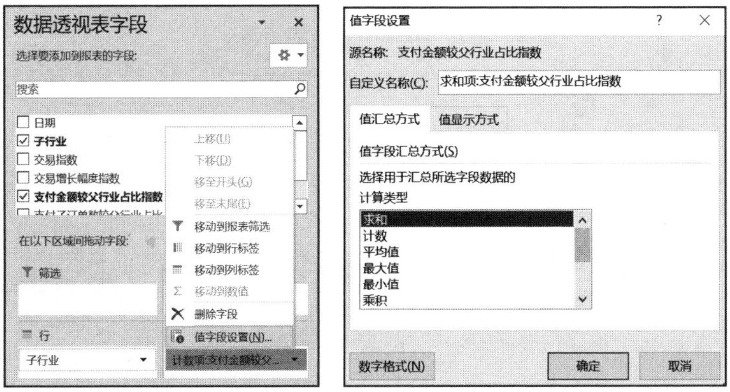

图 2-26　数据透视表中值字段汇总方式的设置

步骤 4：插入数据透视图。展示数据的占比情况适合用饼图，为了使饼图中的数据更为直观，可以在数据透视表“汇总”项下选择任意数据，单击鼠标右键，在弹出的快捷菜单中选择排序中的“降序”选项，并选择值显示的方式为“总计的百分比”，随后选择数据透视表中的任意数据，单击插入饼图，选择默认饼图格式，单击“确定”按钮即可插入饼图。接下来，对饼图进行美化，选择不显示图表标题和图例；添加数据标签，并设置数据标签的格式，选中“类别名称”“值”“显示引导线”复选项，使数据和类别一一对应，如图 2-27 所示。

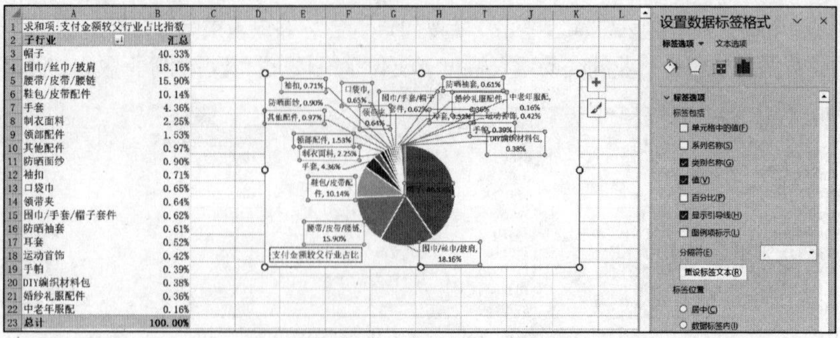

图 2-27　服饰配件行业下各子行业市场容量情况

步骤 5：插入切片器。通过整理后的饼图可以查看整年汇总的服饰配件行业下各子行业的市场容量情况。为了了解不同时期的情况，需要查看每个月的数据。为了便于查看并分析，可插入切片器，其具有筛选功能，可以选择不同的时间跨度，按月查看各子行业的市场容量情况。选中当前的数据透视图，插入切片器，如图 2-28 所示，打开“插入切片器”对话框，选中“日期”复选框，单击“确定”按钮后便可以切换月份进行数据查看，如图 2-29 所示。

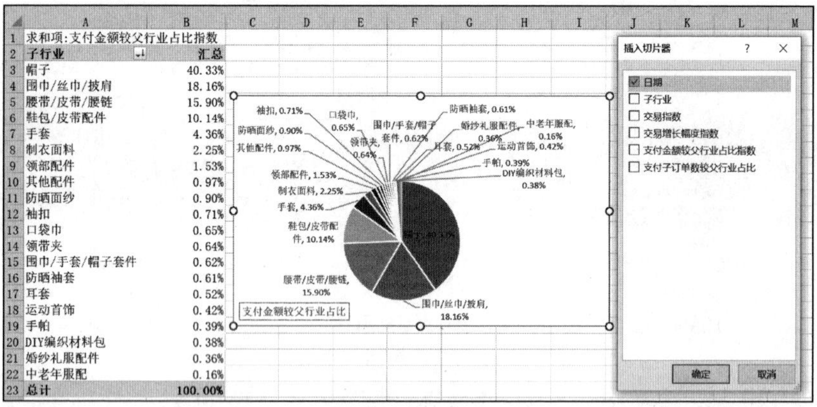

图 2-28　切片器的设置

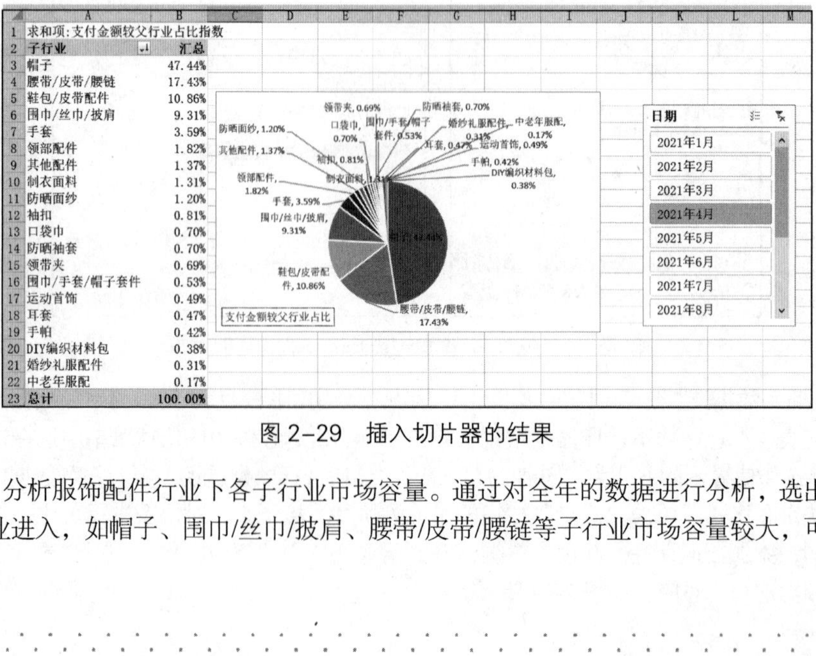

图 2-29　插入切片器的结果

步骤 6：分析服饰配件行业下各子行业市场容量。通过对全年的数据进行分析，选出其中市场容量大的子行业进入，如帽子、围巾/丝巾/披肩、腰带/皮带/腰链等子行业市场容量较大，可以考虑作为切入点。

同步练习

一、单选题

1. 当行业处于完全垄断状态时，与之相关的赫芬达尔指数呈现出的特性是（　　）。

A. HHI=10　　B. HHI=0　　C. HHI=0.1　　D. HHI=1

2. 在 Excel 中，最适合反映数据的发展趋势的一种图表类型是（　　）。

A. 散点图　　B. 折线图　　C. 柱形图　　D. 饼图

3. 以下是不同行业的赫芬达尔指数，其中行业集中度最高的是（　　）。

A. 0.2153　　B. 0.051　　C. 0.14　　D. 0.86

4. 分析父行业下各子行业的市场容量占比情况，适合选用的可视化图表是（　　）。

A. 雷达图　　B. 饼图　　C. 折线图　　D. 气泡图

5. 研究目标行业市场的整体规模是（　　）指标。

A. 行业集中度　　B. 市场趋势　　C. 市场容量　　D. 客户品牌偏好

二、多选题

1. 计算行业赫芬达尔指数的关键步骤包括（　　）。

A. 获取竞争对手的市场份额　　B. 将竞争对手的市场份额平方值相乘

C. 计算市场份额平方值　　D. 将竞争对手的市场份额平方值相加

2. 下列关于市场容量分析的说法错误的是（　　）。

A. 行业市场容量对企业未来的发展前景不构成影响

B. 行业市场容量是相对稳定的，不会随着消费市场的变化而变化

C. 市场容量分析即行业集中度分析

D. 市场容量是指目标行业在指定时间内的销售额

3. 下列关于市场数据分析价值的说法正确的有（　　）。

A. 可帮助电商企业发现经营中存在的问题并找出解决的办法

B. 有利于电商企业预测市场行情

C. 有助于电商企业发现并开拓潜在市场

D. 可提高电商企业经营管理决策的科学性、有效性

4. 在下列选项中，不符合数据分析人员职业道德的包括（　　）。

A. 实事求是，对企业统计数据不瞒报、不谎报

B. 泄露企业的机密数据，获取相应的报酬

C. 使用爬虫工具采集竞争对手的各项非公开数据

D. 保持严谨负责的态度，保证数据的客观、准确，不进行数据造假

三、判断题

1. 市场数据分析是指为了达到一定的商业目的，对市场规模、市场需求、目标客户、竞争态势等相关数据所进行的分析。（　　）

2. 赫芬达尔指数的值越大，说明行业集中度越低，市场越趋于自由竞争。（　　）

3. 市场需求是指客户对计划购买的商品所表现出来的各类需求，包括品牌、质量、价格、规格、型号等。（　　）

4. 在进行客户品牌偏好分析时，可通过生意参谋、京东商智等平台工具采集指定行业热销品牌榜数据。（　　）

5. 在进行市场数据分析时，分类查看表格中的数据可直接使用切片器，无须创建数据透视表。(　　)

四、技能训练

实训任务

化妆品行业下各子行业市场分析

实训背景

掌握如何在生意参谋中获取需要的数据，以及掌握如何通过 Excel 的数据透视表及切片器分析化妆品行业下各子行业市场容量占比情况和发展趋势。

实训目标

1. 采集需要的数据。
2. 掌握 Excel 的数据透视表的制作和切片器的应用。

实训操作

1. 在生意参谋中采集化妆品行业下各子行业一个自然年的交易指数、交易增长幅度、支付金额较父行业占比、支付子订单数较父行业占比等指数。
2. 分别从年、月角度分析各子行业支付金额较父行业的占比情况及发展趋势。
3. 将分析结果记录在表 2-4 中，小组分享展示，教师进行点评。

表 2-4　　化妆品行业下各子行业市场分析

实训任务：化妆品行业下各子行业市场分析	
市场容量占比情况分析	
市场容量影响因素	
行业发展趋势分析	

项目 3

竞争数据分析

学习目标

知识目标

- 了解店铺所在行业的竞争态势
- 掌握确定自身店铺竞争对手的思路和方法
- 掌握竞店和竞品数据监控的方法

能力目标

- 能对自身店铺的特点进行全面的定位和分析
- 能运用淘宝、天猫等平台精准搜索数据，确定竞争对手
- 能运用生意参谋等工具及时收集、记录竞争对手的数据
- 能对竞店和竞品数据进行分析

素养目标

- 熟悉《反不正当竞争法》，在分析竞争对手时遵守法规
- 培养良好的职业道德，通过正规渠道收集竞争数据，如实进行分析
- 培养对数据的敏感性，养成记录竞争数据、及时发现问题的习惯
- 加强沟通交流，培养团队合作意识

思维导图

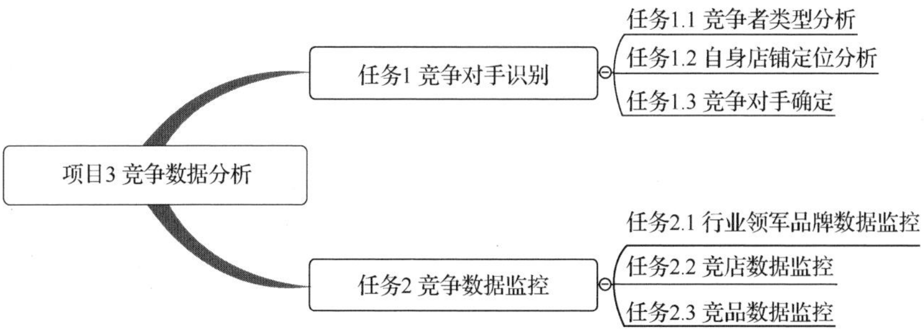

任务导入

慧眼识对手，竞争促成长

互联网时代，大多数商品都被放到网络上销售，这使货比三家变得更加便利。因此，商品的优点、特色显得更为重要，如何打造自身商品的特色就成为企业急需解决的难题。要解决这个难题，关键是要知道竞争对手的优势是什么。

慧眼识商品，发掘竞争优势。商品一旦上架，客户难免会去淘宝、京东等平台进行比价，运营人员就必须了解网络上哪些商品会对自身店铺的商品造成威胁。要想了解竞争对手的商品，首先要关注竞争对手在哪些平台推出了此款商品，各平台推出的活动、商品有什么特点。此外，还要了解竞争对手和自身店铺的哪些商品销量最高。例如，竞争对手的裙子卖得最好，而自身店铺的T恤卖得最好，自身店铺再上货的时候，就要明确目标，找到适合自身店铺销售的商品。

数据驱动，把握市场先机。促销是竞争中常见的推广方法，例如，一家店铺推出了“满300元减100元，满500元减200元”的活动后，另一家店铺推出了“满300元减100元，满400元减150元，满500元减200元”的活动。这两个活动看似没有区别，但仔细分析会发现，第二家店铺的单件商品价格在300～400元，客户几乎每买一件商品都能打折，因此，第二家店铺在竞争中会更占优势。

在促销活动中，运营人员需认真分析竞争对手的促销方法，同时还要分析商品的价格、客户的购买行为和消费习惯等。只有经过综合数据分析，才能避开竞争对手，找到一个更好的切入点，突出自身的优势，进而赢得市场先机。

提升职业素养，保持良好竞争心态。竞争是常态化的，运营人员要多研究竞争对手的数据，并及时记录归档，以便在活动推出或者新品上市的时候能够准确判断并做出选择，不致束手无策。另外，切忌拿自身的优势与竞争对手的弱势比较，同时也不能放大竞争对手的优点，让自己失去信心，最好的办法就是公平公正地比较，用数据驱动运营策略改进，提高自身的竞争力。

任务思考：强者生存，弱者淘汰，这是自然界的生存法则，同样适用于现在竞争激烈的电商行业。那么，企业应如何在激烈的竞争中精准锁定竞争对手，洞察其运营规律，优化自身店铺运营效果呢?

任务 1　竞争对手识别

俗话说“知己知彼，百战不殆”，通过对竞争对手的店铺运营状况、商品销售布局、流量推广来源等进行分析，学习竞争对手的优点，准确把握竞争态势，及时调整自身店铺的推广策略，是优化店铺运营效果的有效路径。

任务 1.1　竞争者类型分析

企业参与市场竞争，不仅要了解谁是自己的客户，还要清楚谁是自己的竞争对手。面对复杂的竞争态势，企业可能会被新出现的竞争对手打败，也可能由于新技术的出现和需求的变化而被淘汰。因此，企业必须密切关注竞争环境的变化。

1.1.1　竞争对手的定义

竞争对手是指对企业发展可能造成威胁的任何企业，具体指与本企业生产销售同类商品或替代品，提供同类服务或替代服务的相关企业。

竞争威胁可能来自行业内部，也可能来自潜在的竞争者。对竞争对手进行识别与分析，是企业制定发展战略、应对市场竞争的关键任务。例如，在淘宝网搜索关键词“台灯”，搜索结果如图 3-1 所示，可以看到共有 166591 家店铺，这些店铺形成了该行业的整体竞争态势，它们经营同类商品，互为竞争对手。在实际运营中，仍需要对商品卖点、销量、价格等因素进行进一步分析，从而确定自身店铺的直接竞争对手，全面了解其综合实力、资源优势、发展战略及运营目标，有针对性地制定竞争策略。

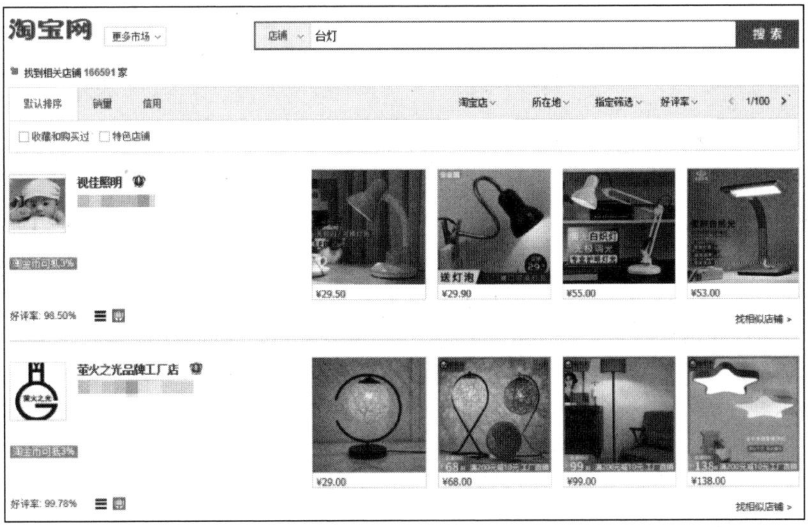

图 3-1　关键词“台灯”搜索结果

1.1.2　竞争对手的类型

随着电商的快速发展，新的竞争对手不断涌现，行业内的整合也不断加剧，在这样一个瞬息万变的市场环境中，企业需要分类开展竞争对手研究，准确把握竞争态势，具体可从以下 3 个方面对竞争对手进行分类。

一是从行业来看，竞争对手可分为 3 类。

（1）现有生产企业，即与企业生产相同商品的其他企业，是企业的直接竞争者，如康师傅和统一。

（2）行业潜在进入者，其出现原因包括前景好的行业吸引新企业加入，大型企业将业务扩展至其他行业，潜在竞争对手进入该行业。

（3）替代品生产企业，即生产与某一商品具有相同功能、能满足同一需求的不同性质的其他商品的企业，如分别生产女性牛仔裤和裙子的企业。

二是从市场来看，竞争对手可分为 4 类。

（1）品牌竞争者，即同一行业中以相似的价格向相同的客户提供类似商品或服务的其他企业。例如家用空调市场中，格力空调、海尔空调、美的空调等企业之间的竞争便属于品牌竞争。

（2）行业竞争者，即提供规格、型号、款式不同的同种或同类商品的企业。例如生产家用空调的企业与生产中央空调的企业、生产高档汽车的企业与生产中档汽车的企业之间的竞争便属于行业竞争。

（3）需要竞争者，即提供不同种类的商品，但满足客户同种需要的企业。例如航空公司、铁路局、长途客运汽车公司提供不同的服务，但满足客户相同的需要，它们三者之间的竞争属于需要竞争。

（4）消费竞争者，即提供不同商品满足客户的不同需要，但目标客户相同的企业。例如很多客户可以把钱用于旅游，也可用于购买汽车，这使得不同行业之间存在消费竞争。

三是从企业所处的竞争地位来看，竞争对手可分为 4 类。

（1）市场领导者，即占有最大市场份额的企业，在商品开发、价格变动、分销渠道选择等方面处于主导地位。其领导地位是在竞争中形成的，但不是固定不变的，如宝洁公司是日化用品市场的领导者。

（2）市场挑战者，即在行业中居于次要地位，但具备向市场领导者发起全面或局部挑战的企业，例如，高露洁是日化用品市场的挑战者。

（3）市场追随者，即在行业中居于次要地位，并安于次要地位，在战略上追随市场领导者的企业。市场追随者通过观察、学习、模仿竞争对手而不断发展壮大，这也是电商行业中不少中小企业逐步发展的路径。

（4）市场补缺者，即行业中相对较弱的一些中小企业，专注于市场上被大企业忽略的某些细小部分，可能发展成为“小市场中的巨人”。

思考练习

A 公司是一家摩托车生产企业，下列情况下，A 公司与其他生产企业分别属于哪种类型的竞争者？

（1）A 公司向市场提供的摩托车的档次、价格与 B 公司相同。

（2）A 公司生产的摩托车价格约为 1.5 万元，消费者也打算用 1.5 万元购买商品，他将在需要花费相同资金的彩电、空调、计算机、家具、摩托车等商品中进行选择。

（3）A 公司与所有摩托车生产企业以及自行车、小轿车等的生产企业存在竞争关系。

（4）A 公司与所有摩托车生产企业存在竞争关系。

1.1.3 竞争资源分析

企业在运营过程中会同时面对上述各种类型的竞争对手，在人力、客户、商品或服务、营销、生产及物流等方面与竞争对手展开竞争。

（1）争夺人力资源，即抢夺同一个类型的人力资源，例如，运营人员、美工人员、客服人员等。

（2）争夺客户资源，是竞争者最本质的表现。

（3）销售同品类商品或服务，即所谓的同业竞争，展开同业竞争的两个企业是彼此最直接的竞争对手，例如，怡宝和农夫山泉。

（4）销售替代类商品或服务的企业同样构成竞争关系。

（5）销售互补类商品或服务，互补类商品或服务是指两种商品或服务之间互相依赖，形成互利关系，例如打印机和墨盒。

（6）争夺营销资源，在同时段、同一媒介投放广告的其他企业就是与本企业争夺营销资源的竞争对手。

（7）争夺生产资源，争夺同类生产资源的企业间形成竞争关系，如星巴克和所有以咖啡为生产原料的企业都是竞争对手。

（8）争夺物流资源，电商离不开物流，争夺物流资源的情况时常发生，这些企业互为竞争对手。

图 3-2 中，第一组图片的两个店铺销售同种类型（户外）的服装，价格也在同一档次，如何引流、如何通过优质的商品和服务留住更多客户，是两个店铺面临的最大竞争；第二组图片中，当猪肉价格猛涨的时候，不少客户便开始选择牛肉、鸡肉等价格更低的替代品，因此价格成为两个店铺竞争的焦点；第三组图片中，两个店铺代理同一款数码相机，如何通过有吸引力的营销活动赢得客户青睐是运营人员需要花心思思考的一个问题。

图 3–2　竞争资源分析

任务 1.2　自身店铺定位分析

中小店铺要想在激烈的竞争中成功生存下来并不是一件轻松的事情，电商千人千面的展现会更加注重店铺标签和消费人群，因此找准自身定位，明确自身的消费人群，店铺才能有目的地进行选品和营销推广。

1.2.1　店铺定位的目的

店铺定位是指通过对店铺整体形象及商品的设计，使店铺更贴近目标消费者的心理感受的过程，这是对目标消费者的心理和情感的管理。一方面，目标市场是店铺定位的依据和归宿；另一方面，店铺形象需要经过品牌设计和商品设计来完成，即恰当的店铺设计有助于在目标消费者心中树立良好的店铺形象。

对店铺进行定位，品牌个性和商品特色就能够从商品包装、材质、视觉效果等方面差异化地呈现出来，从而在消费者心目中留下深刻的印象，得到消费者的认可，凸显自身的竞争优势。

下面介绍一些淘宝店铺的定位，如图 3-3 所示。首先是韩都衣舍，这家店铺的服装仅限于韩版风格，并且将这种风格做得非常突出，这得益于它对自身商品和风格的明确定位。裂帛也是一家女装店铺，但是它最突出的标签是民族风，这也是因为它对自身商品和风格进行了定位。茵曼专卖棉麻类材质的女装，这属于商品和材质定位。雷士照明则根据商品特点重点突出了店铺装修的色彩感。

韩都衣舍——韩版女装店

裂帛——民族风女装店

图 3–3　店铺定位分析

茵曼——棉麻类女装店

雷士照明——照明灯具店

图 3-3　店铺定位分析（续）

这些店铺对商品、风格、服务等方面进行了明确的定位，精准聚焦店铺目标消费人群，避免了无特色、无差异、同质化、不利于消费者识别等问题，给消费者留下了深刻的印象，这样的店铺在电商竞争中才具有生存力。相反，没有进行定位或定位不清晰的店铺，消费者光顾一次后可能就再也想不起来了。

1.2.2　店铺定位的意义

有了明确的店铺定位，我们就可以逐步打造品牌、塑造品牌文化，从而增强消费者对店铺的黏性。

（1）店铺定位是联系店铺形象与目标市场的纽带

店铺定位的最终目标是赢得更多的市场机会，而店铺形象是店铺定位的直观表现，良好的店铺形象是吸引消费者的关键因素，因此，店铺定位是联系店铺形象与目标市场的纽带，是寻求店铺形象与目标市场的最佳结合的过程。

（2）店铺定位是确立店铺品牌个性的重要途径

随着科技的发展，商品同质化现象越来越严重，部分商品已无法满足消费者在情感和自我表达上的需求。因此，品牌情感诉求已成为品牌竞争的焦点之一，品牌个性则是品牌情感诉求的集中体现。店铺定位是否清晰，直接决定品牌个性是否足够鲜明，可见店铺定位是确立品牌个性的重要途径。

（3）店铺定位是品牌传播的基础

品牌传播需要以店铺定位为前提，店铺定位决定了品牌传播的内容。同时，只有及时准确地将店铺设计的品牌形象及商品或服务传递给目标消费者，引起消费者的共鸣，店铺定位才会有效，因此店铺定位是品牌传播的基础。

1.2.3　店铺定位的思路

在定位过程中，店铺不仅要明确和熟悉目标市场，对目标消费人群的需求特性有明确的把握，还需要深入分析竞争对手的特点。具体来讲，店铺可从以下方面切入。

（1）竞争对手的弱点

竞争对手的弱点往往是店铺自身的突破点，一般来说，店铺在消费者评价信息中最容易发现这些弱点。店铺可以多关注那些负面评论，如大部分负面评论都说竞争对手的服装“面料扎人、缩水”，那么店铺就可以重点展现服装“面料舒服、不缩水”的特点，努力赢得消费者的好评，这将对提升店铺搜索权重起到帮助作用。

（2）消费人群的特点

店铺消费人群往往会呈现出一定的特征，店铺通过数据分析挖掘他们的需求、能满足他们需求的商品以及刺激他们购买的因素，由此可以进一步明确自身的定位。

以销售雷士照明灯具的某店铺为例，在生意参谋中，该店铺商品交易数据显示，该店铺主营“LED单灯”类目，该类目的支付金额（元）、支付买家数（人）、支付转化率均为全店最高，如图 3-4所示。

家装灯饰光源 占比：99.03%	全屋定制 占比：0.97%				
类目	支付金额	支付金额占比	支付买家数	支付转化率	操作
LED单灯	68,094.49	57.25%	529	9.33%	查看趋势
吸顶灯	24,110.87	20.27%	61	1.56%	查看趋势
筒灯	8,504.14	7.15%	60	4.82%	查看趋势
景观庭院灯饰	6,741.00	5.67%	31	3.99%	查看趋势
射灯	4,991.95	4.20%	30	6.44%	查看趋势

图 3-4　商品交易数据

通过对店铺访客的性别、年龄、地域、偏好等数据进行分析，如图 3-5 所示，发现店铺访客以男性为主、年龄多在 31～50 岁、所在地域以江浙及广东为主、喜欢优惠券。

性别

性别	访客数	占比	下单转化率
男	1,386	59.38%	5.41%
女	869	37.23%	5.18%
未知	79	3.39%	2.53%

地域	访客数	下单转化率
江苏省	299	5.35%
广东省	229	2.62%
浙江省	203	8.37%
山东省	170	7.06%
上海市	138	9.42%
河南省	129	4.65%
四川省	122	10.66%
安徽省	111	10.81%
辽宁省	105	4.76%
福建省	105	8.57%

访客年龄分布情况（2020-4-29—2020-5-5）						
访客类别	18~25岁	26~30岁	31~35岁	36~40岁	41~50岁	51岁及以上
未支付访客（14276人）	5.72%	14.89%	23.59%	19.47%	25.69%	10.64%
支付新买家（713人）	4.35%	15.71%	25.81%	23.98%	20.61%	9.54%
支付老买家（98人）	1.02%	20.41%	23.47%	26.53%	20.41%	8.16%

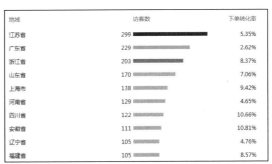

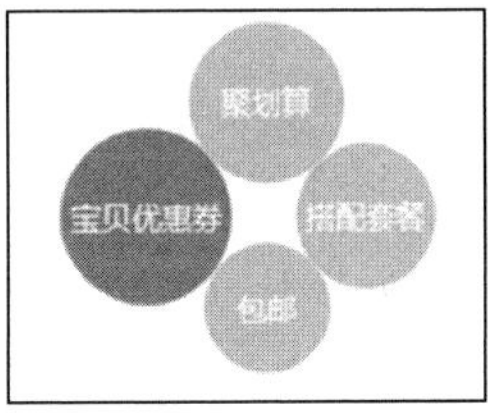

图 3-5　店铺访客数据

通过对店铺访客的消费层级数据进行分析，如图 3-6 所示，发现该店铺的两个重点销售价格区间为 0～35 元和 85～200 元，该店铺与其竞争对手雷士官方旗舰店在这方面是有所差异的。

消费层级(元)	访客数	占比	下单转化率
0~35.0	1,037	44.41%	3.76%
85.0~200.0	533	22.83%	6.94%
35.0~85.0	379	16.23%	5.01%
200.0~450.0	288	12.33%	7.64%
450.0~900.0	83	3.56%	7.23%
900.0以上	15	0.64%	6.67%

(范围含左端不含右端)

图 3-6　访客消费层级数据

由上述运营数据可以看出，该店铺在主营商品、访客及消费层级方面形成了自己的特点，与其竞争对手雷士官方旗舰店商品类目全、消费人群广、价格较高的特点形成了明显的差异，突出了自身的竞争优势。

（3）商品本身的核心卖点

店铺可以从商品本身的很多维度提炼卖点，形成相对竞争优势，如商品的颜色、大小、形状、包装、味道等，但需要总结竞争对手的卖点，深入挖掘，突出差异化，不能千篇一律。例如，大部分店铺卖的枸杞都是大包装的，如果把枸杞做成小包装的，就形成了差异化的卖点。

（4）单一属性或维度

这种做法就是选择一个小的细分市场，只服务于某一类细分人群，用心研究这类人群的个性化特点，全方位满足他们的需求。例如，专做大码女装的店铺的客户回购率、满意度往往都是非常高的。

思考练习

用数据定位自身店铺

珠海佳霖食品有限公司（以下简称佳霖食品）近几年电商业务快速发展，主要得益于其精准的店铺定位，请通过以下步骤对佳霖天猫旗舰店的店铺定位进行分析。

步骤 1：访问其官网，了解其主营商品、新闻动态及加盟信息。

步骤 2：访问其天猫店铺，了解其店铺装修风格、热销商品的价格区间及商品卖点。

步骤 3：通过百度搜索佳霖食品相关信息，从侧面了解其运营效果、市场反馈及行业影响力。

任务 1.3　竞争对手确定

各电商平台的同类店铺往往都不在少数，然而各店铺因为商品不同、价格不同、运营策略不同、服务态度不同产生了不同的经营效果，这其中竞争策略发挥了重要的作用。精准锁定店铺竞争对手，是有的放矢开展竞争的必要条件。

1.3.1　搜索圈定竞争对手的范围

明确了自身店铺定位后，就可以通过搜索的方法寻找与自身店铺定位类似的竞争对手。

（1）通过关键词圈定竞争对手

关键词搜索是消费者网购时常用的方法，关键词也是店铺描述商品必须用到的元素。店铺可以通过关键词搜索到经营品类与自身相似的其他店铺，还可以根据商品属性进一步精确圈定竞争对手。例如，太平鸟官方旗舰店根据自身主营的“高腰女装小脚牛仔裤”，在淘宝网搜索栏中输入带有风格限定词的关键词“牛仔裤女高腰小脚裤”，便可以圈定竞争对手的范围，如图 3-7 所示。

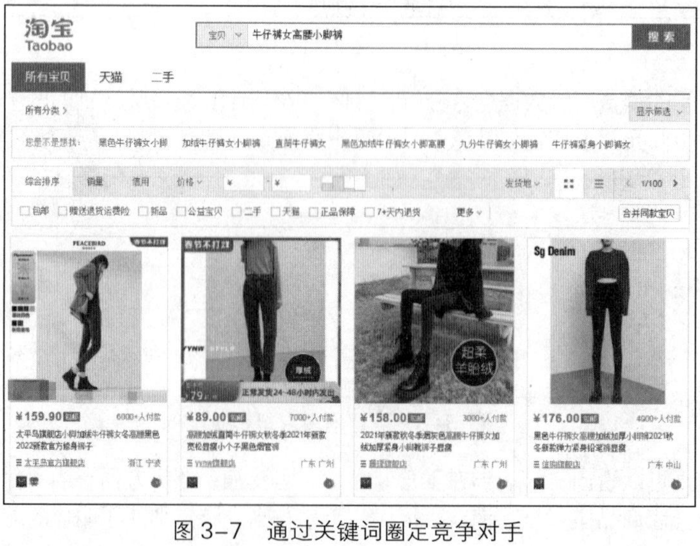

图 3–7　通过关键词圈定竞争对手

（2）通过销量及价格圈定竞争对手

在关键词搜索的基础上，店铺可根据自身商品的销量和价格，圈定几个和自身相近的店铺作为竞争对手。仍以上述牛仔裤为例，通过对销量进行降序排列，并限定商品价格在100～200元，在淘宝搜索结果页面找出相关店铺，然后找到自身商品所在的位置，如图3-8所示，可以相对精准地圈定排在自己前面的两个店铺作为竞争对手进行分析。

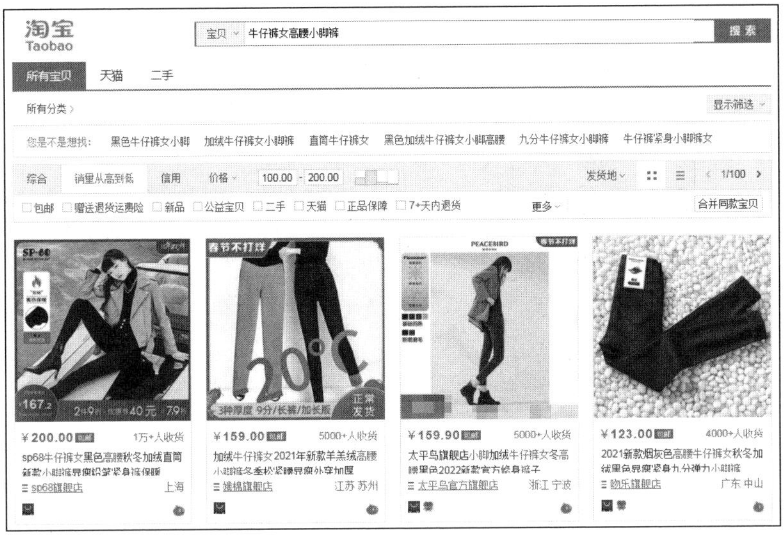

图3-8　通过销量及商品价格圈定竞争对手

（3）通过推广活动圈定竞争对手

店铺可以根据自身参与的平台线上活动或开展的促销活动，圈定参与同类型推广活动并且销售品类相近的其他店铺作为竞争对手。例如，店铺某款牛仔裤正在参加聚划算活动，通过搜索“牛仔裤女”，并按销量从高到低进行排序，同时根据自身商品价格限定价格范围为100～200元，如图3-9所示，可以圈定同样参与该活动且销量排在本店铺前面的sp68旗舰店、娥棉旗舰店作为竞争对手进行分析。

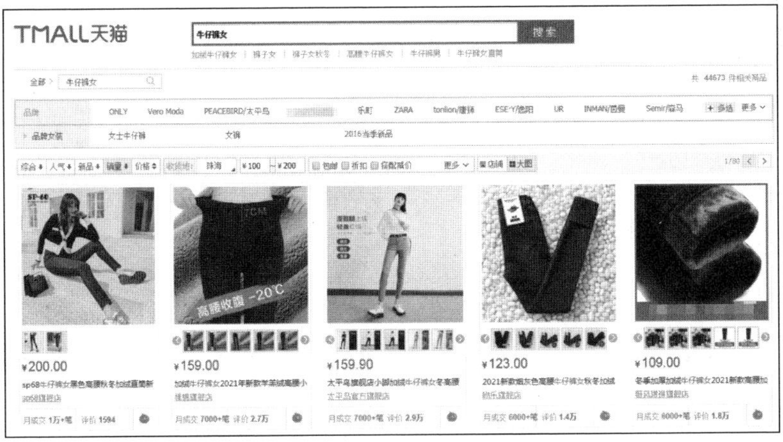

图3-9　通过推广活动圈定竞争对手

然而，竞争态势不是一成不变的，各店铺都会不断地调整运营策略，随着自身的发展，还可以借助生意参谋等平台工具，通过数据及时锁定并追踪竞争对手的信息。

1.3.2　竞争对手数据收集

圈定了竞争对手的范围之后，就需要进一步收集各竞争对手的数据，为精准确定竞争对手做好准备。首先要知道，收集了竞争对手的数据之后，为将其与自身的数据进行对比，需同时收集自身店铺的数据。了解竞争商品最直观的方式就是阅读商品详情页，下面仍以太平鸟官方旗舰店的某款牛仔裤为例来了解竞争商品数据的收集。

（1）竞争商品基本信息收集

打开商品详情页，如图 3-10 所示，首先看到的是商品的基本信息，包括价格、本店活动、收藏人气、月销量、评价数、尺寸、颜色分类、库存量等。

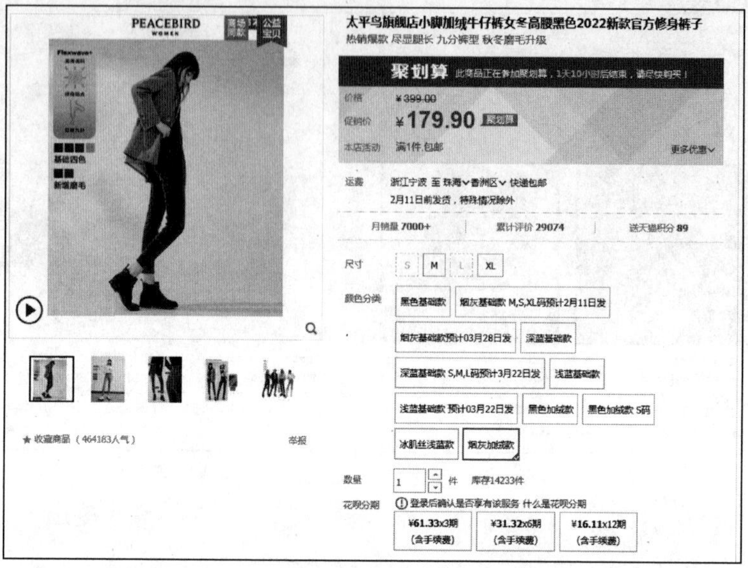

图 3-10　竞争商品基本信息收集

（2）竞争商品属性信息收集

竞争商品属性信息也是需要关注和收集的重要数据，如图 3-11 所示，其中包括该款牛仔裤的面料分类、腰型、款式、厚薄、材质成分等，这些信息可以帮助我们进一步确认商品的属性细节。

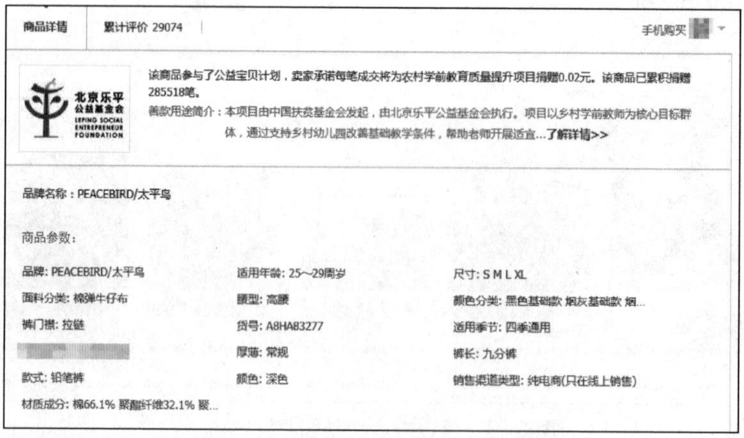

图 3-11　竞争商品属性信息收集

（3）竞争商品详情信息收集

还要关注竞争商品近期是否有详情页活动海报，对商品的展示拍摄，尤其是细节展示是否恰到好处，对消费者痛点的描述是否简单明了，目的是通过对比找到竞争商品详情页值得学习的地方。该款商品正在参加聚划算活动，上线时间较长，是热卖款，当前活动优惠较多，还是挺有吸引力的。细节展示的重点是突出商品高弹力、修身、舒适等卖点，如图 3-12 所示。

图 3–12　竞争商品详情信息收集

（4）竞争商品评价信息收集

收集商品评价是了解店铺相似消费人群需求点的一个比较好的途径，也是了解竞争对手的一个重要途径。该款商品累计评价数较多，如图 3-13 所示。由评价可知，该款商品总体上板型不错，适合微胖人群，但评分并不高，有待改进。

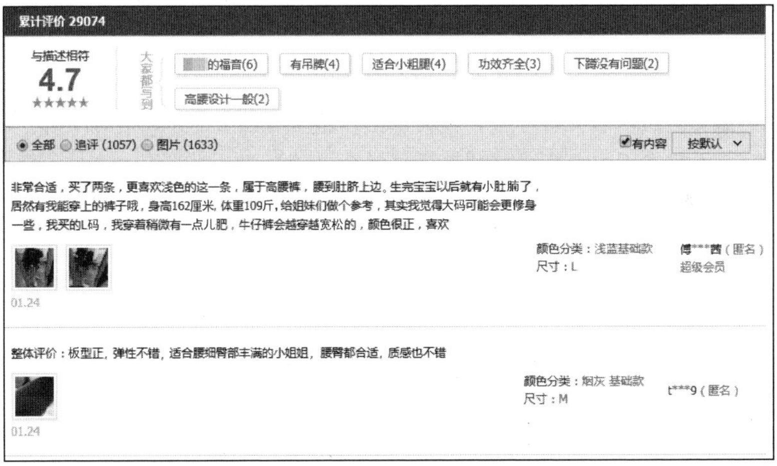

图 3–13　竞争商品评价信息收集

综上，分别收集各竞争对手的商品信息，并以表格形式进行整理，以便进行对比，如表 3-1 所示。

表 3–1　竞争对手商品信息收集

店铺	商品图片	商品标题	商品价格/元	月销量/件	收藏人气/次	现有尺码	近期活动	属性细节	商品卖点	客户评价
sp68 旗舰店		sp68 牛仔裤女黑色高腰秋冬加绒直筒新款小脚裤显瘦铅笔紧身裤保暖	200	10000	1820	均码	折扣促销	自然腰、加薄绒、铅笔裤、长裤	无尺码、不紧绷、舒适、显瘦	4.8 分，弹力好、不褪色、板型好

续表

店铺	商品图片	商品标题	商品价格/元	月销量/件	收藏人气/次	现有尺码	近期活动	属性细节	商品卖点	客户评价
娥棉旗舰店		加绒牛仔裤女2021年新款羊羔绒高腰小脚裤冬季松紧腰显瘦外穿加厚	159	7000	106625	XS～2XL	降价促销	高腰、铅笔裤、长裤、加厚	高弹力、舒适、收腹	4.9分，板型好、保暖、舒适
太平鸟官方旗舰店（自身商品）		太平鸟旗舰店小脚加绒牛仔裤女冬高腰黑色2022年新款官方修身裤子	179	7000	464183	S～XL	聚划算	高腰、常规厚度、铅笔裤、九分裤	高弹力、修身、显瘦	4.7分，板型好、弹力好、粘毛、褪色

数据意识

严谨负责，尊重数据

电商环境下的海量数据时常让人无从下手，但不可因此就以敷衍的心态处理数据，只有本着严谨负责的态度，才能确保数据的客观性与准确性。对于一个专业的数据分析人员来说，一定要尊重数据。

在企业里，数据分析人员充当“医生”的角色，通过对企业运营数据的分析，为企业寻找症结及问题所在，从而使企业大大小小的问题得到解决、改善。

如果一名数据分析人员不具备严谨负责的态度，受其他因素影响而更改或大意处理数据，隐瞒企业存在的问题，这对企业的发展是非常不利的，甚至会造成严重的后果。因此，数据分析人员必须保持中立，客观评价企业的发展情况，以真实数据为基础，为决策层提供有效、正确的参考依据。

1.3.3 通过差异化分析确定竞争对手

通过搜索圈定了竞争对手的范围，也收集了竞争对手商品的详细信息，那么如何确定谁才是我们当前的直接竞争对手呢?

竞争是分阶段的，我们需要逐层分析。对大多数中小店铺来说，行业标杆是学习对象，并非竞争对手。商品相同或相似、价格相近、消费人群相同、实力相当的店铺，可圈定为竞争对手。大多数商品指标相同或非常接近的店铺，才是我们当前的直接竞争对手。

我们将以商品属性、SKU、视觉效果、客户评价、促销方式、标题、客服专业程度为评价指标，通过差异化分析确定直接竞争对手，同时找出自己的不足，学习对手的优点，逐步改进，直到超越对手，进入更高的层级。下面仍以太平鸟官方旗舰店的牛仔裤为自身商品，将其与sp68旗舰店（以下简称“sp68”）、娥棉旗舰店（以下简称“娥棉”）的相似款商品进行横向比较。

从商品属性来看，sp68的商品是自然腰、本年度上线的新品；娥棉与自身商品都是高腰款，并且都属于不断改进的旧款商品，在风格上更接近。

从SKU来看，sp68的商品为均码，娥棉与自身商品都是分码数的，便于持续观察、对比每个SKU的描述有哪些不同；也可以从库存量的变化判断哪些颜色更受客户青睐、哪些码数的需求量更大，以此作为自身店铺备货的依据。

从视觉效果来看，sp68 商品的视觉效果较为单一，卖点文案几乎没有；娥棉与自身商品文案较丰富，都在突出修身、保暖、区分长度等卖点，相同点多一些。

从客户评价来看，3 款裤子的共同特点是板型、舒适度都不错，但自身商品评分较低，仅 4.7 分，应该在细节方面寻找与对手的差距，继续改进。

从促销方式来看，3 个店铺均设置了打折、包邮、参加平台活动等促销方式，sp68 的商品为当季新款，收藏人气虽不高，但销量最高；娥棉与自身商品都是不断改进的热卖款，收藏人气均较高，销量也持平，更具竞争性。

从标题来看，3 款商品的标题都突出了板型、风格、保暖效果等方面的特点，娥棉与自身商品的标题都加上了“××××年新款”，更想突出此款商品在原有基础上进行了优化改进，标题风格更相似。

从客服专业程度来看，了解客服专业程度最直接的方法是以客户的身份分别与 3 个店铺的客服进行沟通交流，对比客服对于商品属性、卖点、优惠活动、物流等方面的问题回答的专业程度，以及对于导购技巧运用的熟练程度。通过对比发现，sp68 及娥棉的客服导购意识都较强，回答问题时都在想办法拉近与客户的距离；自身店铺客服回答客户提问较为用心，但导购意识需要继续加强。

综合上述分析，我们发现娥棉与自身商品现阶段各个指标的相似程度非常高，因此可以确定娥棉为当前的直接竞争对手；sp68 在商品特点及运营情况上与自身店铺有所差异，可不作为当前的直接竞争对手，但在商品细节展示、质量把控、客服专业程度等方面值得自身店铺学习。

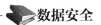

数据安全

法治引领，维护市场公平竞争

上海一家公司在天猫平台开设了“某恩旗舰店”，绍兴某纺织品公司在另一电商平台开设了“某帕专卖店”，这两家位于不同平台的网店所销售的一款窗帘的商品主图、商品详情页甚至质检报告都一模一样。

接到举报后，执法人员调查发现，绍兴某纺织品公司未经同意，复制了天猫“某恩旗舰店”中最热销的一款窗帘的页面设计到自己在另一家平台的网店，复制内容包括商品图片、描述文字、质检报告等，并将“某恩”图标修改为自己的商标。截至查获时间，这家网店售出该商品 157 件，违法经营额为 17288.59 元，这是典型的网店跨平台盗图不正当竞争案。

“盗图抄店”的不正当竞争行为既误导消费者，也损害市场秩序，违反了《反不正当竞争法》和《广告法》，市场监管部门依法对该纺织品公司做出责令改正并罚款 1.38 万元的处罚。

《反不正当竞争法》的实施有效制止了不正当竞争行为，保护了经营者和消费者的合法权益，通过法治引领，促进了社会主义市场经济的健康发展。

1.3.4 任务实战：识别行业竞争对手

任务目标

1. 能根据自身店铺定位，明确竞争对手的搜索关键词及条件。
2. 能根据竞争对手的商品展示收集竞争数据。
3. 能对收集到的竞争数据进行分析对比，确定当前的直接竞争对手。

任务背景

老爹鞋近几年成了球鞋圈的一大潮流主力，简单的板型透露出浓浓的复古气息，同时保留了运动鞋的良好特性，因此很多品牌扎堆向这股潮流“低头”。为了占据足够的市场份额，主营老爹鞋的天猫 FILA 官方旗舰店需要有效识别竞争对手，分析竞争对手的优劣势，取长补短，有针对性地制定竞争策略。

任务分析

有效识别行业竞争对手，首先要结合主营商品，通过关键词、销量、价格、推广活动等圈定竞争对手的范围，再分别收集各竞争对手的商品数据，最后逐一进行分析对比，找出与自身店铺的商品特点、营销策略、服务质量等最接近的店铺，并确定其为当前的直接竞争对手，有针对性地开展竞争。

任务操作

步骤 1：从商品的属性、价格、卖点等因素着手，对 FILA 官方旗舰店的老爹鞋进行商品定位分析，并填写表 3-2。

表 3–2　自身店铺商品定位分析

项目	具体描述
款式	
鞋帮高度	
防滑效果	
舒适度	
价格	
卖点	

步骤 2：根据自身店铺商品特点，确定搜索关键词及限定条件，并填写表 3-3。

表 3–3　搜索条件拟定

搜索条件	具体描述
关键词 1	
关键词 2	
限定条件 1	
限定条件 2	

步骤 3：根据上述搜索条件，通过天猫平台进行搜索，确定竞争对手的范围，并填写表 3-4。

表 3–4　竞争对手的范围确定

竞争对手	具体描述
竞争对手 1	
竞争对手 2	
竞争对手 3	
竞争对手 4	

步骤 4：逐一打开竞争对手的商品详情页，还可以通过竞争对手的网站、百度搜索等收集竞争对手的信息，并填写表 3-5。

表 3–5　竞争数据收集

商品信息	竞争对手 1	竞争对手 2	竞争对手 3	竞争对手 4
标题				
主图特点				
价格				

续表

商品信息	竞争对手 1	竞争对手 2	竞争对手 3	竞争对手 4
促销活动				
月销量				
收藏人气				
属性				
卖点				
SKU				
细节展现				
评价				

步骤 5：详细对比分析竞争对手的各类数据，找出与自身商品卖点、价格、销量等最接近的竞争对手，确定其为当前的直接竞争对手，并填写表 3-6。

表 3–6　竞争对手确定

序号	竞争对手信息
1	
2	
3	

任务总结

识别行业竞争对手应该注意哪些问题？

任务 2 竞争数据监控

要想在竞争中取胜，运营人员需要及时了解店铺所处的内外部环境、市场发展变化趋势和竞争对手的情况。在瞬息万变的竞争环境中，竞争策略是否有效不仅取决于时间领先，更突出体现在对行业发展趋势的准确预判和对竞争对手反应的准确预测上，其关键在于及时跟踪与监测竞争对手的信息。

竞争对手跟踪与监测就是根据企业的战略目标，对当前和未来的竞争对手进行有效的判定和确认，了解和掌握其核心能力，分析与把握其战略意图，判断与预测其战略行动，从而使企业在竞争中赢得优势。竞争对手跟踪与监测是企业自身战略管理的出发点，也是企业竞争信息工作的核心内容。

任务 2.1 行业领军品牌数据监控

品牌是市场和消费者对企业的一种认可，是企业塑造形象、知名度和美誉度的基石。一个好的品牌可以吸引许多新的消费者。在商品同质化现象严重的今天，品牌在某种程度上代表的就是销量。

例如天猫平台上有两款色泽、价格比较接近的口红，如图 3-14 所示，单从图片看，大家会对哪一款动心呢？从图片看，商品外观并无太大差异，但是看到品牌后，很多消费者可能会迅速做出选择，右图是国产品牌卡姿兰，而左图的品牌并不被大部分消费者知晓。二者的实际销量的差距也相当明显，卡姿兰口红的月销量有 15 万笔之多，而另一款口红的销量仅有 178 笔。

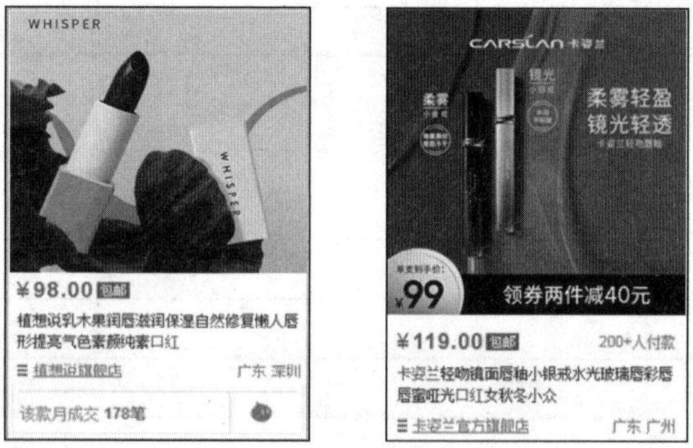

图 3-14 同类商品对比

由此，我们可以体会到商品主要用来满足消费者对某种功能的使用需求，如口红是用来化妆的；而品牌可以说是商品的灵魂，它有着精准的定位，能为消费者提供全方位体验，赢得消费者的信任，并有效促使消费者购买商品。因此，在运营过程中，我们要及时关注所在行业领军品牌店铺的运营情况，它们引领着行业的发展，在新品研发推广、促销策略制定等方面值得中小店铺学习和追随，这也是了解行业发展趋势的有效途径。

（1）新品研发数据监控

系列新品从研发到推广，再到得到市场认可，不仅需要先进的技术、雄厚的资金，还需要具有较强的风险抵抗能力，这对中小企业来讲通常很难做到，如研发失败或推广不成功，都将带来不小的损失。因此，为了尽可能地规避风险，中小企业可以选择跟随知名品牌，把它们作为风向标，一旦确定某款新品受市场欢迎或某种营销方式效果很好，就要紧跟其后，改进自己的商品、调整自身的营销策略，从而及时把握竞争时机。

以调味料行业为例，知名品牌有老干妈、李锦记、太太乐、寿桃等，而佳霖食品以卤为特色，拌面酱、拌饭酱等酱料是其主打商品，因此其密切关注寿桃、李锦记这两个品牌。寿桃的商品以拌面酱为主，该品牌后来拓展开发了黑椒、牛肉粒等 4 个口味的 XO 风味拌面酱，投入市场后反响不错。佳霖食品就及时捕捉到这个市场趋势，结合自身定位对寿桃的商品进行分析后发现，港式车仔面 XO 滋味酱不仅销量好，而且与自身目标消费人群定位比较一致。于是，佳霖食品瞄准这款商品，结合自身市场定位，快速开发了海鲜风味 XO 捞面酱、涮肉火锅 XO 沙茶酱等系列新品，投入市场后反响不错，海鲜风味 XO 捞面酱的月销量达到 2004 件，如图 3-15 所示。

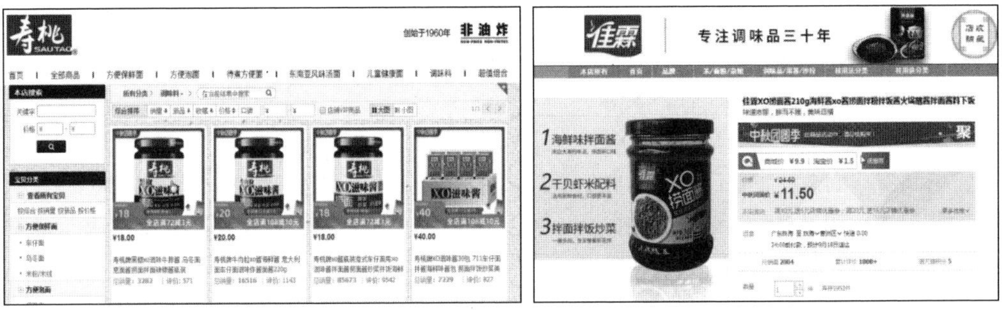

图 3–15　跟随知名品牌开展新品研发

（2）促销策略数据监控

佳霖食品通过生意参谋对近 30 天销量排名前 20 的行业热门店铺进行监控和分析，确定好人家和吉香居为需要重点监控和学习的品牌。其中，吉香居除了拥有独特的酱料制作技术，它的店铺推广技巧也是需要学习的，如套装组合销售、第 2 份 0 元等促销策略都取得了不错的效果。因此，佳霖食品不仅购买了吉香居的商品给技术人员进行研究、学习，推出了藤椒火腿酱这款新品，还对蒜蓉辣椒酱开展组合打折的促销活动，该商品月销量达 1806 件，如图 3-16 所示。

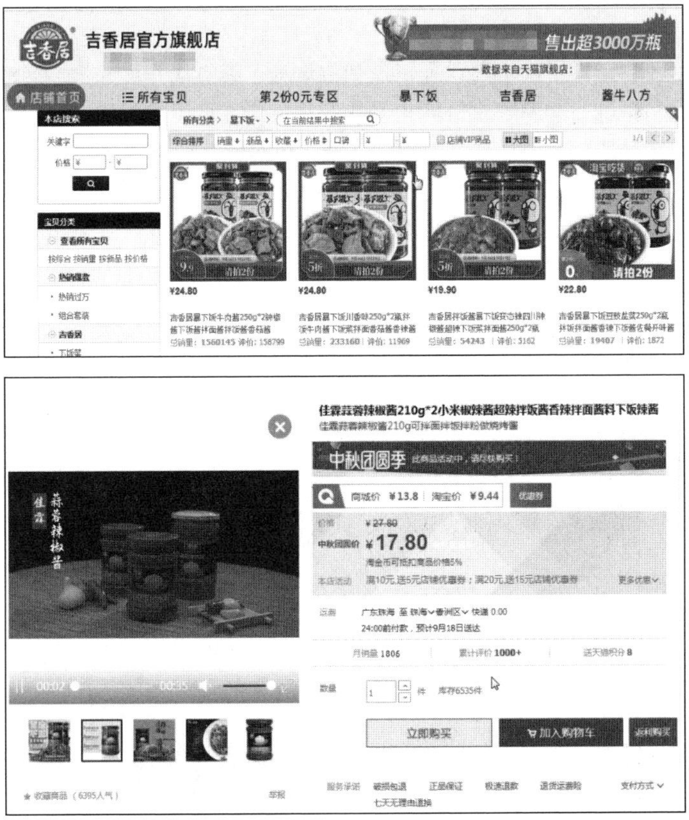

图 3–16　跟随知名品牌开展促销推广

任务 2.2　竞店数据监控

所谓竞店就是层级和自身店铺相近，或比自身店铺稍高，自身店铺通过努力在短时间内可达到相当水平的店铺。

对竞店进行监控，可以采用人工方式，也可以借助工具，如淘宝推出的生意参谋可以直接识别竞店，并进行竞店数据分析与监控。还可以借助第三方工具，如店侦探，它是专门监控竞争对手的工具，也可以分析竞店、竞品数据，展现关键字等。

2.2.1　竞店数据监控维度分析

竞店数据监控主要从以下几个维度展开。

（1）分析竞店的商品类目。店铺的商品类目是分层级的，其结构不仅影响销售业绩，还影响店铺抵御风险的能力。如果将商品放错了类目，访客搜索时商品将无法展现，严重时店铺还会受到平台的处罚。

我们在分析竞店的商品类目时应重点考虑自身店铺的优劣势，如果竞店的优势类目表现较为强势，对自身店铺形成威胁，后期进行商品类目布局或制定市场策略的时候，就要有意识地避开竞店的优势类目，针对竞店的弱势类目发力。例如，在服装类目下，如果竞店的牛仔裤子类目优势明显，我们就要尽量避开在该子类目下与其直接竞争，可针对连衣裙、卫衣等竞店相对弱势的子类目提高自身店铺的竞争力。

确定竞店的优势类目后，我们需要收集竞店中相关商品的详细数据，如商品图片、材质、上市时间等比较重要的描述信息，了解竞店商品的基本属性，并进行监控，观察其后期动态调整情况，如现在是春季，秋季的时候观察竞店会不会把商品属性改为秋季新款继续销售。

（2）分析竞店的销售数据。我们可通过店侦探采集竞店统计周期内的销售数据，将其与自身店铺的销售数据进行对比，找出自身店铺与竞店之间存在的差距，进一步分析造成这种差距的原因，从而及时调整运营策略。

（3）分析竞店的推广活动。我们可以通过店侦探清晰了解竞店开展的推广活动、参加各类活动的商品数及销售额，也可以通过生意参谋了解自身店铺与竞店在各引流渠道中的引流指数及访客数，并持续追踪，分析推广活动的频度、深度和效果，从而加以对比，分析各自的优劣势。

（4）分析竞店商品的上下架时间。我们可以通过店侦探采集竞店商品上下架时间，并分析自身店铺的优劣势。如果自身店铺处于劣势，在商品上下架时间的安排上要避开竞争；相反，如果自身店铺处于优势，就要与竞店进行正面竞争。

2.2.2　竞店数据对比分析

我们以销售瑜伽垫的某天猫店铺为例开展如下竞店数据分析。

（1）3 月上旬竞店与自身店铺的瑜伽垫销量如图 3-17 所示。通过柱状图可视化显示，并为竞店数据添加趋势线（设置趋势线格式时，选择“多项式”，并将顺序设为“5”），我们可以看出竞店的销量总体上呈上升趋势，一开始比自身店铺少，但后来上升较快，明显超过了自身店铺。对此，自身店铺需要积极应对。

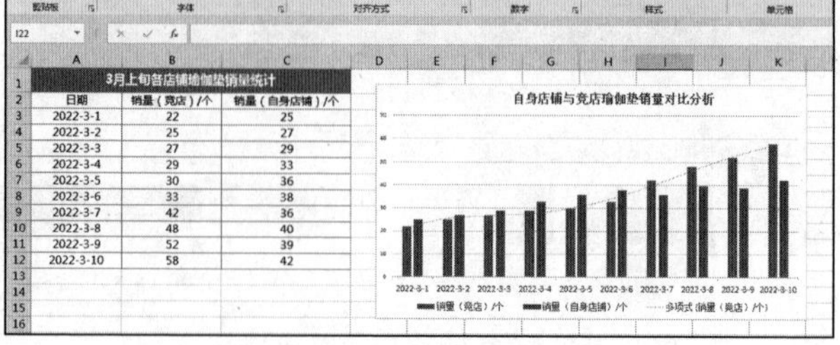

3月上旬各店铺瑜伽垫销量统计		
日期	销量（竞店）/个	销量（自身店铺）/个
2022-3-1	22	25
2022-3-2	25	27
2022-3-3	27	29
2022-3-4	29	33
2022-3-5	30	36
2022-3-6	33	38
2022-3-7	42	36
2022-3-8	48	40
2022-3-9	52	39
2022-3-10	58	42

图 3-17　竞店与自身店铺商品销量分析

（2）通过分析销售商品的种类、数量及总销售额，了解竞店 3 月上旬的总体销售情况。

步骤 1：计算销售商品的种类，选中商品名称所在的 A2:A19 单元格区域，选择“数据”选项卡中的“数据工具”组中的“删除重复值”选项，删除当前选定区域中的重复值，弹出提示信息框，删除了 5 个重复值，保留 13 个唯一值，由此得知竞店共销售 13 种商品，如图 3-18 所示，再通过撤销按钮将原始数据恢复。

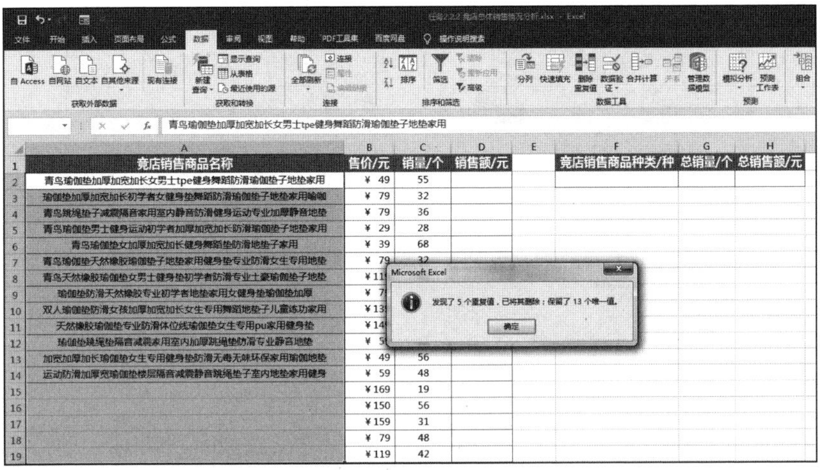

图 3–18　竞店销售商品种类分析

步骤 2：运用公式“销售额=售价×销量”，分别计算出每种瑜伽垫的销售额并填入 D2:D19 单元格区域中，如图 3-19 所示。

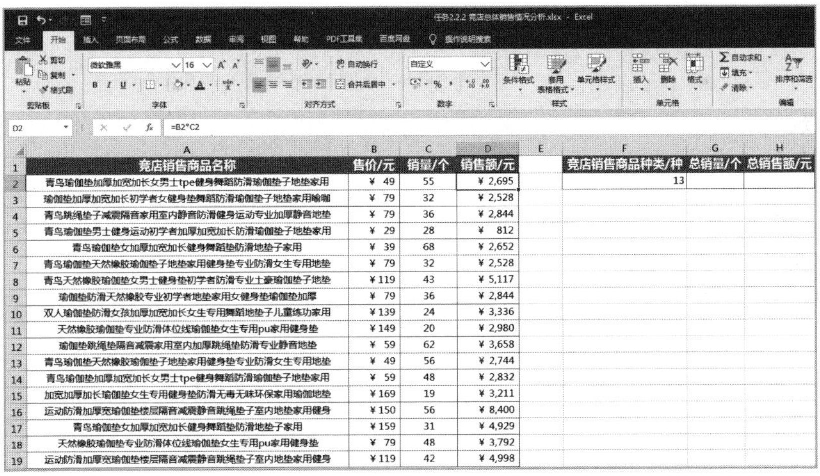

图 3–19　竞店各商品销售额计算

步骤 3：运用 SUM 函数，先对 C2:C19 单元格区域的数据进行求和，计算出总销量并填入 G2 单元格中；再对 D2:D19 单元格区域的数据进行求和，计算出总销售额并填入 H2 单元格中，如图 3-20 所示。

综上可知，竞店共销售瑜伽垫 13 种，3 月上旬的总销量为 736 个，总销售额为 62 900 元；还可以进一步找出销量排在前 3 的几款瑜伽垫，它们的价格主要在 60 元以下。

（3）通过分析竞店的下单人数及回头客人数，了解竞店的客户情况。

步骤 1：运用 COUNTA 函数，对买家名称所在的 B2:B23 单元格区域进行统计，可得出下单人数为 22，如图 3-21 所示。

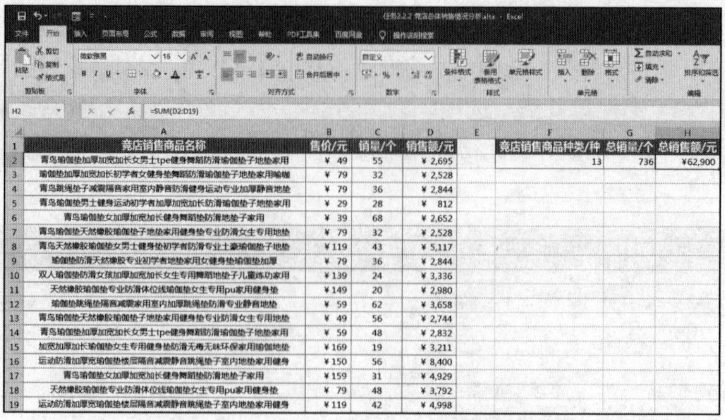

图 3-20　竞店总销量及总销售额计算

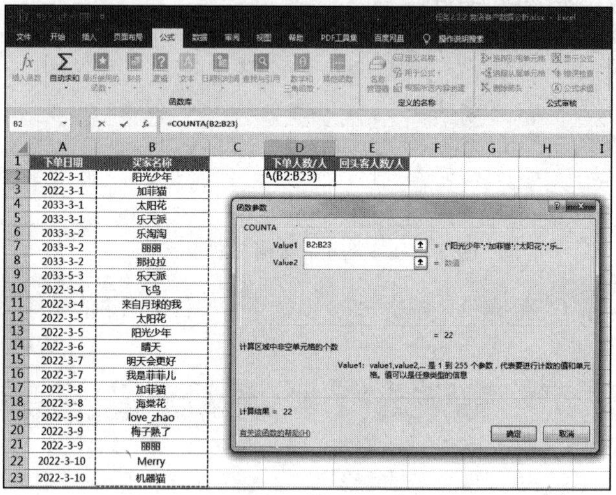

图 3-21　竞店下单人数计算

步骤 2：在 E2 单元格中输入公式“=D2-SUM(1/COUNTIF(B2:B23,B2:B23))”，按下【Ctrl+Shift+Enter】组合键进行确认，计算出回头客人数为 5，再用公式“下单人数-回头客人数”计算出新客人数，并用饼图可视化呈现竞店的客户占比情况，如图 3-22 所示。

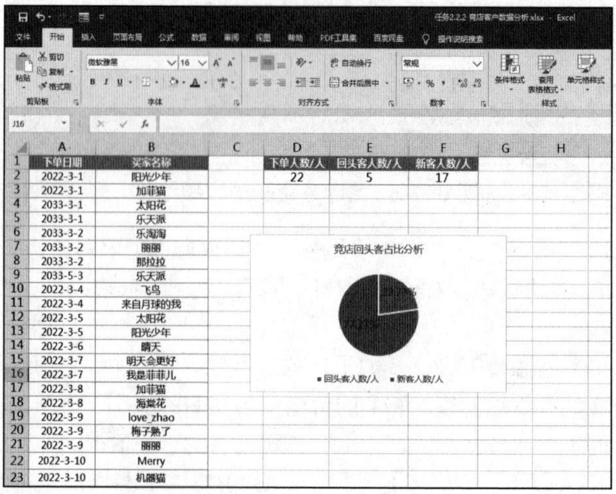

图 3-22　竞店客户占比分析

由上可知，竞店回头客占比为 22.73%，可将自身店铺数据与之对比，准确把握自身店铺的优劣势。

（4）下单转化率是影响店铺销售情况的重要指标，其计算公式为“下单转化率=（下单数÷访客数）×100%”。下面分析竞店的下单转化率情况。

步骤 1：运用上述计算公式，分别计算出竞店和自身店铺的下单转化率，并将其转换成百分比形式，如图 3-23 所示。

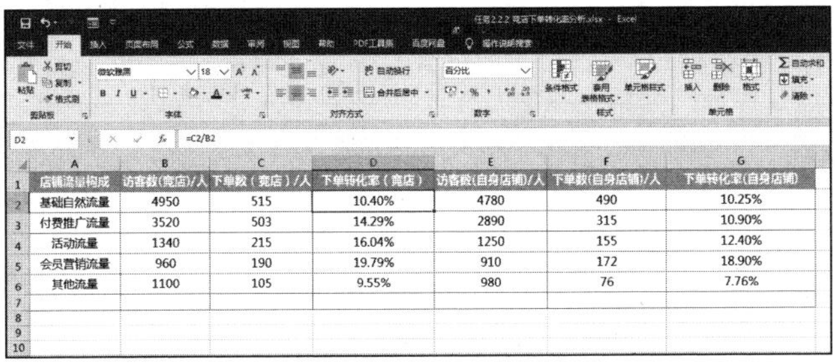

店铺流量构成	访客数(竞店)/人	下单数（竞店）/人	下单转化率（竞店）	访客数(自身店铺)/人	下单数(自身店铺)/人	下单转化率(自身店铺)
基础自然流量	4950	515	10.40%	4780	490	10.25%
付费推广流量	3520	503	14.29%	2890	315	10.90%
活动流量	1340	215	16.04%	1250	155	12.40%
会员营销流量	960	190	19.79%	910	172	18.90%
其他流量	1100	105	9.55%	980	76	7.76%

图 3–23　竞店与自身店铺下单转化率计算

步骤 2：分别选中店铺流量构成、竞店和自身店铺的下单转化率数据，插入柱状图，如图 3-24 所示。由可视化呈现结果可知，竞店整体下单转化率比自身店铺要高，其中基础自然流量、会员营销流量、其他流量的下单转化率与自身店铺基本持平，但竞店的付费推广流量及活动流量的下单转化率高出自身店铺较多。对此，自身店铺需要关注及优化推广策略。

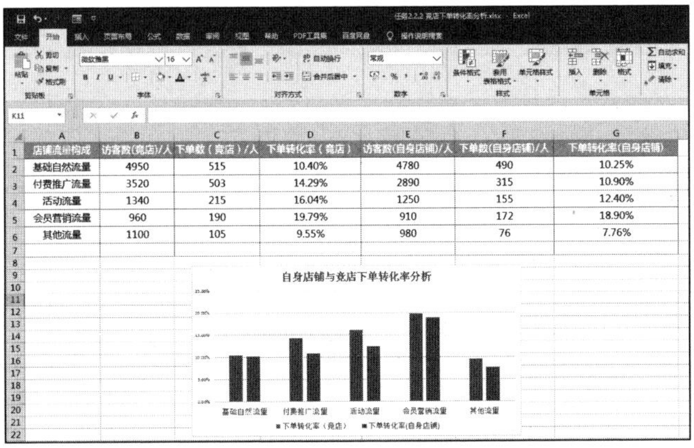

店铺流量构成	访客数(竞店)/人	下单数（竞店）/人	下单转化率（竞店）	访客数(自身店铺)/人	下单数(自身店铺)/人	下单转化率(自身店铺)
基础自然流量	4950	515	10.40%	4780	490	10.25%
付费推广流量	3520	503	14.29%	2890	315	10.90%
活动流量	1340	215	16.04%	1250	155	12.40%
会员营销流量	960	190	19.79%	910	172	18.90%
其他流量	1100	105	9.55%	980	76	7.76%

图 3–24　竞店与自身店铺下单转化率对比

2.2.3　任务实战：竞店数据分析

任务目标

1. 能对竞店及自身店铺的支付转化情况进行分析。
2. 能对竞店的销售价格区间进行分析。
3. 能根据竞店数据分析结果制定自身店铺的有效竞争策略。

任务背景

小王是某母婴品牌天猫旗舰店的运营总监，他选定与自身店铺相似度最高的竞店，持续进行竞店数据监控，对支付转化指数、销售价格等关键数据及时进行收集和分析，再综合分析自身店铺的运营情况，及时发现不足，以便准确把握竞争优势。

任务分析

对竞店数据进行监控，首先要结合生意参谋等工具，及时准确收集竞店的支付转化指数、销量等数据，再熟练运用 Excel 等工具，对数据进行分析，最后通过结果对比发现自身的不足，有针对性地制定改进措施，直到超越竞争对手。

任务操作

步骤 1：通过生意参谋收集竞店与自身店铺 3 月的支付转化指数，将其整理到“竞店支付转化数据分析.xlsx”文件中，如图 3-25 所示。

日期	支付转化指数（竞店）	支付转化指数（自身店铺）
2022/3/1~2022/3/7	916	722
2022/3/8~2022/3/14	895	806
2022/3/15~2022/3/21	941	738
2022/3/22~2022/3/28	998	702

图 3-25　竞店与自身店铺支付转化指数

步骤 2：支付转化指数越高，表示支付转化率越高。选择表中数据，运用折线图对竞店和自身店铺的支付转化指数进行可视化呈现，并分别添加趋势线，然后对可视化结果进行分析，将分析结果填入表 3-7 中。

表 3-7　竞店与自身店铺支付转化指数分析

店铺	支付转化指数变化特点描述
竞店	
自身店铺	
两者对比	

步骤 3：根据上述分析结果，与竞店相比，自身店铺支付转化指数呈逐渐下跌的趋势，请为自身店铺制定能提高支付转化指数的措施，并填入表 3-8 中。

表 3-8　提高支付转化指数的措施

序号	提高支付转化指数的具体措施
1	
2	
3	

步骤 4：打开素材文件“竞店销量数据.xlsx”，表中统计了近 7 天竞店各类母婴商品的销售情况，请创建数据透视表，将“现价”字段放在“行”列表框中，“7 天销量”字段放在“值”列表框中，然后进行求和计算。

根据创建的数据透视表，单击鼠标右键，选择“组合”选项，以“30”为步长，设置竞店现价的区间组，并分别计算出其在竞店中的销量占比，将创建的价格区间组信息填入表 3-9 中。

表 3-9　竞店价格区间组信息

价格区间组	7 天销量	销量占比

步骤 5：对竞店销售价格整体情况进行分析，将结论填入表 3-10 中。

表 3–10　竞店销售价格分析

竞店销售价格整体情况分析

任务总结

竞店数据监控应该注意哪些问题？

____

____

____

任务 2.3　竞品数据监控

在竞争中不仅要关注竞店，还要关注其中风格、卖点、各类指标数据与自身店铺的商品最接近的商品，也就是竞品。

2.3.1　竞品及竞品数据分析认知

竞品的概念可以从两个角度进行描述：其一，竞品是指同样的曝光渠道内曝光率和自身商品相近的其他商品；其二，自身商品目前的销量排名比较靠后，想把排名提升到某个位置，那么目标位置附近的商品就是竞品。

理解竞品要把握如下几点。

（1）竞品来自竞争对手，因此首先要确定店铺的竞争对手。

（2）确定竞品需要在前台操作，即通过搜索功能确定，而非靠后台数据确定，后台数据是确定竞品后再进行监控的结果。

（3）竞品是针对单品而言的，而不是整个店铺。

竞品数据分析是一种带有主观性的横向分析过程，通过对多个商品的整体架构、功能、商业模式、营销策略等多维度的横向对比分析，店铺可了解自身商品的市场份额和竞争力，及时调整商品布局及营销策略。

2.3.2　竞品数据监控维度分析

竞品数据监控主要从以下几个维度展开。

（1）竞品基本信息分析

基本信息分析即分析竞品的价格、功能、材质、颜色、卖点等，这一部分是竞品数据分析的基础，其中的个性化内容无法被工具完全抓取，所以需要人工进行观察和采集。

基本信息分析较为直观的方式是查看竞品的详情页，重点关注其活动海报、细节展示、卖点提炼等，通过对比找到竞品详情页值得学习的地方，从而进行借鉴。

（2）竞品销售情况分析

竞品数据分析最重要的目的是提高自身商品的销量，因此，销售情况分析是竞品数据分析的重点。店铺应整理自身商品及竞品同一时间段的销售数据，并对两款商品的销售数据进行比较，分析自身商品处于优势还是劣势，以及有哪些不足之处。

（3）竞品推广情况分析

竞品推广情况分析是指分析竞品重点在哪些渠道进行引流，是否参加官方推广活动或者其店铺自身开展的促销活动，以怎样的频率安排推广活动，以及活动预热效果如何，转化率怎么样。这有助于店铺找出自身商品与竞品的差距，并在之后的运营中对商品推广策略进行调整。

（4）竞品评价分析

综合比较竞品和自身商品的客户评价，找出竞品的优势及自身商品的不足之处进行分析，引导自身商品及服务进行改良或创新。

2.3.3 竞品数据对比分析

我们以销售牛仔裤的某天猫店铺为例，通过生意参谋对本品和某款竞品进行监控，收集过去 7 天的数据并开展如下分析。

（1）关键指标分析。打开素材列表中的“牛仔裤竞品关键指标分析.xlsx”文件，如图 3-26 所示。柱状图可视化显示本品的搜索人气和收藏人气高于竞品，但竞品的交易指数、支付转化指数等均高于本品。由此可知，本品比竞品更受欢迎，但需通过促销活动等形式提高支付转化指数。

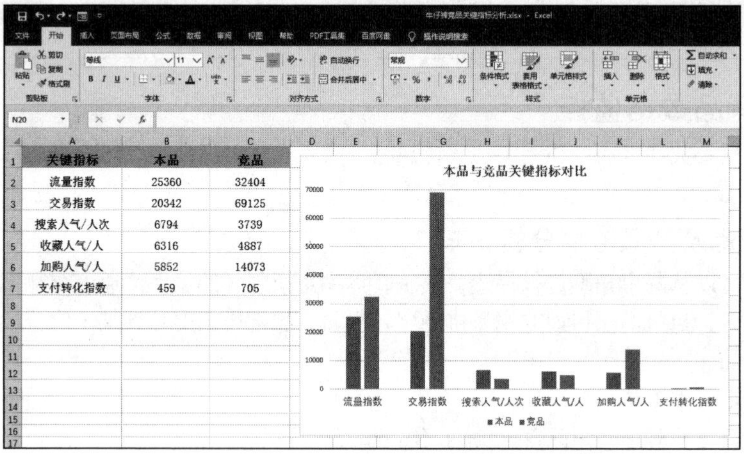

关键指标	本品	竞品
流量指数	25360	32404
交易指数	20342	69125
搜索人气/人次	6794	3739
收藏人气/人	6316	4887
加购人气/人	5852	14073
支付转化指数	459	705

图 3–26 关键指标分析

（2）流量来源分析。素材列表中的“牛仔裤竞品流量来源分析.xlsx”文件收集了引流效果排名靠前的一些渠道，如图 3-27 所示。柱状图可视化显示本品仅在超级推荐、手淘推荐、手淘搜索渠道的引流效果较好，竞品在其他渠道的引流优势明显。

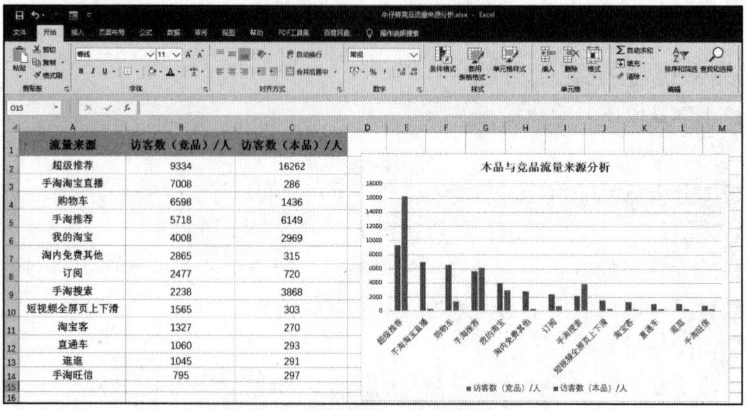

流量来源	访客数（竞品）/人	访客数（本品）/人
超级推荐	9334	16262
手淘淘宝直播	7008	286
购物车	6598	1436
手淘推荐	5718	6149
我的淘宝	4008	2969
淘内免费其他	2865	315
订阅	2477	720
手淘搜索	2238	3868
短视频全屏页上下滑	1565	303
淘宝客	1327	270
直通车	1060	293
逛逛	1045	291
手淘旺信	795	297

图 3–27 流量来源分析

（3）引流词分析。素材列表中的“牛仔裤竞品引流关键词分析.xlsx”文件分别收集了本品与竞品引流效果排名靠前的一些关键词，如图 3-28 所示。

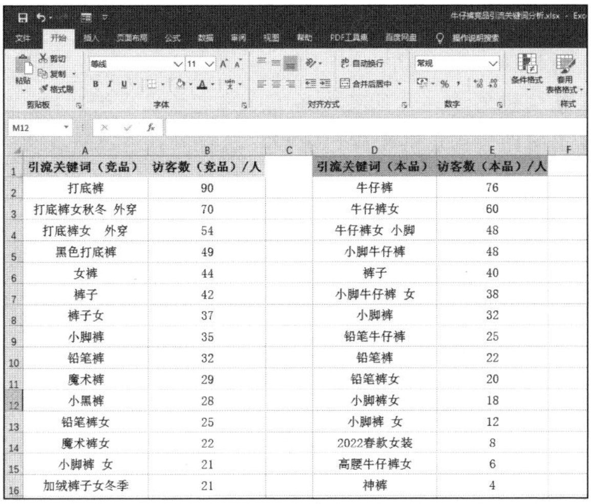

引流关键词（竞品）	访客数（竞品）/人	引流关键词（本品）	访客数（本品）/人
打底裤	90	牛仔裤	76
打底裤女秋冬 外穿	70	牛仔裤女	60
打底裤女　外穿	54	牛仔裤女 小脚	48
黑色打底裤	49	小脚牛仔裤	48
女裤	44	裤子	40
裤子	42	小脚牛仔裤 女	38
裤子女	37	小脚裤	32
小脚裤	35	铅笔牛仔裤	25
铅笔裤	32	铅笔裤	22
魔术裤	29	铅笔裤女	20
小黑裤	28	小脚裤女	18
铅笔裤女	25	小脚裤 女	12
魔术裤女	22	2022春款女装	8
小脚裤 女	21	高腰牛仔裤女	6
加绒裤子女冬季	21	裨裤	4

图 3-28　引流效果较好的关键词

将本品与竞品的引流关键词汇总在一起，再插入数据透视表，将“引流关键词”作为行标签，将“访客数”作为求和项进行计算，再按访客数从多到少对引流关键词进行排列，如图 3-29 所示。可以看到引流效果排名前 3 的关键词依次是打底裤、裤子、牛仔裤等，再逐一对照本品的引流关键词，将之前缺失的引流效果较好的打底裤等关键词进行补充推广。

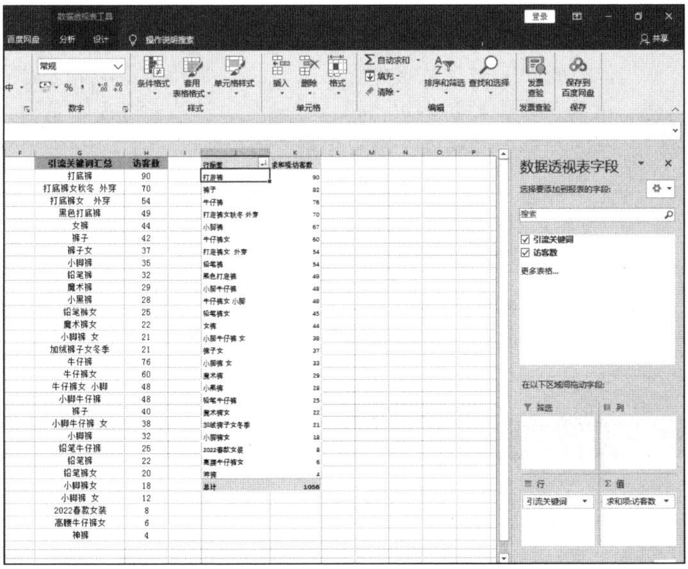

图 3-29　引流关键词分析结果

除了上述分析维度，还可以对成交关键词进行分析，找出对应成交量较高的关键词，然后用到本品的标题描述中。同时，也要持续关注上述指标的变化情况，及时预判竞争对手策略的改变。

数据思维

构建思维框架，把握分析逻辑

数据分析是精细化的运营工作，数据分析人员一定要建立系统化思维，切勿盲目分析、粗暴分析。

从单一维度思考转向系统化思考。数据分析一般遵循从宏观到微观、从全局到局部的思路，数据分析人员需要在心中建立起数据体系，了解运营指标体系，再结合分析需求筛选数据，并借助各类数据平台提高分析效率。

以目标为导向建立结构化思维。常见思路如下：确定数据分析目标、拆解关键影响维度、找出数据之间的关联、找出问题数据及其出现的原因、有针对性地改进优化。

挖掘数据维度之间的相关关系。这是数据分析的难点，通常需要针对运营中的问题，把影响该指标的所有数据全部梳理出来，然后筛选出相对有用的一些数据维度，再建立起它们之间的相关关系，以此确定数据分析的逻辑。

将数据分析培养成潜意识行为。运营过程中的一切行为和手段都可以数据化，数据分析人员要养成记录数据的习惯，逐步提升对数据的敏感度，培养系统化思维，用数据驱动运营。

2.3.4 任务实战：竞品数据分析

任务目标

1. 能对竞品的销售情况、流量渠道及成交关键词进行分析。
2. 能根据竞品数据分析结果制定自身商品的有效竞争策略。

任务背景

小李是天猫平台绿韬手表专营店的运营负责人，当前店铺准备主推一款卡西欧 mq-24 型号的小黑表。小李通过生意参谋将销量排在自身商品之前 10 位的同款商品作为竞品，对各竞品的销售、引流及成交情况等关键数据进行收集和分析，再综合分析自身商品的推广情况，及时优化推广策略，不断提高竞争排名。

任务分析

对竞品数据进行监控，首先要结合生意参谋等工具，及时准确收集竞品的销售、引流、成交情况等数据，再熟练运用 Excel 等工具，对数据进行排序、分类、计算、可视化呈现，最后通过详细对比找出自身的不足，有针对性地制定改进措施，逐步超越竞争对手。

任务操作

步骤 1：通过生意参谋收集本品与来自 10 家竞店的 10 款竞品近 7 天的最低价、销量、7 天转化指数、流量渠道、成交关键词等数据，将其整理到“竞品数据分析.xlsx”文件中。

对销售数据进行分析，插入“销售额”数据列，运用公式“销售额=最低价 × 销量”，计算出各商品的销售额，再分别按照销量、销售额、7 天转化指数降序排列，如图 3-30 所示，找出销量和 7 天转化指数均高的竞品重点关注，并将结果填入表 3-11 中。

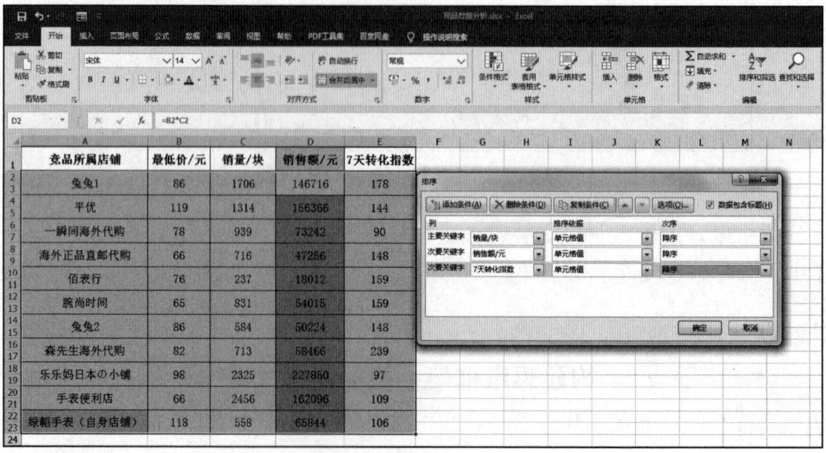

图 3-30　本品与竞品销售数据分析

表 3-11　　　　　　　　　　　　重点关注竞品

竞品所属店铺	销量/块	销售额/元	7 天转化指数

步骤 2：对流量渠道进行分析，每款竞品都有多个推广引流的流量渠道，我们需要分别找出每款竞品引流效果最好的两个流量渠道。新增“最高流量渠道”和“次高流量渠道”数据列，运用匹配函数 MATCH、引用函数 ADDRESS、引用计算函数 INDIRECT 嵌套的方式可以快速确定每款竞品的最高流量渠道及次高流量渠道，结合数据，在 H2 单元格中输入公式“=INDIRECT(ADDRESS(ROW(),MATCH(MAX(B3:F3),B3:F3,0)+1))”计算最高流量渠道，在 I2 单元格输入公式“=INDIRECT(ADDRESS(ROW(),MATCH(LARGE(B3:F3,2),B3:F3,0)+1))”计算次高流量渠道，如图 3-31 所示，再分别复制公式计算所有竞品的数据，将计算结果填入表 3-12 中。

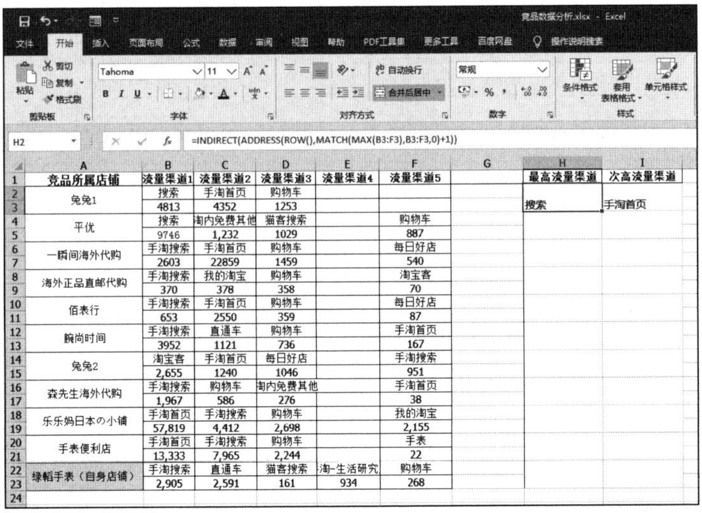

	A	B	C	D	E	F	G	H	I
1	竞品所属店铺	流量渠道1	流量渠道2	流量渠道3	流量渠道4	流量渠道5		最高流量渠道	次高流量渠道
2	兔兔1	搜索	手淘首页	购物车				搜索	手淘首页
3		4813	4352	1253					
4	平优	搜索	淘内免费其他	猫客搜索		购物车			
5		9746	1,232	1029		887			
6	一瞬间海外代购	手淘搜索	手淘首页	购物车		每日好店			
7		2603	22859	1459		540			
8	海外正品直邮代购	手淘搜索	我的淘宝	购物车		淘宝客			
9		370	378	358		70			
10	佰表行	手淘搜索	手淘首页	购物车		每日好店			
11		653	2550	359		87			
12	腕尚时间	手淘搜索	直通车	购物车		手淘首页			
13		3952	1121	736		167			
14	兔兔2	淘宝客	手淘首页	每日好店		手淘搜索			
15		2,655	1240	1046		951			
16	森先生海外代购	手淘搜索	购物车	淘内免费其他		手淘首页			
17		1,967	586	276		38			
18	乐乐妈日本の小铺	手淘首页	手淘搜索	购物车		我的淘宝			
19		57,819	4,412	2,698		2,155			
20	手表便利店	手淘首页	手淘搜索	购物车		手表			
21		13,333	7,965	2,244		22			
22	绿韬手表（自身店铺）	手淘搜索	直通车	猫客搜索	淘-生活研究	购物车			
23		2,905	2,591	161	934	268			
24									

图 3-31　本品与竞品最高流量渠道及次高流量渠道计算

表 3-12　　　　　　　　　　本品与竞品最高及次高流量渠道

竞品所属店铺	最高流量渠道	次高流量渠道
兔兔 1		
平优		
一瞬间海外代购		
海外正品直邮代购		
佰表行		
腕尚时间		
兔兔 2		
森先生海外代购		
乐乐妈日本の小铺		
手表便利店		
绿韬手表（自身店铺）		

步骤 3：新增一列，通过 COUNTIF 函数统计出最高流量渠道和次高流量渠道中各流量渠道出现的次数，如图 3-32 所示，并通过饼图可视化呈现，找出占比排名前 3 的流量渠道填入表 3-13 中。

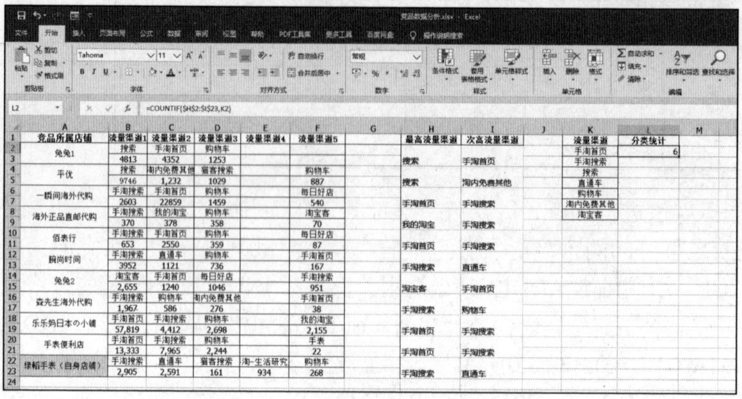

图 3-32 流量渠道出现次数分析

表 3-13 流量渠道占比排名前 3 的流量渠道

流量渠道	占比

步骤 4：进行成交关键词分析，先将源数据表中的成交关键词汇总到一个新表中，然后插入数据透视表，以“成交关键词”为行标签，以“成交数”为求和项进行计算，并取排名前 10 的成交关键词用饼图可视化显示其占比情况，选出热门成交关键词及潜力成交关键词并填入表 3-14 中。

表 3-14 成交关键词分析结果

热门成交关键词	潜力成交关键词

步骤 5：综合上述销售、引流、成交情况分析结果，从重点关注竞品、流量渠道选择、标题优化等方面给出本品运营策略改进建议，并填入表 3-15 中。

表 3-15 本品运营策略改进建议

维度	改进建议
重点关注竞品	
流量渠道选择	
标题优化	
其他	

任务总结

竞品数据监控应该注意哪些问题？

同步练习

一、单选题

1. 下列属于竞争对手的是（　　）。

A. 天猫平台销售母婴商品的不同店铺

B. 天猫平台某新开家电店铺与销售额居行业首位的家电品牌店铺

C. 销售智能电视的店铺和销售空气净化器的店铺

D. 线下女装店铺与线上女装店铺

2. 根据自身店铺参与的平台线上活动或开展的促销活动，圈定参与同类型推广活动并且销售品类相近的其他店铺作为竞争对手是（　　）。

A. 通过关键词实现的　　B. 通过目标人群实现的

C. 通过销量及价格实现的　　D. 通过推广活动实现的

3. 我们可以通过商品属性、SKU、标题、促销方式、视觉效果、（　　）、客服专业程度等指标数据逐一对比分析，寻找差异化精准确定直接竞争对手。

A. 客户评价　　B. 商品卖点　　C. 商品材质　　D. 商品销量

4. 开展竞店数据监控，需要重点关注竞店的商品类目、销售数据、推广活动及（　　）等几个方面。

A. 商品属性　　B. 商品上下架时间　　C. 店铺装修　　D. 会员体系

5. 下列属于不正当竞争行为的是（　　）。

A. 某调味料企业公开披露其竞争对手改变了原材料、以次充好，提醒广大客户谨慎购买

B. 为了解竞争对手的促销策略，某企业利用爬虫技术爬取竞争对手的机密数据

C. 某企业商品具有严重瑕疵，媒体报道时并未进行说明，该企业未主动澄清

D. 某企业发布高薪招聘广告，竞争对手的高管前往应聘，该企业予以聘用

二、多选题

1. 识别行业竞争对手的常用方法有（　　）。

A. 通过目标消费人群圈定竞争对手

B. 通过关键词圈定竞争对手

C. 通过销量及价格圈定竞争对手

D. 通过推广活动圈定竞争对手

2. 下列关于竞店数据分析的说法正确的有（　　）。

A. 竞店数据分析可借助第三方工具展开

B. 竞店数据分析的重点是找到竞店的不足，有针对性地开展竞争

C. 竞店数据分析需围绕竞店的商品类目、销售情况等数据展开

D. 同一电商平台的店铺均属于竞店

3. 天猫平台某女装店铺的竞品收藏量比自身店铺多，店铺可以采取的优化方法有（　　）。

A. 提升标题关键词密度　　B. 优化商品主图

C. 设置小礼品　　D. 设置优惠券

4. 竞争数据分析可以帮助电商企业（　　）

A. 了解整个行业的竞争格局

B. 把握竞争态势，明确行业标杆和直接竞争对手

C. 分析竞争对手的优劣势，制定更有针对性的竞争策略

D. 对整个行业的竞争激烈程度及未来走势进行分析和预判

5. 开展店铺定位可从（　　）等方面入手进行分析。

A. 竞争对手的弱点　B. 消费群体的特点　C. 商品的核心卖点　D. 商品属性特点

三、判断题

1. 比自身网店层级高许多的网店不是竞争对手，而应是学习的标杆。(　　)
2. 网店在运营过程中，不需要刻意避开竞店的优势品类，而是要努力超越竞争对手。(　　)
3. 销售儿童棉衣的网店和销售儿童羽绒服的网店互为竞争对手。(　　)
4. 对于竞品的价格波动无须关注，不会影响自身商品销量。(　　)
5. 如果自身网店处于竞争优势，商品上下架时间最好避开竞店。(　　)

四、案例分析

小李经营一家化妆品生产公司，为了促进商品销售，小李在淘宝平台开了一家网店，按照自己的想法对商品进行拍照、定价、描述，也开展了一些优惠活动，但销量始终上不去，请从竞争的角度给小李提出一些可行的建议。

项目 4

商品数据分析

学习目标

知识目标

- 理解选款的意义及核心指标，掌握直通车测款的步骤及要点
- 掌握商品搜索指数分析方法
- 掌握商品定价策略和分析方法
- 掌握商品获客能力和盈利能力分析方法
- 掌握“爆款”数据分析方法

能力目标

- 能准确进行数据化选款
- 能使用直通车进行数据化测款
- 能使用商品定价策略为商品定价
- 能运用生意参谋等工具对商品获客能力进行分析
- 能对“爆款”进行维护

素质目标

- 培养用数据思考和分析问题的意识
- 培养逻辑分析能力
- 培养对数据的敏感性，养成记录竞争数据、及时发现问题的习惯
- 加强沟通交流，培养团队合作意识

思维导图

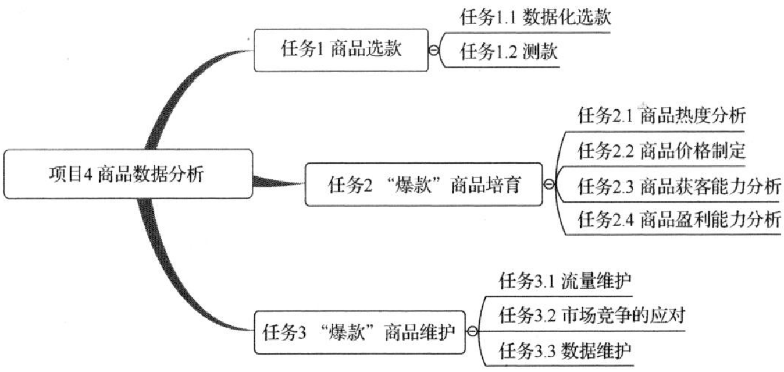

任务导入

打造“爆款”商品的数据思维

打造“爆款”商品能帮助店铺获取更多流量，实现销量最大化，提升综合业绩乃至构建品牌知名度。那么，店铺应如何通过数据驱动，有效打造“爆款”商品呢？

寻求创新元素，引起消费者关注。只有足够的创新才能引起足够多的关注，足够的创新要用来满足消费者尚未被满足的，最好是他们自己都还没有意识到的需求。例如，喜茶的多肉葡萄这款商品，“多肉”二字体现出料足的特点，“高贵紫”则带来了色彩上的视觉冲击，多个创新元素的叠加使其一上市就成了“爆款”商品。

抓住消费痛点，激发购买欲望。“爆款”商品之所以能引爆市场，一个很重要的原因是找到了消费者隐藏的痛点，激发了其购买欲望。例如，名创优品通过节约一切不必要的费用，推出了一款售价仅为29.9元的洁面仪，相比市面上动辄售价过千元的洁面仪，这个价格让人“尖叫”，这款洁面仪一上市就卖出了100多万台。

把握推广时机，形成口碑传播。正所谓“好的商品自己会说话”，“爆款”商品是依靠社交的链式反应快速传播的，所以其打造需要设计好传播点，制造传播话题。例如，“恋爱Soda”樱花风味水蜜桃汽水引发了大量线上讨论与关注，并不是因为口味有多突出，而是因为其瓶身巧妙地设计了表白词，颇具话题性。

遵循数据规律，构建“爆款”模型。面对多变的市场，店铺需要从本质出发，加深对行业的理解、对消费者的了解，探索出“爆款”商品打造的有效模型，如图4-1所示。

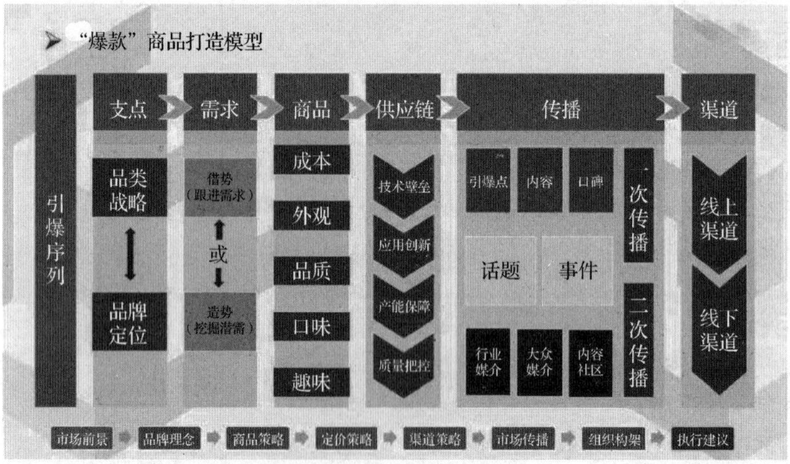

图4-1 “爆款”商品打造模型

任务思考：在电商运营中，我们经常会说“无‘爆款’不运营”，可见“爆款”商品对店铺的流量获取和销量提升都起着巨大的作用。那么，店铺应如何通过数据驱动，系统规划、稳步打造“爆款”商品呢？

任务 1　商品选款

选择顺应市场的商品，进行推广时相对容易一些。如果选择商品的方向及所选商品的款式有问题，就算花再多的精力和推广费用，消费者可能都不会买账，店铺更有可能会入不敷出，所以选款的结果往往成为决定店铺运营成败的关键。

任务 1.1　数据化选款

选款的结果决定了店铺是否赢利、赢利多少，所以选款不能靠感觉，一定要依靠数据，利用生意参谋等工具收集数据、分析数据。

1.1.1　选款的意义

一款商品能否受到消费者的喜爱，取决于该商品是否符合消费者的需求，是否抓住了消费者的兴趣点和痛点。因此，不管是新店铺还是老店铺，都要根据店铺定位做好选款工作，抓住消费者的兴趣点和痛点，有效避开竞争。

对于新店铺而言，通过选款可以选出一款主推商品作为突破口，确定店铺的主推方向，使所有推广活动围绕主推商品进行，直到打造出“爆款”，为店铺带来稳定的流量和转化。对于有消费者基础的老店铺而言，通过选款一方面可以及时了解市场流行趋势，考察自身现有商品的生命力，另一方面可以选出有成为“爆款”潜力的商品为店铺向更高层级跃升提前布局。

1.1.2　成功选款的要点

选款是影响商品销量的关键所在，成功选款要把握以下几个要点。

（1）符合店铺定位

店铺经营一定要有明确的定位，包括商品定位、价格定位、装修定位、消费人群定位等。商品是店铺的生命线，展现、引流、下单等都是建立在商品的基础上的，所以选款的时候要选择与自身店铺的风格、价位、消费人群等特点相符合的商品，还要注意店铺的商品结构，不要一味地跟款，要打造属于自己的差异款，形成自身的标签，在消费者心目中树立良好的店铺形象。

例如，某数码专营店主营键盘、鼠标类商品，这类商品价格低、竞争大，要脱颖而出非常不容易。于是该店铺进行了精心的定位及选款，决定只销售游戏配套的外设商品。其首页很简单，只用一张鼠标键盘图就显示出其销售游戏配套外设商品的特点，如图 4-2 所示。

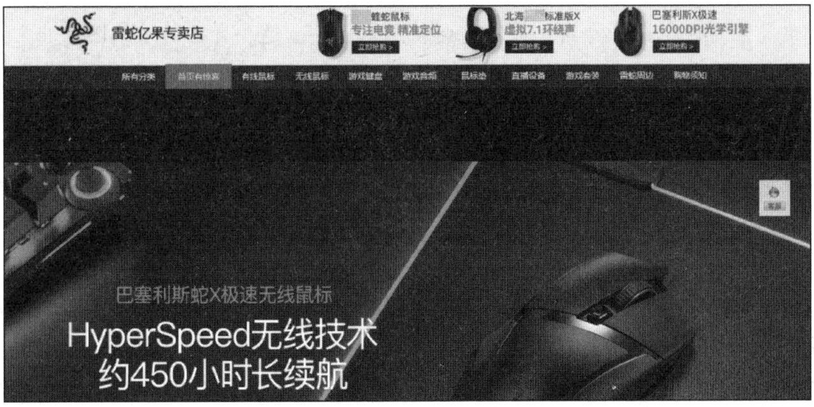

图 4-2　某数码专营店商品定位

（2）考虑市场容量

市场容量即市场规模，是指在不考虑商品价格或者供应商数量的前提下，市场在一定时间内能够吸纳某种商品或劳务的单位数目。市场规模是市场需求测量的目标，它意味着某个行业的市场有多大，这对于确定商品在市场上是否有销售空间至关重要。店铺经营者要对商品近年来的市场需求变化进行相应的了解，依此进行选款，通常应当选择那些有一定市场容量但竞争没那么大的商品，也就是具备市场潜力的商品。

（3）选择合适的推广时机

确定了有潜力的商品，就要找准时机进行推广。像服装这种季节性商品，要符合当前的天气、季节，如冬天刚过，要选择春季款，上架夏季款还为时过早。再如电子类商品，没有明显的季节性，可以选择节日、促销活动等机会进行推广。

（4）选择合适的货源

货源是电商项目的核心，商品如果质量不行，营销技术再厉害，运营都难以维持。拥有充足且优质的货源，店铺才能在市场中占据一定优势。因此，选款时要重点考虑通过什么渠道拿货，货源是否可靠，是否能够在出现问题时及时补货，是否存在断货情况，通过选择合适的货源以保证商品的有效供应，避免因质量差、缺货等影响店铺评分。线上渠道可以选择阿里巴巴采购批发网、淘宝分销平台等；线下渠道可以选择地理位置较近的货源，以便出现问题时可以及时补救。

（5）采取差异化策略

商品差异化是非常重要的一种销售手段，店铺在选款时一定要注意与竞争对手保持差异，从不同的角度提炼卖点，或者打造与众不同的风格，从差异化入手，获得市场细分领域的竞争优势，从而实现轻松引流及流量的有效转化。

1.1.3　数据化选款的核心指标

选款的最终目标是赢得利润，因此，选款时要把握以下几个核心指标。一是搜索指数高，所选的商品在淘宝等平台上要有人搜索，而且要达到一定的搜索量，如果没有人搜索，就证明没有人想买，选它的意义就不大。二是同类商品数量相对要少。所选的商品在淘宝等平台上的同类商品数量要少，这是淘宝 SEO（Search Engine Optimization，搜索引擎优化）的核心因素。三是点击转化率高。对于所选商品，买的人和搜索的人要有一定的比例，这个比例越大越好。四是直通车关键词点击价格低，这个指标是后期开通直通车要用到的，关键词价格通常越低越好。

数据思维

常见的选款思维

选款是电商必不可少的一个环节。好的商品通常具有质量过硬、应季性强、卖点突出、销量稳定、性价比高、好评率高等特点，围绕这些特点形成一套适合自己的选款思维非常重要。常见的选款思维有如下几种。

试错思维：快速试错可以发现不同商品之间的销量差别，那些依靠自然流量就有较高销量的商品，以及买家认可度高的商品才有可能成为“爆款”。

高性价比思维：准备打造“爆款”的商品，必须拥有独特的卖点，这个卖点即大多数买家认可的特点，如高性价比，其初期定价一定要在同类商品中具有优势，只有被买家关注并认可，商品才有“爆”的希望。

数据思维：通过商品的搜索指数、点击率、转化率、加购率和买家停留时间等数据表现来判断哪些商品是有潜力的。

选款是非常重要的环节，只有抓住买家需求的卖家，才能更好地将商品卖出去。如今大众品类都有众多的竞争对手，卖家要么有填补市场空白的商品，要么能够拿出真正好的商品，才能从众多卖家中脱颖而出。卖家应当多在商品层面下功夫，多开发市面上尚未出现的潜在“爆款”，做到“人无我有，人有我优”，以商品驱动运营，这样才能赢得竞争优势。

1.1.4　数据化选款的方法

选款很容易，但是选对款却不容易，那么卖家该如何选款呢？通常有以下几种常见的方法。

（1）平台数据选款

不同的电商平台有不同的市场分析工具，如拼多多的多多情报通、京东的京东商智和淘系平台的生意参谋等。下面以淘系平台为例，运用生意参谋进行数据化选款。

生意参谋中的“市场”模块主要包括“监控看板”“市场大盘”“市场排行”“搜索排行”等子模块。其中，“市场大盘”子模块包含行业搜索人气、搜索热度、访问人气等行业关键指数。另外，“市场大盘”子模块中有市场红蓝海分析功能，它的四象限图包含“高增长低占比”“高增长高占比”“低增长低占比”“低增长高占比”4 种情况，卖家要尽量寻找有一定占比和增长量的蓝海市场，躲避激烈竞争。

卖家在进行选款调研时，可以通过“市场红蓝海”四象限图快速确定不同价格带及不同属性品类的市场潜力。以“居家布艺”类目中的“毛巾/浴巾/浴袍”子类目为例，一个月内“毛巾/面巾”的成交金额占比为 1.34%，属于四象限图中的“低增长高占比”类目，可以作为初选类目，如图 4-3 所示。

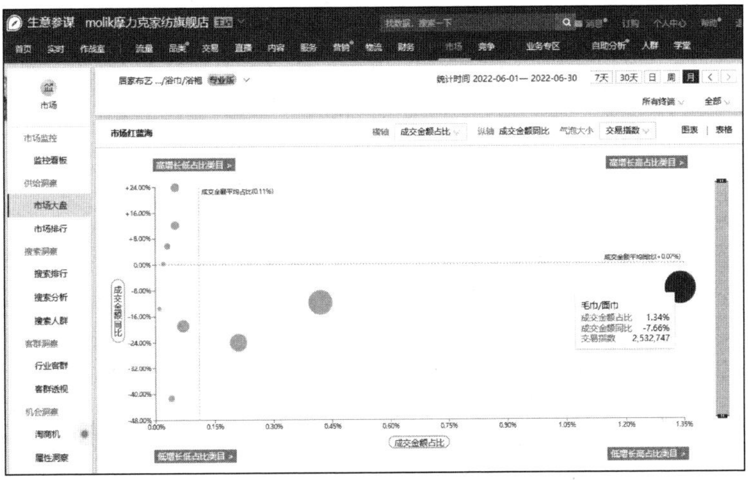

图 4-3　市场红蓝海分析

从消费者选择的价格带来看，浏览最多的价格带为 20～50 元，一个月内的成交金额占比为 18.43%，属于四象限图中的“高增长高占比”价格带，如图 4-4 所示，卖家可以以此反推自己的商品定价及商品价格成本。

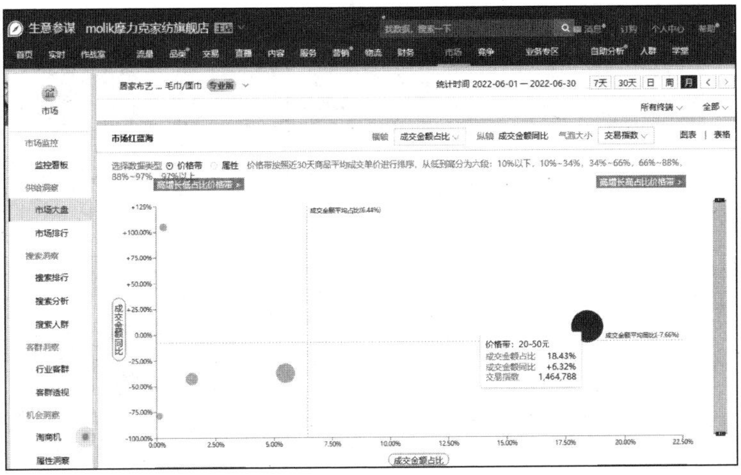

图 4-4　价格带分析

再看热销属性，如图 4-5 所示，主要有材质、颜色分类、适用对象、吸水性等，以颜色分类为例，天蓝色、浅灰色或军绿色等颜色占比较高，而米色、灰绿色等颜色占比较低。卖家通过热销属性及价格带分析可确定初选款式。

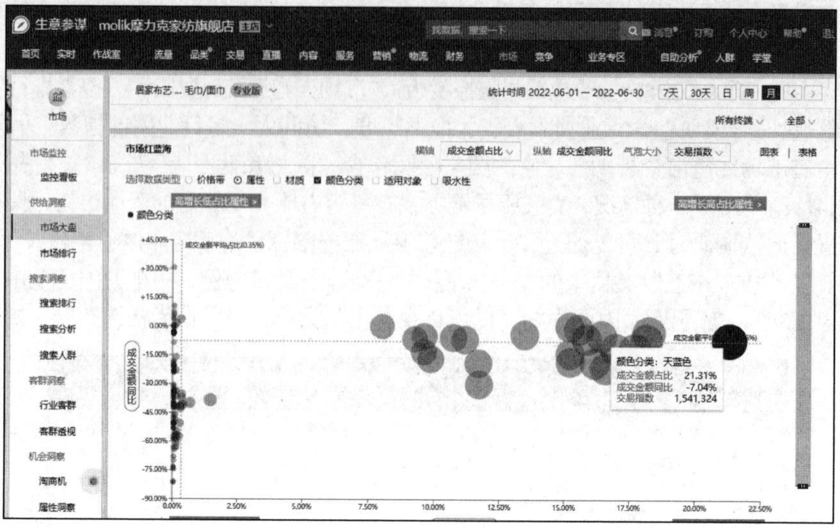

图 4–5　属性分析

综上所述，可以将价格带为 20～50 元，颜色为天蓝色、浅灰色或军绿色的毛巾/面巾作为初选款式。

（2）市面上选款

市面上选款也可以称为抄款、跟款，即对市面上卖得不错的款式、风格进行模仿，一般分为标品抄款和非标品跟款。

标品抄款比较容易实现，因为商品容易复制、略微降价通常都会获得很高的销量。但标品抄款对资金和资源要求较高，选款时需关注价格、销量和毛利 3 个因素。以北欧吸顶灯选款为例，如图 4-6 所示，在进行市面上选款的时候要选择中高价格带、月销量在 3000 笔以内、毛利率在 50%左右的款式，这样会让销量和利润均有保证。

图 4–6　标品抄款

非标品跟款的难度要大一些，因为商品不容易复制，视觉效果及模特会有差异，这时一般可以从款式、风格等方面进行模仿，同时对自身商品进行局部创新，以实现快速跟款。例如，夏季热卖的小雏菊连衣裙，各店铺风格相同但又有自己的特色，如图 4-7 所示。

图 4–7　非标品跟款

（3）老客户选款

老客户作为店铺的重要资源，不仅可以提高店铺的回购率，还可以进一步提高店铺商品标签的权重。老客户回购率越高，商品权重越高，引进流量越大，对店铺的健康发展就越有利。店铺可以通过开展优惠活动吸引客户以投票等方式进行选款，其中老客户票数越多的款式，越有选择的价值。

（4）线上线下结合选款

消费者购物心理的相似性使得线上线下的款式要求大致相符，卖家可以根据线下销售数据选出受欢迎、销量高的款式，再结合线上数据进行选款。

思考练习

线上线下结合选款

通过线上线下结合对佳霖旗舰店的两款沙姜粉进行选择。

步骤 1：访问该店铺，了解两款沙姜粉的价格区间及卖点，如图 4-8 所示。

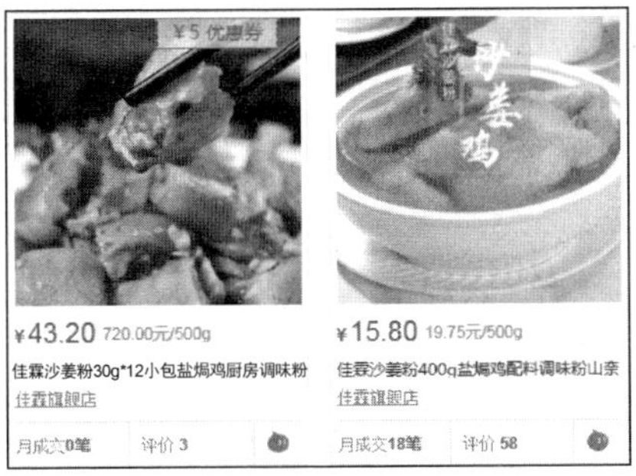

图 4–8　两款沙姜粉的数据

步骤 2：对线下老客户进行回访调研，让其从口味、价格和性价比等方面对两款沙姜粉进行评价，整理老客户的评价反馈，如表 4-1 所示。

表 4–1　两款沙姜粉的老客户反馈

商品名称	面市时间	月销量	老客户反馈
沙姜粉 30g×12 小包	2022 年 2 月	420 包	价格偏高、不耐用
沙姜粉 400g	2022 年 2 月	978 瓶	性价比高、实惠

请对上述信息进行综合分析，选出更具潜力的一款沙姜粉。

1.1.5 实操：使用百度指数辅助选款

通过百度指数可以快速对一个品类的基本需求情况进行概括性的了解，从而辅助选款。下面以“沙发”为例，运用百度指数进行调研分析及选款。

步骤 1：使用百度账号登录百度指数。

步骤 2：在搜索框中输入关键词“沙发”，单击“开始探索”按钮进入“搜索指数”页面，如图 4-9 所示，查看全国范围内近一个月“PC+移动”端的搜索指数，根据系统展示结果收集并填写表 4-2。

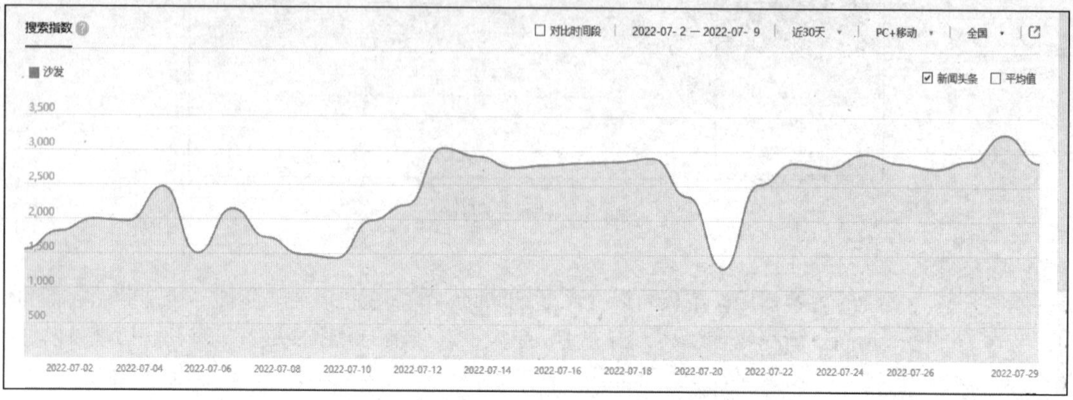

图 4–9　沙发品类的“搜索指数”页面

表 4–2　关键词“沙发”的搜索指数概览

关键词	整体日均值	移动日均值	整体同比	整体环比	移动同比	移动环比
沙发						

步骤 3：单击“需求图谱”选项，在表 4-3 中记录关键词“沙发”的相关词搜索热度的前 5 名及搜索变化率的前 5 名，以确定客户对沙发材质、类型等的需求。

表 4–3　关键词“沙发”的相关词搜索热度及搜索变化率

排名	搜索热度	搜索变化率
1		
2		
3		
4		
5		

步骤 4：单击“人群画像”选项，在表 4-4～表 4-6 中分别记录关键词“沙发”的客户地域分布情况（搜索指数排前 5 名）、客户年龄分布情况及客户性别分布情况，以便对客户属性进行分析。

表 4–4　关键词“沙发”的客户地域分布情况

排名	省（区、市）	城市
1		
2		
3		
4		
5		

表 4-5 关键词“沙发”的客户年龄分布情况

年龄段	≤19 岁	20～29 岁	30～39 岁	40～49 岁	≥50 岁
占比					

表 4-6 关键词“沙发”的客户性别分布情况

性别	占比
男	
女	

步骤 5：综合关键词“沙发”的舆情数据及人群画像，你得出的选款结论是什么？

____

____

____

____

任务 1.2 测款

完成选款后，卖家需要对所选的商品进行至少一周的试用和投放测试，即测款，才能最终确定哪些商品最具潜力。

1.2.1 测款的概念

客户的眼光和卖家的眼光往往很难完全一致，测款就是将自己的商品展示给客户，把选择权交给客户，根据客户反馈对商品进行综合评估，为最终定款提供依据。

1.2.2 测款的目的

测款是决定运营成败的非常关键的一步，如果这一步的方向错了，之后的每一步都将是南辕北辙。通过测款，卖家可以用精准的数据尽早发现各款商品是否具有“爆款”潜质，从而降低投资风险，提高打造“爆款”的成功率。

（1）优化库存结构

大部分卖家在刚开店的时候会上架多款商品，但大多数商品一开始是没有流量的，上架商品越多，库存压力就越大。通过测款，采取优胜劣汰的方式，筛选出受欢迎的商品，不仅可以降低进货成本，还能使店铺商品变得少而精。

（2）确定主推商品

打造“爆款”往往需要利用直通车等进行付费推广，这笔费用对卖家来说是必须要考虑的成本。对通过测款精准确定有潜力的商品进行主推，可有效控制和节约推广费用，优化推广效果。

1.2.3 测款的数据指标

既然是测款，数据就显得尤为重要，它直接体现了客户对商品的喜爱程度。判断商品是否具有“爆款”潜质，需要重点考量如下指标。

（1）点击率：体现了客户对商品感兴趣的程度。商品上架初期，搜索引擎会依据点击率高低给予商品相应的流量扶持。影响点击率的因素包括主图、价格、关键词精准度等，测款前要优化这些因素。

（2）收藏率：反映了商品的潜力。收藏率越高，说明潜在客户越多，后期转化为成交客户的可能性就越大。

（3）加购率：直接反映了客户对商品的购买意愿。加购率越高，客户的购买意愿越强烈。

（4）转化率：直接反映了客户对商品的接受度。转化率高的商品可以在同样的流量下获得更高的销量，因此可直接作为“爆款”备选商品。

（5）客户反馈：是客户对商品及服务的最真实的反馈。客户反馈包括评价、DSR 评分、退换货比率等指标，是在客户收到商品之后产生的，这些数据可以反映商品及服务的不足，有助于卖家确定商品是否有继续推广的必要。

1.2.4 数据化测款方法

常见的数据化测款方法有直通车测款、淘宝客测款、关联销售测款、直播测款和引力魔方测款等。

（1）直通车测款

直通车是比较常用的测款工具，其通过关键词精准匹配优质意向客户，在短时间内快速测试出哪款商品更受欢迎。直通车测款包括优化待测新品、建立测款计划、设置投放时间和地域、选择关键词、关键词出价、按周期收集测款数据、分析数据并定款 7 个步骤。

以某天猫店铺为例，运用直通车进行测款的要点如下。

一是投放地域在测试阶段只设置包邮地区，对于新疆、西藏等运输成本较高的地区不进行设置，后续根据客户集中地域再进行选择。对于投放时间，因数据量少无法进行精准判断，通常设置在 8：00 到 23：00 进行投放。

二是在创建商品和添加创意时，先为各商品设置相同的标题采用不同创意主图，流量分配采用轮播模式，选出点击和转化表现好的商品，再为这些商品设置不同的标题和主图，继续测试选出主图效果好的商品，然后为选出的商品添加关键词继续推广。通过测款、测图和测词 3 个环节，最后选出 3～5 款主推商品及 10～20 个主推关键词。

三是要以行业均值的 0.8～1.2 倍为标准，结合自身推广费用进行出价，再依据实际情况进行动态调整，以确保获得展现。

（2）淘宝客测款

淘宝客测款为后付费测款方法，主要针对有基础销量的商品，具体操作是将其放到淘宝客后台进行推广，通过高佣金让利的方式，将佣金比例在能承受的范围之内尽可能设置得高一些，从而获得足够的数据反馈来找到有市场的主推商品。

思考练习

淘宝客佣金计算

淘宝客佣金是按照卖家设置的佣金比例乘以成交金额计算的。假如卖家现有 A、B 两款商品，其价格、运费、优惠券和佣金比例如表 4-7 所示。

表 4–7 两款商品信息

商品	价格	运费	优惠券	佣金比例
A 款	110 元	8 元	满 100 元减 5 元	15%
B 款	200 元	8 元	满 200 元减 10 元	10%

先计算两款商品的成交金额：

A 款商品成交金额为 110−8−5=97（元）；B 款商品成交金额为 200−8−10=182（元）。

再计算两款商品的佣金：

A 款商品佣金为 97×15%=14.55（元）；B 款商品佣金为 182×10%=18.2（元）。

（3）关联销售测款

如果店铺内已经出现了“爆款”商品，可以在该“爆款”商品的详情页上增加关联海报，展示想要测试的商品，借助该“爆款”商品的流量增加待测商品的曝光量，从而测出表现突出的商品。

（4）直播测款

直播是当前比较热门的推广方式，也可以用来测款。主播在直播间放上需要测试商品的链接，问观众喜欢哪些款式，并给观众展示效果，从而测出观众喜欢的商品。直播测款要选好主播，确保展现效果。

（5）引力魔方测款

运用引力魔方测款，要做到主图精美、文案清晰、目标人群精准，通过点击率和转化率指标测出表现好的商品。

任务 2 “爆款”商品培育

“爆款”商品打造不能一蹴而就，而是要有计划地进行。商家需要不断提升商品的热度和人气，使商品获得更多展现的机会，提高商品的权重和排名。

任务 2.1 商品热度分析

商品热度能很好地反映商品受欢迎的程度。商品热度分析可以从搜索指数和搜索词两个方面入手。

2.1.1 商品搜索指数分析

商品搜索指数是客户搜索相关商品关键词热度的数据化体现，从侧面反映了客户对商品的关注度和兴趣度。它是根据搜索次数等因素计算得出的数值，数值越大，表明搜索热度越高。

常用的搜索指数分析工具主要有百度指数、360 趋势、生意参谋、京东商智等。以百度指数为例，它是以百度海量网民行为数据为基础的数据分析平台，主要功能模块有趋势研究、需求图谱、人群画像，下面对搜索词“女装外套”展开分析，结果如下。

（1）搜索指数分析

图 4-10 所示为搜索词“女装外套”的搜索指数，以日为单位，展示了该搜索词近一个月的搜索情况。

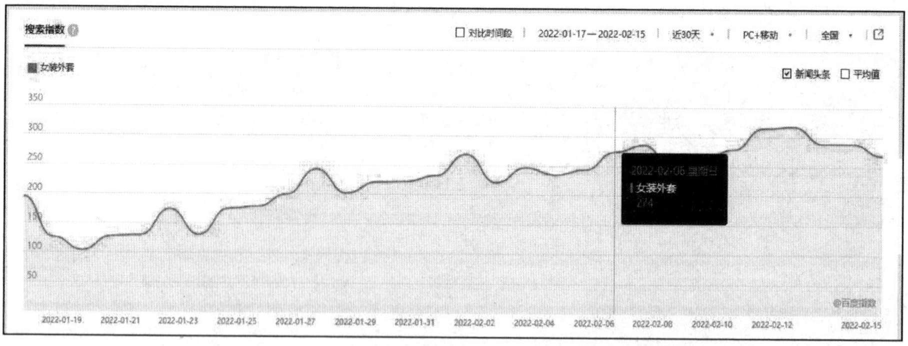

图 4-10 搜索词“女装外套”的搜索指数

可以看出，自 2022 年 1 月 19 日起，搜索词“女装外套”的搜索热度迅速增长，截至 2 月 15 日，增速渐缓。

（2）人群画像分析

人群画像分析主要从搜索人群的地域、性别、年龄、兴趣等维度对商品搜索词进行分析。

从图 4-11、图 4-12 可知，“女装外套”的搜索人群中女性占比较高，但也存在男性潜在客户；30～39 岁、40～49 岁这两个年龄段的搜索人数占比较高，19 岁及以下的搜索人数占比最低。

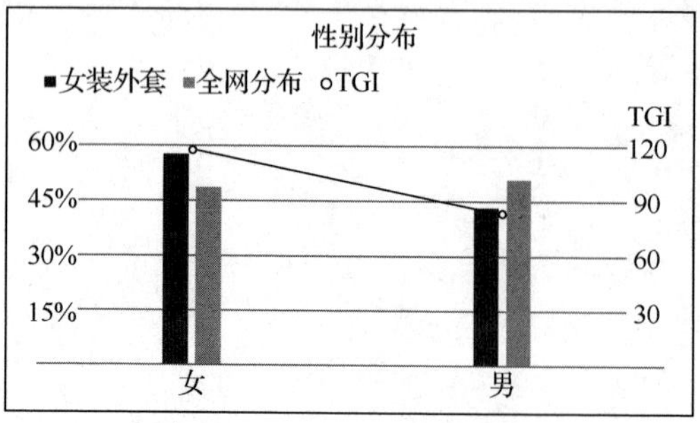

图 4-11 搜索人群性别分布

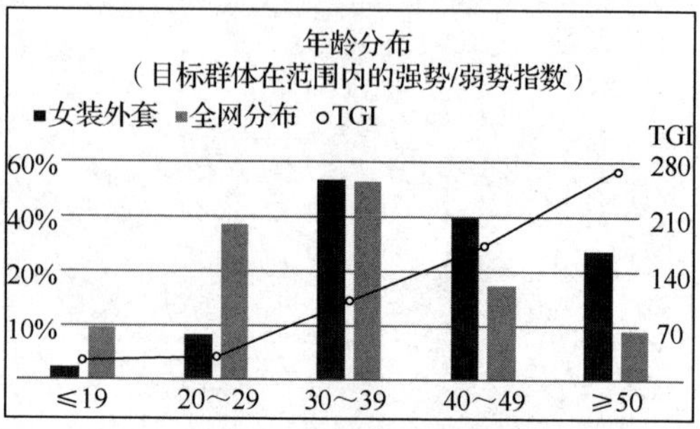

图 4-12 搜索人群年龄分布

从图 4-13 可知，搜索人数较多的 3 个省份为辽宁、四川和河南，搜索人数较多的 3 个城市为重庆、天津和上海。

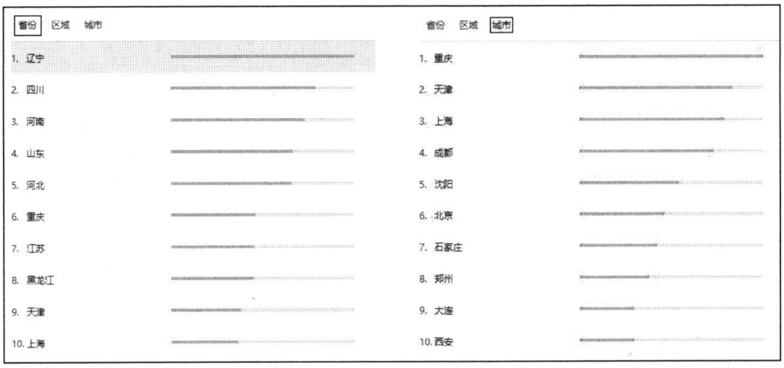

图 4–13　搜索人群地域分布

思考练习

商品搜索指数分析

某天猫服装店主营连衣裙、外套、衬衫等女士服装，请你以“新款连衣裙”为搜索词，尝试在百度指数或者生意参谋中获取相关搜索指数数据，对该商品的搜索趋势进行分析，并给出合理的结论。

2.1.2　商品搜索词分析

通过分析商品搜索词，商家可以找出热搜词和潜力词，进行关键词的全店布局和组合优化，精准匹配客户的搜索结果。为了更好地展示商品的搜索热度，商家可以用数据条和图标集对商品搜索数据进行分析。

以某天猫店铺的连衣裙为例，创建图 4-14 所示的商品搜索词排行榜，对热搜词和潜力词进行统计分析，具体操作如下。

连衣裙热搜排行榜

排名	搜索词	搜索指数	升降幅度
	女装	1940.36	2%
	连衣裙	2091.68	0%
	2022早春款连衣裙	2766.70	1%
	吊带连衣裙	1208.94	7.90%
	春装2022年新款女	1329.41	21.20%
	吊带长裙春	1346.70	0%
	衣服女	1302.31	6.80%
	春季新款女装	1185.56	6.90%
	裙子	2010.65	0%
	爱依服	1080.82	11%
	今年流行裙子2022	1235.94	16.90%
	吊带裙	1166.63	16.30%
	牛仔连衣裙女春	1376.10	0%
	醋酸连衣裙	2009.87	1%
	春装女	1426.06	7.10%
	白色长裙春	1397.01	11%
	连衣裙短款	1136.03	9.20%

图 4–14　商品搜索词排行榜

步骤 1：打开创建的“商品搜索词排行榜”数据表，选择 A3 单元格，选择“公式”选项卡，在“函数库”组中选择“统计”栏下的 RANK.EQ 函数，在弹出的“函数参数”对话框中设置各项参数，计算排名；保持 A3 单元格的选中状态，将鼠标指针移动到单元格右下角，待鼠标指针变成“+”形状时双击，应用计算结果。RANK.EQ 函数参数设置如图 4-15 所示。

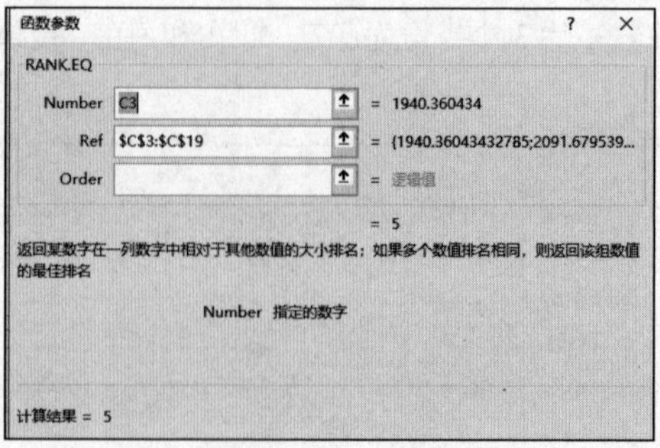

图 4–15　RANK.EQ 函数参数设置

步骤 2：选择 D 列并单击鼠标右键，在弹出的快捷菜单中选择“插入”命令，在左侧插入新列，将 C3:C19 单元格区域的数据复制粘贴到 D3:D19 单元格区域中，如图 4-16 所示。

连衣裙热搜排行榜

排名	搜索词	搜索指数	搜索指数	升降幅度
5	女装	1940.36	1940.36	2%
2	连衣裙	2091.68	2091.68	0%
1	2022早春款连衣裙	2766.70	2766.70	1%
13	吊带连衣裙	1208.94	1208.94	7.90%
10	春装2022年新款女	1329.41	1329.41	21.20%
9	吊带长裙春	1346.70	1346.70	0%
11	衣服女	1302.31	1302.31	6.80%
14	春季新款女装	1185.56	1185.56	6.90%
3	裙子	2010.65	2010.65	0%
17	爱依服	1080.82	1080.82	11%
12	今年流行裙子2022	1235.94	1235.94	16.90%
15	吊带裙	1166.63	1166.63	16.30%
8	牛仔连衣裙女春	1376.10	1376.10	0%
4	醋酸连衣裙	2009.87	2009.87	1%
6	春装女	1426.06	1426.06	7.10%
7	白色长裙春	1397.01	1397.01	11%
16	连衣裙短款	1136.03	1136.03	9.20%

图 4–16　插入列并复制数据

选择 D3:D19 单元格区域，单击“开始”选项卡，在“样式”组中单击“条件格式”下拉按钮，在打开的下拉列表中选择“数据条”→“实心填充”→“蓝色数据条”选项，如图 4-17 所示。

单击“条件格式”下拉按钮，在打开的下拉列表中选择“数据条”→“其他规则”选项，在弹出的“条件格式规则管理器”对话框中选择“数据条”选项，单击“编辑规则”按钮，打开“编辑规则”对话框，选中“仅显示数据条”复选框，然后单击“确定”按钮，如图 4-18 所示。

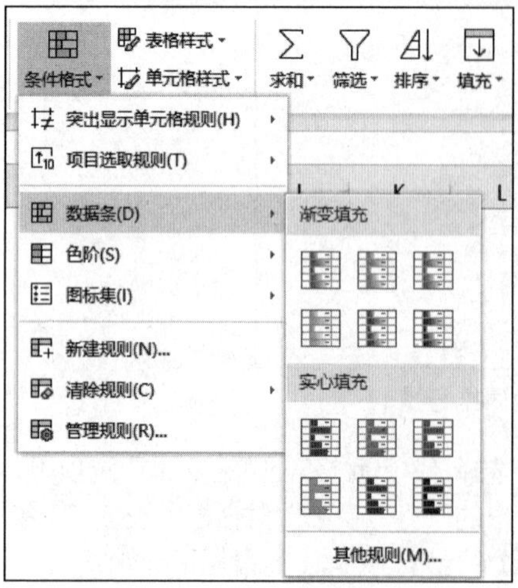

图 4–17　插入数据条

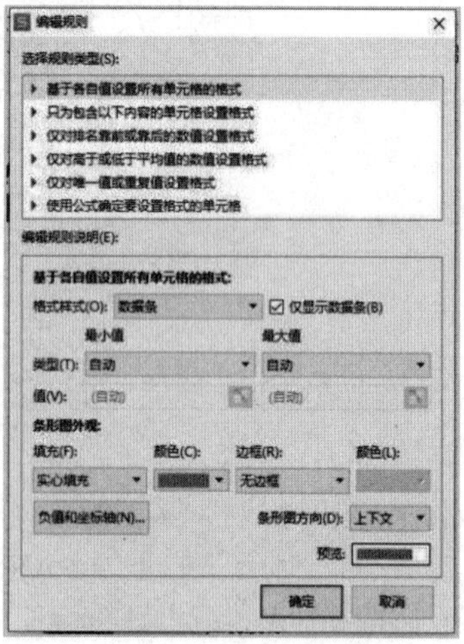

图 4–18　编辑数据条规则

步骤 3：选择 E3:E19 单元格区域，在“样式”组中单击“条件格式”下拉按钮，在打开的下拉列表中选择“图标集”→“其他规则”选项，在弹出的“编辑规则”对话框中单击“格式样式”下拉按钮，在打开的下拉列表中选择“图标集”选项，单击“图标样式”下拉按钮，在打开的下拉列表中选择“四向箭头（彩色）”图标，然后分别在第一、第二、第三个图标对应的文本框中输入“0.1”“0.01”“0”，将类型设为“数字”，4 个图标分别设置为特定样式，单击“确定”按钮，如图 4-19 所示。

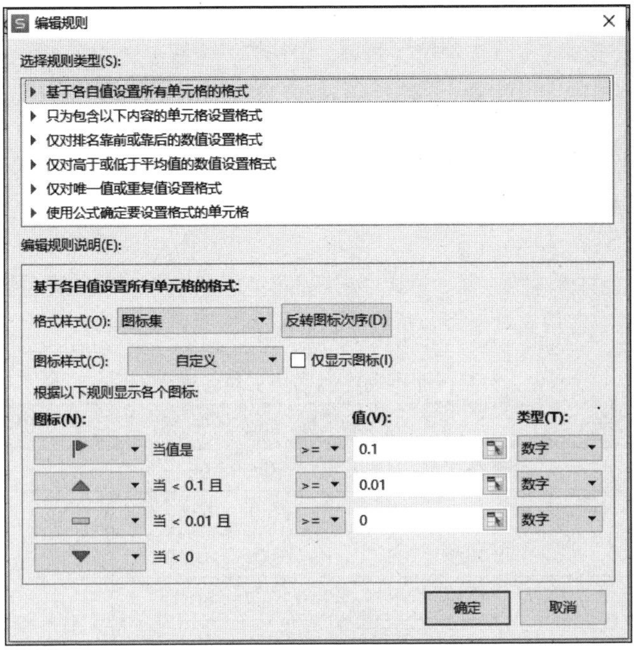

图 4–19　设置图标

步骤 4：选择 A3:E19 单元格区域，单击“数据”选项卡，在“排序和筛选”组中单击“降序”按钮，效果如图 4-20 所示。

连衣裙热搜排行榜

排名	搜索词	搜索指数	搜索指数	升降幅度
1	2022早春款连衣裙	2766.70	2766.70	▲1%
2	连衣裙	2091.68	2091.68	▬0%
3	裙子	2010.65	2010.65	▬0%
4	醋酸连衣裙	2009.87	2009.87	▲1%
5	女装	1940.36	1940.36	▲2%
6	春装女	1426.06	1426.06	▲7.10%
7	白色长裙春	1397.01	1397.01	▲11%
8	牛仔连衣裙女春	1376.10	1376.10	▬0%
9	吊带长裙春	1346.70	1346.70	▬0%
10	春装2022年新款女	1329.41	1329.41	▲21.20%
11	衣服女	1302.31	1302.31	▲6.80%
12	今年流行裙子2022	1235.94	1235.94	▲16.90%
13	吊带连衣裙	1208.94	1208.94	▲7.90%
14	春季新款女装	1185.56	1185.56	▲6.90%
15	吊带裙	1166.63	1166.63	▲16.30%
16	连衣裙短款	1136.03	1136.03	▲9.20%
17	爱依服	1080.82	1080.82	▲11%

图 4–20　搜索指数排名效果

根据上述分析结果，商家能找出当前搜索指数排名靠前的热门词、搜索指数上升幅度比较大的潜力词，将二者组合应用于商品标题优化，以获得更多的流量，逐步提升商品的热度。

2.1.3　任务实战：分析客户支付金额分布以确定商品价格区间

任务目标

1. 掌握客户各类终端支付金额数据的收集方法。
2. 掌握客户支付金额分布的分析方法。
3. 能根据客户支付金额分布确定商品价格区间。

任务背景

天猫平台上的一家服装店主营连衣裙、外套、衬衫等女士服装。为了制定更有竞争力的价格，进一步提高商品销量，其运营人员计划从不同终端对客户支付金额分布进行分析。

任务分析

运营人员在分析客户支付金额分布时，首先需要明确行业内支付金额的分布情况，通过生意参谋收集并整理不同支付金额在统计周期内的客群占比数据，并借助可视化图表进行综合分析。

任务操作

步骤 1：收集数据。打开生意参谋，进入“市场”→“行业客群”→“支付偏好”页面，收集 2022 年 2 月女装行业不同终端客户支付金额分布数据，并将其整理到表 4-8 中。

表 4–8　　女装行业不同终端客户支付金额分布

时间	终端类型	支付金额/元	支付金额客群占比
2022 年 2 月	所有终端	0～35.0	6.97%
2022 年 2 月	所有终端	35.0～70.0	17.57%
2022 年 2 月	所有终端	70.0～110.0	15.57%
2022 年 2 月	所有终端	110.0～180.0	17.76%
2022 年 2 月	所有终端	180.0～320.0	17.72%
2022 年 2 月	所有终端	320.0 以上	24.41%
2022 年 2 月	PC 端	0～35.0	4.79%
2022 年 2 月	PC 端	35.0～70.0	11.33%
2022 年 2 月	PC 端	70.0～110.0	10.31%
2022 年 2 月	PC 端	110.0～180.0	13.48%
2022 年 2 月	PC 端	180.0～320.0	17.13%
2022 年 2 月	PC 端	320.0 以上	42.96%
2022 年 2 月	移动端	0～35.0	6.97%
2022 年 2 月	移动端	35.0～70.0	17.57%
2022 年 2 月	移动端	70.0～110.0	15.58%
2022 年 2 月	移动端	110.0～180.0	17.76%
2022 年 2 月	移动端	180.0～320.0	17.73%
2022 年 2 月	移动端	320.0 以上	24.39%

注：支付金额范围包含左端不包含右端

步骤 2：汇总不同终端支付金额客群占比。打开“女装行业不同终端客户支付金额分布”数据表，创建数据透视表，打开“数据透视表字段”窗格，将“支付金额/元”字段放置在“行”列表框中，“支付金额客群占比”字段放置在“值”列表框中，“求和项:支付金额客群占比”的值显示方式为“总计的百分比”，创建各终端数据汇总后的数据透视表，填写表 4-9。

表 4-9　　汇总不同终端支付金额客群占比

支付金额/元	支付金额客群占比
0～35.0	
35.0～70.0	
70.0～110.0	
110.0～180.0	
180.0～320.0	
320.0 以上	

步骤 3：用切片器分别查看数据。选择数据透视表中的所有数据，单击“插入”→“图表”→“数据透视图”选项，在打开的“插入图表”对话框中选择“饼图”选项，添加数据标签、标题等元素。单击“数据透视图工具”→“分析”→“筛选”→“插入切片器”选项，在打开的对话框中选中“终端类型”复选项，单击“确定”按钮即可查看不同终端的客户支付金额分布情况，效果如图 4-21 所示。

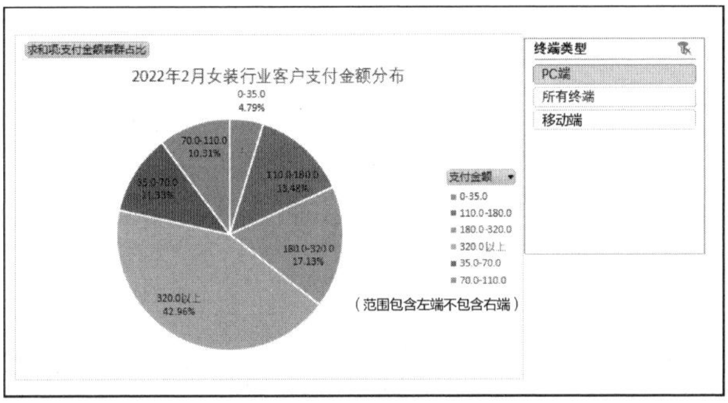

图 4-21　女装行业客户支付金额分布

步骤 4：由数据透视图可知，PC 端和移动端支付金额客群占比最高的价格区间均为__________，所有终端、PC 端、移动端支付金额客群占比最低的价格区间均为____________________________。因此，该商品理想的价格区间为____。

任务 2.2　商品价格制定

价格是商品价值的体现，是一切营销的基础。价格是影响交易成败的重要因素，也是营销过程中最难把控的一环，商家要在充分了解行业价格的基础上为自身商品定价，确保价格的合理性。

2.2.1　商品定价策略

俗话说“知己知彼，百战不殆”，定价也一样。知己，就是要清楚自身商品的品质；知彼，就是要了解整个市场的行情及同品类的其他商家是如何定价的，还要知道自身商品的受众是哪类人。

那如何才能找到价格和利润之间的平衡呢？商家要以成本为导向，在定价时综合考虑行业发展现状、店铺商品定位、客户心理、竞争对手的策略等因素，具体可以采用如下策略。

（1）市场整体参考定价

市场整体参考定价是指通过电商平台搜索商品核心词，了解各价格区间的商品数量及价格分布，然后进行参考定价。例如在天猫平台上搜索“春季卫衣女”，发现商品数量超 13 万件，排在前面的商品价格为 130～300 元。

如果店铺的目标客户是学生，可以使搜索词更精准，如搜索“春季卫衣女学生”，发现商品数量仅有 1.3 万件，排名靠前的商品价格也相对较低，普遍为 50～200 元，如图 4-22 所示，这些数据为店铺定价提供了有效的参考。

图 4–22　在天猫平台上搜索“春季卫衣女学生”的结果

（2）高价位定价

高价位定价是使商品价格高于其他店铺同类商品价格的定价策略，它主要是为了满足一些客户对高品质服务、商品附属价值等的需求。这种定价策略不仅能够使商家在一定时间内获得较高的利润，同时也能使客户产生求新求异等区别于大众的消费心理。

（3）搭配定价

搭配定价是将商品价格设置得不一样，使客户所需支付的单件商品价格因组合购买更多商品而变得更低。例如，购买 1 件或者 2 件商品只能得到 9 折优惠的价格，但是购买 3 件及以上商品就能得到更低的折扣。这种定价策略在无形中使客户心甘情愿地购买更多的商品，在一定程度上达到了促销的效果。

（4）心理差异定价

在定价过程中，商家还要考虑客户在购物过程中产生的某种特殊心理，从而激发他们的购买欲望，达到提高商品销量的目的。具体来说，客户的价格心理主要包括以价格区分商品档次的心理、追求名牌心理、求廉心理、买涨不买跌心理、追求时尚心理、对特殊价格数字的喜好心理等。

2.2.2　商品价格区间分析

面对激烈的市场竞争，为商品定价之前，商家需对行业或竞争对手的商品价格及成交量进行分析，由此确定自身商品的定价范围。下面以“商品定价”数据表为例进行分析，如图 4-23 所示，该表列出了天猫平台某店铺“2022 年春季连衣裙”竞品的价格及成交量，通过 SUMIFS 函数进行统计分析，并制作面积图进行数据展示，具体操作如下。

宝贝名称	报价（元）	成交量（件）
2022春季新款高端气质女装中长款修身显瘦印花七分袖包臀连衣裙子	136	92
春季2022新款法式复古黑色灯芯绒长裙收腰显瘦长袖气质连衣裙子女	75	105
2022春季新款高端气质女装中长款修身显瘦七分袖印花包臀连衣裙子	159	102
2022新款莫代尔无袖连衣裙女宽松大码背心裙中长款显瘦打底裙	92	162
真丝丝绒连衣裙2022春季新款宽松高端气质贵夫人长袖过膝A字长裙	145	98
小黑裙2022春季新款气质修身娃娃领格纹拼接a字黑色打底连衣裙	109	61
2022春季新款长袖拼皮pu连衣裙女修身显瘦圆领蕾丝网红打底裙潮	91	78
2022春季新款法式长袖连衣裙女复古百搭显瘦镂空设计感长裙子	54	98
春装2022新款女大码短袖连衣裙v领打底小黑裙夏季显瘦莫代尔长裙	49	165
黑色包臀开叉连衣裙女2022春季新款小黑裙V领修身气质显瘦一步裙	88	93
连衣裙2022新款夏莫代尔长裙无袖中长款黑色背心裙宽松吊带打底裙	28	137
2022春季新款智熏法式桔梗复古山本过膝的法国小众蛋糕连衣裙子女	69	170
2022大码女装早春韩版[redacted]开叉连衣裙设计感小众气质茶歇裙	99	125
2022春季新款女长袖拼接设计感小众炸街连衣裙赫本风心机小黑裙子	55	239
春季韩版莫代尔双层网纱连衣裙大码宽松吊带打底裙长款仙女蓬蓬裙	69	212
纯色无袖连衣裙宽松2022夏装新款文艺范百搭背心打底裙	72	185
黑色连衣裙2022新款春季中长款打底裙内搭半高领显瘦开叉小黑裙女	105	135
小个子针织连衣裙春季打底内搭2022新款春装中长款春款加厚毛衣裙	86	178
黑色无袖内搭打底连衣裙子大码中长款吊带背心长裙女2022春夏新款	78	112
春装大码短袖连衣裙女2022新款V领打底小黑裙夏季显瘦莫代尔长裙	59	148
XX 长袖碎花连衣裙女2022春季新款V领绒布织带中长款雪纺裙	195	46
千秋飞燕复古民族风棉麻碎花连衣裙女2022春季新款收腰打底长裙子	148	68
春款复古民国女装订婚法式凡尔赛领证白色礼服初恋连衣裙高级感	122	83
2022年春季新款法式连衣裙修身气质衬衫裙收腰裙子女小香风	136	108
春季2022新款韩国长袖连衣裙波点印花裙收腰显瘦碎花裙百褶长裙子	106	69
高端连衣裙大牌2022新款女春装黑色长袖V领气质显瘦金丝绒长裙子	205	38

图 4–23　“商品定价”数据表

步骤 1：打开“商品定价”数据表，在 E1:K1 单元格区域中输入相应的价格区间，根据表格中已有的报价数据以 30 元为长度设置价格数据区间，并设置相应的格式，如图 4-24 所示。

E	F	G	H	I	J	K
1~30	31~60	61~90	91~120	121~150	151~180	181及以上

图 4–24　设置价格数据区间

步骤 2：选择 E2 单元格，单击“公式”选项卡，在“函数库”组中单击“数学和三角函数”下拉按钮，在打开的下拉列表中选择 SUMIFS 函数，在弹出的“函数参数”对话框中设置各项参数，将求和区域设置为“C2:C27”，区域 1 设置为“B2:B27”，条件 1 设置为“ " ≥1 " ”，区域 2 设置为“B2:B27”，条件 2 设置为“ " ≤30 " ”，然后单击“确定”按钮，如图 4-25 所示。

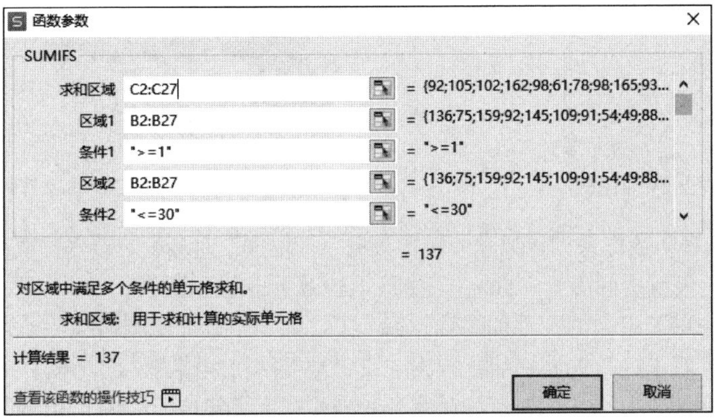

图 4–25　设置 SUMIFS 函数参数

采用同样的方法，计算 F2:J2 单元格区域的数值。因 K2 对应的条件只有一个，所以选择 SUMIF 函数求值即可。选择 K2 单元格，单击“公式”选项卡，在“函数库”组中选择“数学和三角函数”下拉列表中的 SUMIF 函数，在弹出的“函数参数”对话框中设置各项参数，将区域设置为“B2:B27”，条件设置为“ " ≥181 " ”，求和区域设置为“C2:C27”，然后单击“确定”按钮，如图 4-26 所示。

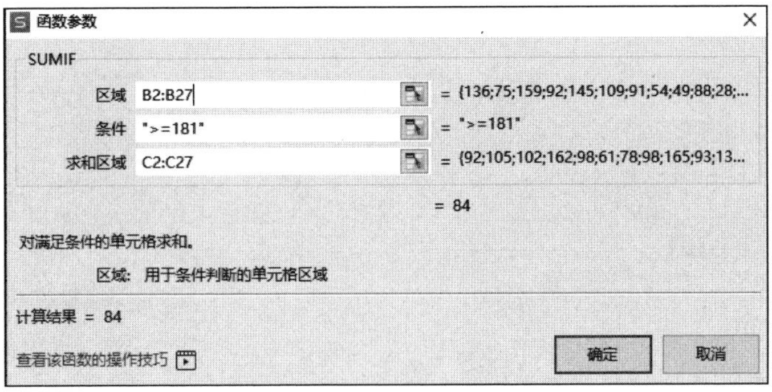

图 4–26　设置 SUMIF 函数参数

步骤 3：选择 E1:K2 单元格区域，单击“插入”选项卡，在“图表”组中选择“面积图”选项。调整图表的大小和位置，删除网格线和图例，添加标题为“连衣裙价格和成交量分析”。双击水平（类别）轴，打开“设置坐标轴格式”对话框，单击“坐标轴选项”下拉按钮，选中“刻度线之间”单选按钮，单击“关闭”按钮 ×，如图 4-27 所示。用鼠标右键单击数据列，在弹出的快捷菜单中选择“添加数据标签”命令，如图 4-28 所示。

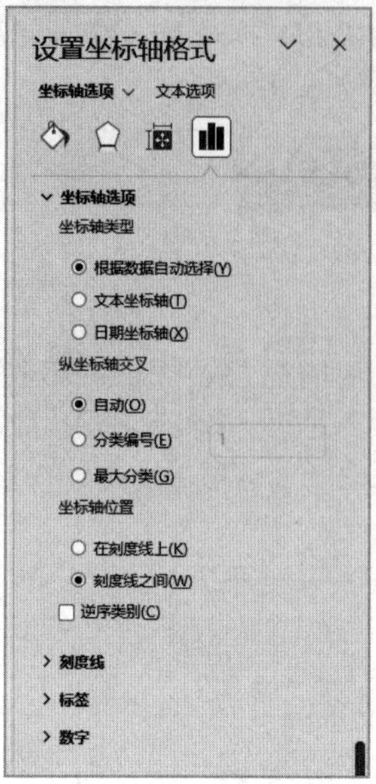

图 4–27　设置坐标轴格式

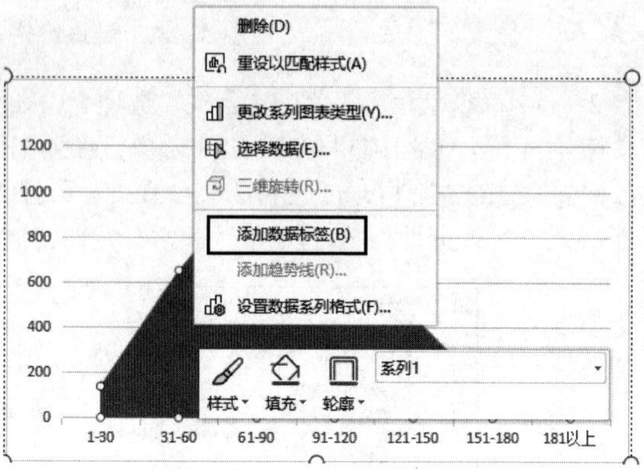

图 4–28　添加数据标签

步骤 4：双击图表中数据系列，弹出“设置数据系列格式”对话框，单击“填充”按钮，选中“纯色填充”单选按钮，设置透明度为“50%”，如图 4-29 所示。选中图表，单击“图表工具”→“设计”选项卡，在“图表布局”组中的“添加图表元素”下拉列表中选择“网格线”子列表中的“主轴主要垂直网格线”选项。双击插入的网格线，弹出“设置主要网格线格式”对话框，单击“填充与线条”按钮，选中“渐变线”单选按钮，然后设置渐变样式和色标颜色，如图 4-30 所示。

图 4–29　设置填充颜色

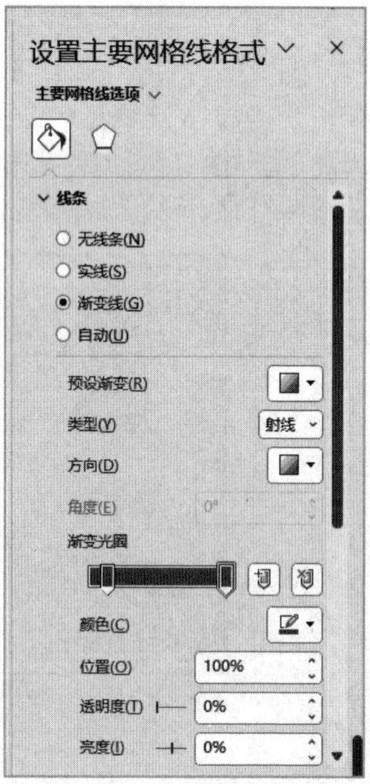

图 4–30　设置主要网格线格式

步骤 5：最终效果如图 4-31 所示，由图可知，连衣裙价格在 61～90 元时成交量最高，在设置引流款价格时可以参考这个价格区间；价格在 91～120 元时成交量也不错，兼顾了利润和销量，在设置利润款价格时可以参考这个价格区间。

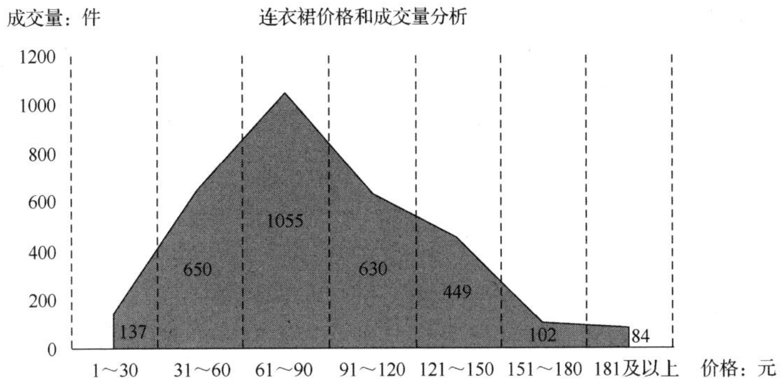

图 4-31　连衣裙价格和成交量分析

任务 2.3　商品获客能力分析

商品获客能力是对商品获取新客户能力的衡量。付出最低的成本获取最多的新客户，是提升商品获客能力的核心目标。在电商环境下，流量为王，流量越大，获客机会就越多。提升商品获客能力需从 3 个关键点切入：升级客户体验，拓展营销渠道确保商品触达更多潜在客户，打造商品亮点。商品获客能力的主要数据指标包括新客点击量和重复购买率。

2.3.1　新客点击量分析

新客点击量是针对首次使用网站服务的客户的点击量统计。新客点击量越大，说明该商品的获客能力越强，新客户运营效果越好。例如，某网站 A、B、C 共 3 款商品在上月及本月的新客点击量如表 4-10 所示。

表 4-10　某网站 3 款商品的新客点击量统计表

新客点击量	上月/次	本月/次
A 商品	9123	10148
B 商品	21311	29981
C 商品	22456	18578

生成图 4-32 所示的折线图后进行对比发现，A 商品的获客能力较弱；B 商品的新客点击量较高，且在持续上升，获客能力最强；C 商品的新客点击量尽管较上月有所下降，但总体上仍不容小觑，运营人员要及时分析原因，调整优化相关策略。

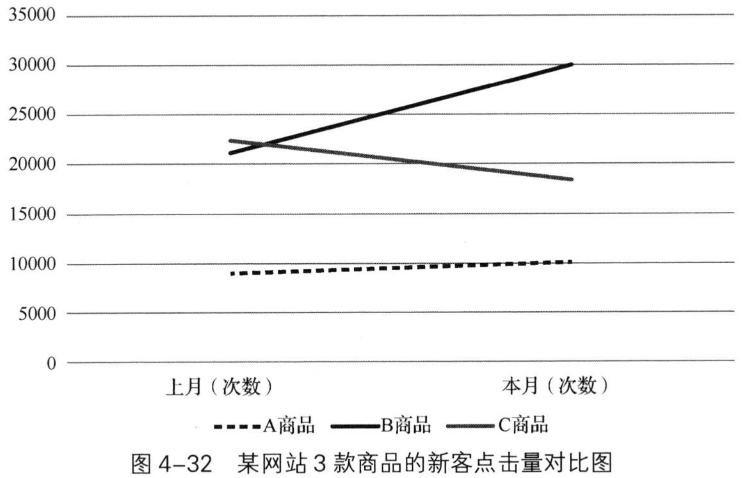

图 4-32　某网站 3 款商品的新客点击量对比图

2.3.2 重复购买率分析

重复购买率简称复购率，是针对一定时间内产生两次及以上购买行为（重复购买）的客户进行的比例统计。复购率有按客户数计算和按交易次数计算两种方法。

复购率=一定时间内重复购买的客户数÷客户总数×100%

复购率=一定时间内客户重复交易的总次数÷客户总数×100%

复购率越高，客户的忠诚度就越高，该商品的获客能力就越强。一款商品如果没有客户重复购买，就意味着所有交易都是一次性的，所有客户都是新客户，企业需要付出更高的获客成本。

提高复购率指的并不是促进单品的重复消费，而是当相关商品的销售能够组合成一个整体的时候，它们之间才能相互带动销售、相互影响。企业要把握不同商品的生命周期、使用周期，使商品最终形成有效循环。

任务 2.4 商品盈利能力分析

商品盈利能力是指商品为企业创造利润的能力。一般情况下，商品盈利能力主要从商品结构、SKU、客单量和毛利率 4 个方面进行分析。

2.4.1 商品结构分析

商品结构是指商品的类别、品种、品牌等各个组成部分的数量及比重的搭配。合理的商品结构中，各类商品必然是定位明确、比重适当、相互关联且相互促进的，优化商品结构是提高商品销量的有效途径。

（1）商品结构划分

店铺一般会将商品分成 5 类：人气商品、利润商品、常规商品、形象商品和体验商品。人气商品负责带来流量，常规商品用作日常销售，利润商品负责贡献利润，形象商品负责拔高形象，体验商品用作开展特定的活动。这几种商品各自扮演不同角色，完成不同任务，共同搭建了店铺的商品结构。不同定位的商品在商品结构中的作用和特点如表 4-11 所示。

表 4-11 商品结构划分表

商品定位	作用	特点
形象商品	展示企业实力； 树立品牌形象； 提升客户信心	• 价位最高； • 辨识度高、精心策划、卖点独特； • 综合展现水平最高
利润商品	丰富销售搭配方式； 增加利润	• 利润空间大； • 和人气商品与常规商品搭配销售
常规商品	日常销售； 选择性强	• 店内主要陈列的商品； • 与人气商品组合销售
人气商品	打造“爆款”； 引流	• 聚集资源投入，提高展现量； • 价低质高，定位精准； • 曝光率、点击率、销量都较高
体验商品	活动款； 吸引新客户	• 降低新客户初次购买门槛； • 为特定活动准备的限量限价款

商品结构及其比例从侧面反映了商品的销售比例，通常情况下，形象商品占 10%左右，利润商品占 20%左右，常规商品占 50%左右，人气商品占 15%左右，体验商品占 5%左右。商品结构及其比例并不是固定不变的，需要在运营过程中根据第三方市场变化、季节变化，或在引进新商品、现阶段的

运营目标难以实现时，不断进行调整。

（2）商品结构的分析方法

商品结构分析通常从商品浏览量、平均停留时长、详情页跳出率、支付转化率、商品收藏人数 5 个指标入手。

以某天猫店铺为例，运营人员收集了某段时间内该店铺商品的运营数据，如图 4-33 所示，通过对平均停留时长、详情页跳出率、支付转化率和商品收藏人数进行数字筛选并依据商品浏览量进行排序，根据最终分析结果挑选出几款最有潜力的商品作为人气商品进行主推，分析步骤如下。

商品名称	商品浏览量 / 次	平均停留时长 / 秒	详情页跳出率	支付转化率	商品收藏人数 / 个
双面胶两面胶棉纸双面粘力办公用品	1282	49.24	61.34%	1.56%	67
糖果色计算器蓝白领办公用时尚简约	13281	212.34	22.34%	3.52%	598
双头荧光笔荧光标记笔淡色系学生用	7246	43.34	48.47%	3.67%	178
多功能笔筒创意时尚可爱学生桌面摆件	8912	146.62	22.15%	2.56%	486
削笔器铅笔刀学生卷笔刀办公削笔机	3122	88.14	45.35%	1.56%	254
板夹A4文件夹垫板写字板夹菜单夹子	2313	49.64	28.31%	1.94%	145
拉链袋A4文件袋彩色办公透明公文袋	13104	249.12	57.89%	2.94%	1074
素描本8K美术速写素描纸学生A4八开画纸	12417	124.23	29.23%	2.91%	1091
钢笔专用碳素黑色蓝红不堵墨水补充液	11804	254.67	38.56%	1.65%	345
文件盒档案盒办公塑料透明资料盒收纳盒	1752	241.21	43.56%	1.84%	156
中性笔学生用考试碳素黑色水性签字笔	3617	212.23	32.68%	1.89%	282
加厚文件架子多层四栏文件框办公用品	4898	74.34	61.23%	2.87%	454
彩色长尾夹文件夹子燕尾夹铁票夹	18141	287.21	24.71%	2.67%	1223
A4单页透明文件夹文件袋L型单片夹	2091	156.89	27.89%	1.38%	198
文件袋透明A4文件夹 学生用试卷收纳袋	12111	147.34	28.49%	3.68%	589

图 4-33　某店铺商品运营数据

步骤 1：平均停留时长筛选。平均停留时长越长越好，单击“数据”选项卡下的“排序和筛选”组中的“筛选”按钮，对“平均停留时长”进行数字筛选，打开“自定义自动筛选”对话框，设置“平均停留时长”参数大于或等于 60，将符合条件的商品筛选出来，结果如图 4-34 所示。

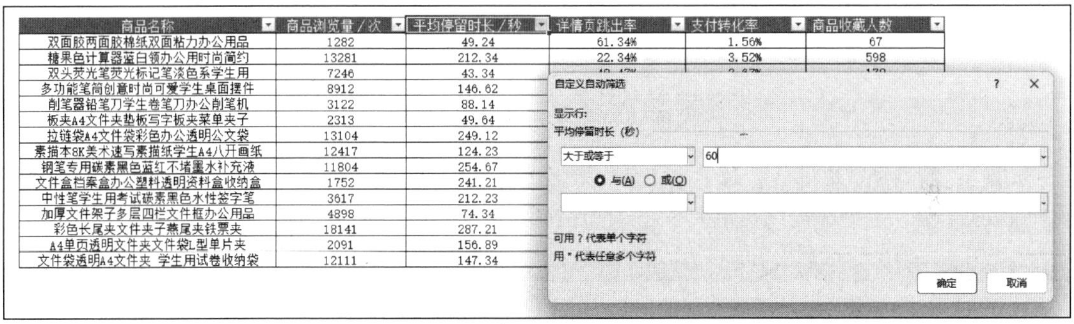

图 4-34　平均停留时长筛选

步骤 2：详情页跳出率筛选。详情页跳出率越低越好，单击“数据”选项卡下的“排序和筛选”组中的“筛选”按钮，对“详情页跳出率”进行数字筛选，打开“自定义自动筛选”对话框，设置“详情页跳出率”参数小于或等于 60%，将符合条件的商品筛选出来，结果如图 4-35 所示。

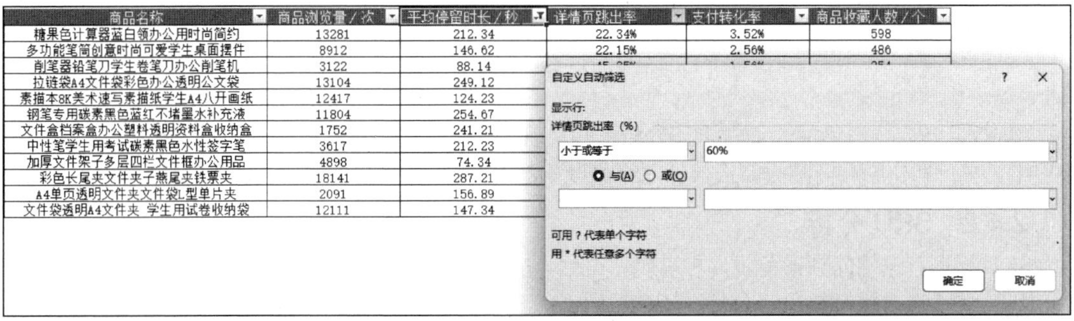

图 4-35　详情页跳出率筛选

步骤 3：支付转化率筛选。支付转化率越高越好，单击“数据”选项卡下的“排序和筛选”组中的“筛选”按钮，对“支付转化率”进行数字筛选，打开“自定义自动筛选”对话框，设置“支付转化率”参数大于或等于 1.5%，将符合条件的商品筛选出来。

步骤 4：商品收藏人数筛选。商品收藏人数越多越好，单击“数据”选项卡下的“排序和筛选”组中的“筛选”按钮，对“商品收藏人数”进行数字筛选，选择“数字筛选”→“高于平均值”选项，如图 4-36 所示，将符合条件的商品筛选出来。

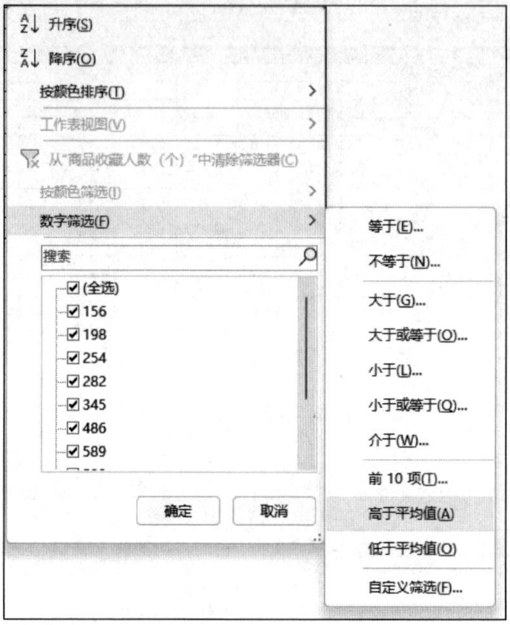

图 4–36　高于平均值筛选

步骤 5：商品浏览量排序。对上述 4 个步骤筛选出来的数据用深色进行填充，然后清除筛选以显示全部数据，将所有商品按浏览量大小进行降序排列，结果如图 4-37 所示。

商品名称	商品浏览量（次）	平均停留时长（秒）	详情页跳出率（%）	支付转化率（%）	商品收藏人数（个）
彩色长尾夹文件夹子燕尾夹铁票夹	18141	287.21	24.71%	2.67%	1223
糖果色计算器蓝白领办公用时尚简约	13281	212.34	22.34%	3.52%	598
拉链袋A4文件袋彩色办公透明公文袋	13104	249.12	57.89%	2.94%	1074
素描本8K美术速写素描纸学生A4八开画纸	12417	124.23	29.23%	2.91%	1091
文件袋透明A4文件夹 学生用试卷收纳袋	12111	147.34	28.49%	3.68%	589
钢笔专用碳素黑色蓝红不堵墨水补充液	11804	254.67	38.56%	1.65%	345
多功能笔筒创意时尚可爱学生桌面摆件	8912	146.62	22.15%	2.56%	486
双头荧光笔荧光标记笔淡色系学生用	7246	43.34	48.47%	3.67%	178
加厚文件架子多层四栏文件框办公用品	4898	74.34	61.23%	2.87%	454
中性笔学生用考试碳素黑色水性签字笔	3617	212.23	32.68%	1.89%	282
削笔器铅笔刀学生卷笔刀办公削笔机	3122	88.14	45.35%	1.56%	254
板夹A4文件夹垫板写字板夹菜单夹子	2313	49.64	28.31%	1.94%	145
A4单页透明文件夹文件袋L型单片夹	2091	156.89	27.89%	1.38%	198
文件盒档案盒办公塑料透明资料盒收纳盒	1752	241.21	43.56%	1.84%	156
双面胶两面胶棉纸双面粘力办公用品	1282	49.24	61.34%	1.56%	67

图 4–37　商品浏览量排序

步骤 6：确定人气商品。通过上述分析可知，前 3 款商品在商品浏览量、平均停留时长、详情页跳出率、支付转化率和商品收藏人数这 5 个维度上都表现得比较好，有成为人气商品的潜力。

2.4.2　SKU 分析

SKU 即库存进出的计量单位，可以以件、盒、托盘等为单位。一款商品如果有多种颜色，就有多个 SKU，如一件衣服有红色、白色、蓝色，则各色 SKU 编码也不相同，否则会出现混淆。

SKU 分析是基于单品进行的，内容通常包括分析 SKU 定价是否合理、颜色是否受欢迎、结构是否合理、营销是否有效等。通常情况下，店铺可以借助收藏转化率、加购转化率、支付转化率、支付金额 4 个指标进行分析。下面以表 4-12 所示的某店铺 SKU 销售数据为例进行分析。

表 4-12　　　某店铺 SKU 销售数据

SKU	访客数/人	支付金额/元	支付件数/件	支付人数/人	加购件数/件	加购人数/人	收藏人数/人
白色衬衣	1809	27356	447	212	583	308	421
黑色衬衣	2083	27812	424	231	521	456	376
红色衬衣	679	6985	98	78	294	175	152
黄色衬衣	1918	30126	443	197	567	435	379
蓝色衬衣	492	5821	89	58	214	99	105
绿色衬衣	261	3192	47	32	85	55	86

根据表 4-12 计算各 SKU 的收藏转化率、加购转化率和支付转化率，其中，收藏转化率=收藏人数/访客数×100%，加购转化率=加购件数/访客数×100%，支付转化率=支付人数/访客数×100%。结果如表 4-13 所示。

表 4-13　　　某店铺 SKU 转化率

SKU	收藏转化率	加购转化率	支付转化率
白色衬衣	23.27%	32.23%	11.72%
黑色衬衣	18.05%	25.01%	11.09%
红色衬衣	22.39%	43.30%	11.49%
黄色衬衣	19.76%	29.56%	10.27%
蓝色衬衣	21.34%	43.50%	11.79%
绿色衬衣	32.95%	32.57%	12.26%

为了清晰观察支付金额和收藏转化率、加购转化率、支付转化率之间的关系，可以将表 4-13 中的数据和支付金额转化为柱状折线图，如图 4-38 所示。

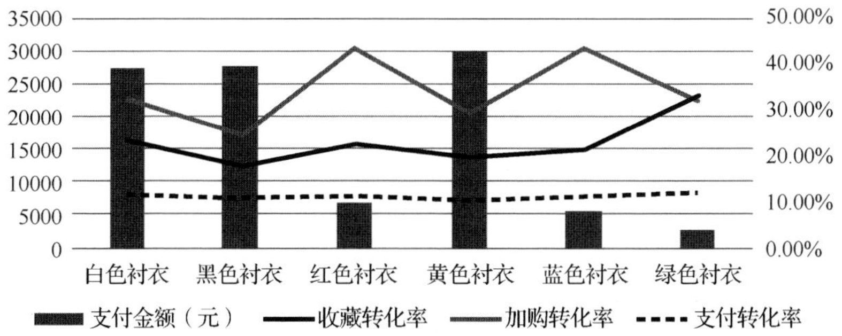

图 4-38　某店铺 SKU 分析

通过上述分析可以看出，各 SKU 的支付金额与转化率变化趋势不完全同步，黄色衬衣、黑色衬衣和白色衬衣的访客数、支付金额、支付件数、支付人数等数据表现较好，为爆款“SKU”；红色衬衣和蓝色衬衣的加购转化率较高，具有较大潜力，但访客数偏低，需要优化推广方式。

2.4.3 客单量分析

客单量是指统计周期内，每一位成交客户平均购买的商品数量，即平均交易量，其计算公式如下。

客单量=交易总件数÷交易笔数

提高客单量的主要途径是通过商品组合销售、关联推荐、促销活动和推销等手段，唤起客户的购买欲望。

2.4.4 毛利率分析

毛利率是商品毛利占销售收入的比例，其计算公式如下。

毛利率=（销售收入-销售成本）÷销售收入×100%

增加销售收入，降低销售成本才能有效提高毛利率。因此，对商品毛利率的分析应从商品销售收入和商品销售成本两个方面展开。影响商品销售收入的因素主要包括商品销售单价和商品销售量，合理定价并尽可能提高销量是增加销售收入的有效途径。商品销售成本包括商品的生产成本、运输成本、仓储成本、包装成本、推广成本和人力成本等。在电商领域，除降低采购成本外，有效降低仓储物流方面的费用也是节约成本的重要途径。

任务 3　“爆款”商品维护

“爆款”商品是有生命周期的，不能期望一款商品能够永久火爆下去，但是运营人员可以通过后期维护来延长“爆款”商品的生命周期。

任务 3.1　流量维护

流量是每个运营人员都会考虑的因素，目前各大平台网店的竞争是比较激烈的，运营人员需要对自身店铺“爆款”商品的流量进行维护，以保证店铺拥有稳定的流量。

运营人员需要对比近期数据查看收藏量是否增加，测试点击率、平均点击成本，以及关注关键词、使用场景的设置，通过分流访客、瞄准同类商品、转化新老客户等方式提高自身商品的权重。

（1）控制关键词的转化

运营人员需在单品分析中找出哪些关键词的流量暴涨了，还要关注关键词的转化率，对转化率低的关键词进行优化。

（2）优化主图点击率

运营人员需通过直通车测试主图点击率，针对“爆款”商品多制作几幅主图，将其分别放入直通车进行测试，从而使用点击率高的主图，保证点击率高于同行。

（3）收藏加购率维护

“爆款”商品需要获得较多的推荐流量，一般来说，其收藏加购率须在 10%以上，否则就算流量暴涨，也维持不了多久。

任务 3.2　市场竞争的应对

电商市场的竞争很激烈，当店铺成功打造出“爆款”商品后，难免会有其他店铺从客单价、推广方式等方面进行模仿，因此要做好应对各种竞争态势的准备。

（1）时刻关注竞争对手

一定要时刻关注竞争对手的动态，学习竞争对手好的方面，规避竞争对手不好的方面。例如，如果竞争对手的商品换了主图，可以观察其访客数是否明显增多了。还可以分析竞争对手的付费流量占比，因为不同子类目的付费流量占比不同，如果自身的付费流量占比低于整个行业的竞争对手的水平，往往需要优化钻石展位和直通车推广策略。

（2）灵活应对价格竞争

当一款商品开始进入衰退期或者因为供应链的关系很难维持销量时，就可以考虑清库存，也可以利用“爆款”商品关联销售其他商品。如果同行之间无法避免价格竞争，就需要优化数据，可以通过直通车推广、降价、赠品和参加活动等方式维持店铺的销售数据，但这样不可避免地会降低利润。

任务 3.3　数据维护

（1）销售数据维护

电商平台的活动会为店铺提供个性化展示机会，每个展示位都会有最低的坑位要求，如果店铺的销售数据没达到要求，就不能参加相应的活动。维护销售数据实际上就是维护店铺的发展。

（2）服务数据维护

要想在电商平台上持续发展，提升客户服务水平是很重要的一环。电商平台对客户响应速度和时间有严格的要求，做好售前、售中、售后的客户服务数据维护，是店铺获得发展的有力支撑。

（3）评价维护

评价对店铺来说非常重要，但很多商家把精力花在营销推广上，而忽视了评价的重要性。出现差评后，除了解释外，可以对后续的高等级客户进行重点服务，提高其满意度，引导其发表一些对后续其他客户具有参考意义的评论，越多人认为该评论有用，该评论的排名就会越靠前。

另外，客户都会看到排名靠前的差评，如果卖家不做任何解释，客户就会认为卖家心虚、这些差评说的是事实，从而不再购买这款商品；但是如果卖家做了合情合理的解释，并且表现得相当有诚意，客户的信任会被再度激发。

同步练习 ↓

一、单选题

1. 提升（　　）的核心目标是付出最低的成本、获取最多的新客户。

　A. 商品获客能力　B. 商品盈利能力　C. 商品竞争能力　D. 商品交易能力

2.（　　）是针对一定时间内产生两次及以上购买行为的客户进行的比例统计。

　A. 下单转化率　B. 重复购买率　C. 支付转化率　D. 点击率

3. 商品搜索指数是根据（　　）等因素计算得出的数值。

　A. 客单价　B. 搜索次数　C. 交易数量　D. 支付金额

二、多选题

1. 影响客单价的因素有（　　）。

　A. 商品定价　B. 促销优惠　C. 商品的关联营销　D. 购买数量

2. 常用的商品定价策略有（　　）。

　A. 市场整体参考定价法　B. 高价位定价法

　C. 搭配定价法　D. 心理差异定价法

3. 根据商品定位，可以将商品划分为（　　）和体验商品。

　A. 形象商品　B. 利润商品　C. 常规商品　D. 人气商品

4. 目的是增加复购率的做法有（　　）。

　A. 会员等级折扣　B. 首单免费　C. 新客立减　D. 积分换购

三、判断题

1. 商品结构及其比例从侧面反映了商品的销售比例，通常情况下，商品结构及其比例是固定不变的。（　　）

2. 关联推荐是提高客单量的途径之一，但为了避免客户产生抵触心理，关联推荐只能选择与客户购买商品功能相似的商品。（　　）

3. 商品搜索指数是衡量一款特定商品搜索热度的指标，并不是指数为多少就是被搜了多少次，但是这个指数能反映该商品的竞争程度和热度。（　　）

笔记

项目 5

客户数据分析

学习目标

知识目标

- 了解客户画像分析的内容
- 掌握客户细分的依据
- 掌握利用 RFM 模型细分客户的方法
- 掌握客户忠诚度分析方法

能力目标

- 能结合运营数据开展客户画像分析
- 能结合数据对客户进行细分
- 能对客户忠诚度进行分析

素质目标

- 培养数据敏感性，能准确识别不同类型的客户
- 培养数据保密意识，懂得保护客户数据安全
- 增强职业道德意识，遵守行业相关法律法规

思维导图

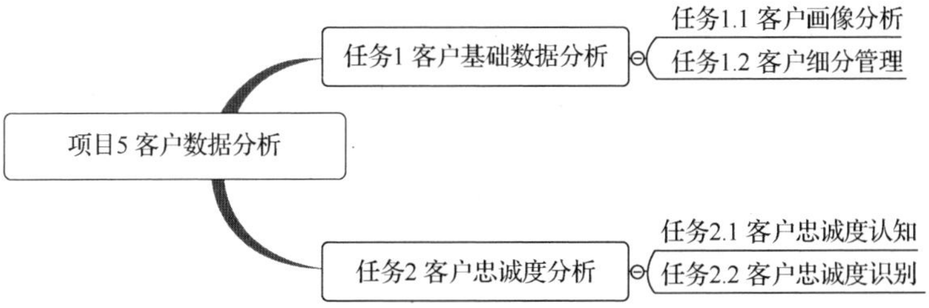

任务导入

会员数破亿的海底捞是如何做用户运营的?

基于线下服务，延伸到线上，会员数破亿的海底捞是如何做用户运营的?

一、基于优质的线下服务，逐步向线上延伸

艾瑞咨询的数据显示，海底捞的用户群体在逐步发生结构性变化，“90 后”和“00 后”逐步成为到线下餐饮消费的主要客群，而这两个人群不仅追求伺服式的服务体验，而且更加看中线上线下互动化、个性化、社交化，更加彰显自我的价值观的体验。为此，海底捞以“外卖+会员私域+直播+社区+线上商城”作为逐步迭代的线上服务延伸，从服务路径来看，无论是消费人群，还是消费场景，更加匹配当代年轻人的消费心智。

二、会员体系升级，搭建用户成长，用户权益等组合形式

与大多数 App 一样，用户留存和复购的解决方案是提供用户成长体系，搭配阶段性的权益套餐，不断提升用户的 LTV（Life Time Value，生命周期价值），产生更高的复购频次。海底捞的策略路径：多渠道注册——线上线下的消费行为积攒成长值——获得不同等级的会员身份——不同身份享受阶段差异性的权益福利。

三、私域生态升级，搭建社区 UGC，有奖话题，IP 活动组合体验

对于海底捞而言，线下用户通过门店消费导流到线上，线上流量池不断扩大，用户的留存和黏性是海底捞当下直面的问题，海底捞给的解决方案是以在社区圈子中打造 UGC（User Generated Content，用户原创内容）+有奖话题+IP 活动联动的组合形式提高线上用户的留存率。

四、消费服务创新，搭建付费权益，增值服务，提升消费体验

从用户生命周期的角度来看，当用户有了足够多的流量池，且线上也搭建了完善的留存手段，下一步应该增加付费点，提高用户消费复购率。海底捞的做法是付费权益，付费权益是常见的会员运营策略，用户通过付费解锁相关的服务权益。

例如，“品质生活加油站”包含高德打车、起点读书、欢乐口腔、58 到家、神州租车及亚朵酒店等组合券包。

“权益多选一专区”内可选内容包含喜马拉雅 VIP 月卡、腾讯视频 VIP 月卡及网易云音乐黑胶 VIP 月卡，购买嗨捞卡后有效期内可任选其一领取，剩余两项权益可分别于嗨捞卡有效期内在海底捞店内堂食消费累计 2 次后和累计 3 次后解锁领取。

顾客需求的变化，决定了企业战略的变化。线下的极致服务+线上的数字化服务，两者闭环，最终反哺到消费转化，形成更高价值的消费复购。

任务思考：随着互联网金融和大数据时代的到来，店铺在以客户为中心的转型发展过程中，仍然会遇到一系列与客户发展目标相关的瓶颈，诸如为什么要做用户运营呢？如何提高用户留存数和复购次数呢？

任务 1　客户基础数据分析

电商企业在经营过程中应依据客户的不同价值，将现有的客户进行细分，以便制定有针对性的营销策略，这样做不仅能够降低企业的营销成本，而且有利于企业采取更加有效的市场渗透策略。

任务 1.1　客户画像分析

在店铺运营中，针对客户画像进行分析是必不可少的环节。只有准确分析、研判客户数据信息，构建客户画像，有针对性地对客户进行需求定位，才能锁定客户，更好地提高销售额和成交转化率。

下面以淘宝平台某服装店铺为例，通过生意参谋采集信息，分析该店铺的客户画像数据，主要考虑时段分布、地域分布、特征分布、行为分布等因素，其中特征分布包括淘气值分布、消费层级、性别、店铺新老访客等，行为分布包括来源关键词 TOP5、浏览量分布等，具体分析如下。

（1）时段分布指客户进行访问与下单的时间范围。客户访问的具体情况都可以在时段分布上得到体现，时段分布是客户画像数据的组成部分。店铺可以在时段分布显示的客户访问高峰时段上架商品，这时非常容易获取更多的流量，进而提升商品权重，对店铺运营产生积极的效果。从图 5-1 所示的时段分布情况可知，查看近 7 天数据，可知日均访客数最多的时段是 22:00 —22:59，店铺可以在这个时段安排商品上新。

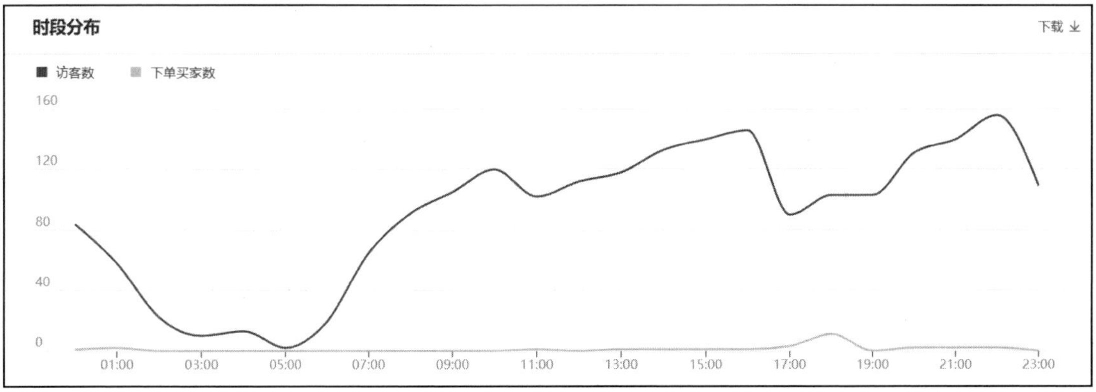

图 5–1　时段分布

（2）地域分布指访问店铺的客户所属地域。该模块包含两类数据，一类是访客数占比排行 TOP10，另一类是下单买家数占比排行 TOP10。可以从地域分布中查看访问店铺和购买商品的客户来源地，构建客户画像，从而更好地开展有针对性的推广与营销，增加流量和提高下单转化率。从图 5-2 所示的地域分布情况可知，近 7 天店铺访客及下单买家多来自广东省，其次是北京市、江苏省等，店铺应重视对这些地域进行商品推广运营。

（3）特征分布包括淘气值分布、消费层级、性别、店铺新老访客。

淘气值分布：淘气值类似于信誉评级，信誉评级高的客户可以享受更多的特权，如提前退款等，故淘气值越高，获得的特权就越多。图 5-3 所示为淘气值分布情况。

消费层级：即消费金额级别，根据所在行业客户的购物价格偏向计算所得，不同的客单价会被系统自动划分级别。通过这一客户画像数据信息，店铺可以更好地定位客户的消费层级，这是店铺商品价格设定非常重要的依据。由图 5-4 可知，进店客户消费的价格范围即消费层级占比最大的是 120.0～290.0 元区间。如果店铺商品定价为 800 元，那么客户可能会喜欢该商品，但会觉得价格太高，超出了预算，下单转化率就会较低。访客分析中的消费层级与客单价越相符，下单转化率就越高。

地域分布　访客数占比排行TOP10　下单买家数占比排行TOP10

地域	访客数	下单转化率
广东省	190	3.68%
北京市	185	0.54%
江苏省	171	2.92%
浙江省	160	1.25%
上海市	146	0.00%
四川省	94	3.19%
湖北省	88	1.14%
湖南省	73	0.00%
河南省	73	0.00%
山东省	71	1.41%

图 5-2　地域分布

特征分布

淘气值分布⑦

淘气值	访客数	占比	下单转化率
1000以上	1,379	72.81%	1.74%
801～1000	250	13.20%	0.40%
601～800	185	9.77%	0.54%
501～600	46	2.43%	0.00%
401～500	23	1.21%	8.70%
400及以下	11	0.58%	0.00%

图 5-3　淘气值分布

消费层级

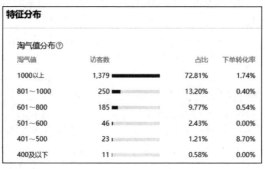

消费层级(元)⑦	访客数	占比	下单转化率
120.0～290.0	925	48.84%	0.97%
290.0～875.0	384	20.27%	1.30%
60.0～120.0	356	18.80%	0.84%
0～60.0	198	10.45%	4.55%
875.0～1960.0	28	1.48%	7.14%
1960.0以上	3	0.16%	0.00%

（范围包含左端不包含右端）

图 5-4　消费层级

性别：记录进店访客的性别信息，同时可以查看不同性别的下单转化率。在制作商品主图、详情图及设计店铺整体风格时，可依据性别信息设计不同的版式。该店铺访客的性别分布如图 5-5 所示。

性别⑦

性别		占比	下单转化率
男	92	4.59%	6.52%
女	1,885	93.97%	1.11%
未知	29	1.45%	3.45%

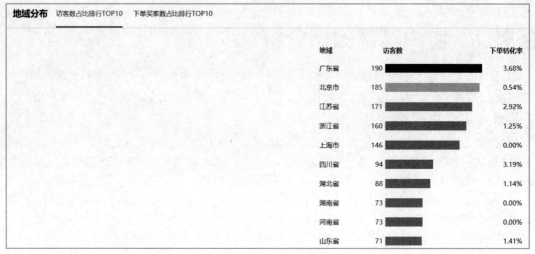

图 5-5　性别分布

店铺新老访客：一般来说，老客户的下单转化率要比新客户的下单转化率高，因为老客户已经有店铺商品的使用体验，对店铺的信任度更高。当然新客户对店铺的发展也很重要，故新老访客都是客户画像数据的组成部分，如图 5-6 所示。

店铺新老访客

访客类型	访客数	占比	下单转化率
新访客	1,676	83.55%	1.43%
老访客	330	16.45%	1.21%

图 5–6　店铺新老访客分布

（4）行为分布包括来源关键词 TOP5、浏览量分布。

来源关键词 TOP5：客户一般会通过搜索某些关键词访问店铺，这些关键词就叫来源关键词，近期搜索次数最多的 5 个来源关键词即来源关键词 TOP5。通过图 5-7 所示的这部分客户画像信息，店铺可以掌握客户偏爱的关键词，通过调整商品名称获得更高的流量。

行为分布

来源关键词TOP5

关键词		占比	下单转化率
insis	72	46.15%	1.39%
insis femm...	46	29.49%	2.17%
娃娃领衬衫	15	9.62%	13.33%
laveste	14	8.97%	0.00%
otherstori...	9	5.77%	0.00%

图 5–7　来源关键词 TOP5

浏览量分布：客户在店内浏览时，淘宝平台会对客户浏览的页面数量进行统计，形成浏览量分布数据，如图 5-8 所示。

浏览量分布

浏览量	访客数	占比
1	927	48.94%
2～3	463	24.45%
10以上	171	9.03%
6～10	168	8.87%
4～5	165	8.71%

图 5–8　浏览量分布

综上，淘宝平台会根据客户的特征、浏览和购买行为等为其打上标签，如浏览量高的时段为 22:00—22:59；访问量高的地域主要是广东省，其次是北京市、江苏省；访客主要是女性，消费层级主要集中在 120.0～290.0 元不等。以上信息便形成了店铺的客户画像，从而帮助店铺快速找到精准客户群体、明确客户需求。同时淘宝平台也会根据进店访客的特征、访客浏览情况及购买行为特征为该店铺打上标签，形成店铺的特色。

思考练习

小李大学毕业后进入一家经营化妆品的电商企业，担任淘宝店铺运营助理一职。为协助店长布局上架新品，小李需要了解目标客户群体的偏好，以便分析客户特征，并根据客户特征为客户推荐匹配的商品。请问小李需要整合哪些数据进行客户偏好分析？

数据思维

电商运营：为什么实时数据分析对电商这么重要?

如今，实时数据分析在商业智能领域变得越来越流行。企业正在迅速开展实时数据分析，以保持领先的竞争优势，并取得成功。

当前，客户习惯于在越来越短的时间跨度内访问所有内容，这是接近即时访问的时代。这使得电商企业必须时刻准备就绪，能够确保更快的响应时间、更快的周转时间，尽可能接近实时。

1. 实时定制社交策略

良好的客户体验是建立在实时参与的坚实基础上的，随着社交媒体的出现，企业必须实时定制社交策略，不断加倍努力才能保持领先地位。社交媒体使电商企业能够在客户查询和关注发生时及时响应，让客户积极访问企业的社交媒体页面，使他们与企业的品牌保持联系，并增加客户的幸福感或满意度。

2. 实时机会正在迅速增加

《福布斯》的一项调查显示，实时流媒体应用 Meerkat 和 Periscope 因其提供的实时发布功能而受到营销人员的欢迎。

各种活动的现场直播迅速在网上受众中流行起来，这种趋势迅速流行起来，并且很明显，响应性运动和交互式消息迅速成为网上受众选择的通信方法。

3. 实时数据提供了更强的洞察力

实时数据或现场数据在网络营销中极其重要，它使营销人员具备更强的洞察力，更加深刻了解自身业务和客户行为对企业网站流量、社会知名度和实时广告活动的影响。

任务 1.2　客户细分管理

1.2.1　客户细分的定义

客户细分是指根据一定的分类指标将企业的现有客户划分到不同的客户群的过程。通过客户细分，企业可以识别不同客户群的不同需求，从而针对不同客户采取有针对性的营销策略，这有利于提高客户的满意度和忠诚度。

1.2.2　客户细分的依据

客户细分一般是在企业明确的业务目标、市场环境下进行的，企业根据客户价值、客户需求、客户偏好等因素对客户进行分类。属于同一客户群的客户具有一定的相似性，属于不同客户群的客户存在一定的差异。客户细分的理论依据主要包括以下几个方面。

（1）企业的资源有限且每个客户给企业创造的价值是不同的。

（2）客户需求的差异性。

（3）客户群的稳定性。

（4）客户细分能有效促进客户沟通，提高客户的满意度和忠诚度。

1.2.3　客户细分的方法——基于 RFM 模型的客户细分

根据美国数据库营销研究所 Arthur Hughes 的研究，客户数据库有 3 个要素，以这 3 个要素为指标构成的数据分析模型，通常称为 RFM 模型。通过分析 RFM 模型，企业可以清楚地对客户进行分类。RFM 模型中字母的含义如下。

R（Recency）是指最近一次消费的时间，表示客户最近一次消费距离现在的时长。R 值越大，表明客户没来消费的时间越长，其活跃度越低，可能是流失的客户；反之，R 值越小，表明客户的活跃度越高，其越有可能与企业达成新的交易。

F（Frequency）是指消费频率，即客户在统计周期内购买商品的次数。F 值越大，表明客户消费意愿越强，活跃度越高，忠诚度也越高；反之，F 值越小，表明客户的活跃度越低，客户越有可能流失。

M（Monetary）是指消费金额，即客户在统计周期内消费的总金额。M 值越大，表明客户产生的价值越高，是主要的盈利客户；反之，M 值越小，表明客户的购买力越低或者购买欲望越弱。

下面以某淘宝店铺为例，通过生意参谋采集客户数据，利用 RFM 模型分析客户数据并对客户进行细分，以便制定有针对性的营销策略。需要获取的客户信息有客户基本信息、上次交易时间、交易笔数和交易总额，如图 5-9 所示。

	A	B	C	D	E	F
1	姓名	性别	年龄	上次交易时间	交易笔数(F)	交易总额(M)/元
2	客户1	女	25	2022-3-16	4	620
3	客户2	女	28	2021-10-25	8	428
4	客户3	男	33	2022-2-27	6	100
5	客户4	女	24	2022-2-18	7	530
6	客户5	女	36	2021-12-7	4	350
7	客户6	男	38	2022-3-5	3	830
8	客户7	女	39	2021-12-19	9	1100
9	客户8	女	40	2022-3-20	7	210
10	客户9	男	42	2021-12-13	4	240
11	客户10	男	43	2022-2-25	8	420

图 5–9　客户信息

步骤 1：计算时间间隔。由于获取的客户信息中只有上次交易时间，因此需要利用 DAYS 函数将现在的时间减去上次交易的时间，得到时间间隔的天数。选中 F2 单元格，输入函数公式“=DAYS(E2,D2)”，如图 5-10 所示。

F2　fx　=DAYS(E2,D2)

	A	B	C	D	E	F	G	H
1	姓名	性别	年龄	上次交易时间	现在时间	时间间隔(R)/天	交易笔数(F)	交易总额(M)/元
2	客户1	女	25	2022-3-16	2022-3-26	10	4	620
3	客户2	女	28	2021-10-25	2022-3-26	152	8	428
4	客户3	男	33	2022-2-27	2022-3-26	27	6	100
5	客户4	女	24	2022-2-18	2022-3-26	36	7	530
6	客户5	女	36	2021-12-7	2022-3-26	109	4	350
7	客户6	男	38	2022-3-5	2022-3-26	21	3	830
8	客户7	女	39	2021-12-19	2022-3-26	97	9	1100
9	客户8	女	40	2022-3-20	2022-3-26	6	7	210

图 5–10　计算时间间隔

“时间间隔”对应“最近一次消费的时间”，即 R 维度；“交易笔数”对应“消费频率”，即 F 维度；“交易总额”对应“消费金额”，即 M 维度。

步骤 2：RFM 模型 3 个维度的等级划分。一般根据店铺的实际情况来划分，如最近一次消费的时间可以按行业淡旺季来划分，消费频率可以按平均频率来划分，消费金额可以依据店铺自身的商品价格带来划分。因每个店铺的情况都不一样，这里将 3 个维度都按平均值划分，利用 AVERAGE 函数计算出它们各自的平均值，如图 5-11 所示。

F42 =AVERAGE(F2:F41)

	A	B	C	D	E	F	G	H
1	姓名	性别	年龄	上次交易时间	现在时间	时间间隔(R)/天	交易笔数(F)	交易总额(M)/元
35	客户34	女	33	2021-11-7	2022-3-26	139	4	560
36	客户35	女	38	2022-1-16	2022-3-26	69	11	650
37	客户36	男	42	2021-12-14	2022-3-26	102	11	830
38	客户37	女	26	2022-2-13	2022-3-26	41	5	1100
39	客户38	女	28	2021-10-26	2022-3-26	151	10	1200
40	客户39	女	36	2021-12-20	2022-3-26	96	12	900
41	客户40	女	35	2022-1-20	2022-3-26	65	12	1500
42				平均值		75.23	6.53	504.08

图 5-11 计算平均值

步骤 3：设置 RFM 模型 3 个维度的评价。将每位客户的各维度数据与对应的平均值进行比较，R 值若低于平均值，则评价为“高”；若大于或等于平均值，则评价为“低”。另外两个维度 F、M 的值若大于或等于平均值，则评价为“高”；若低于平均值，则评价为“低”。下面利用 IF 函数完成对各维度的评价，如图 5-12、图 5-13 所示。

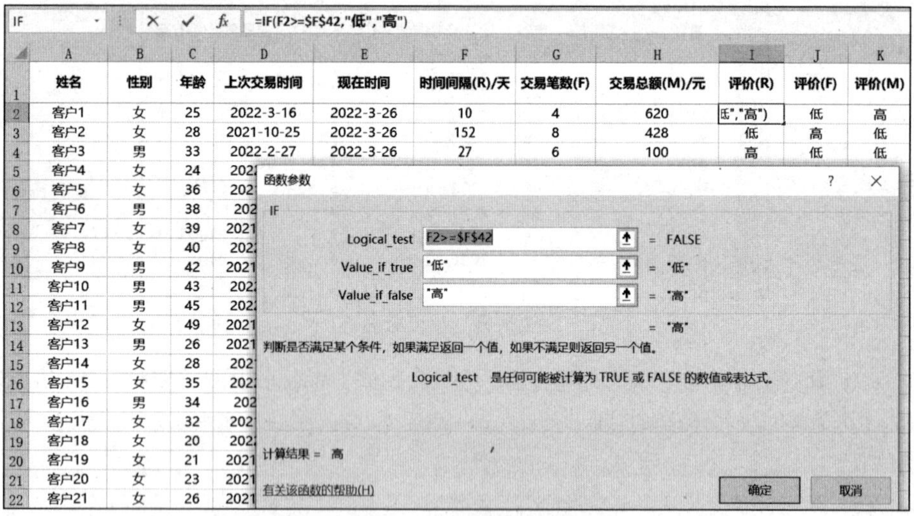

图 5-12 利用 IF 函数计算 R 维度的评价

J2 =IF(G2>=$G$42,"高","低")

	A	B	C	D	E	F	G	H	I	J	K
1	姓名	性别	年龄	上次交易时间	现在时间	时间间隔(R)/天	交易笔数(F)	交易总额(M)/元	评价(R)	评价(F)	评价(M)
2	客户1	女	25	2022-3-16	2022-3-26	10	4	620	高	低	高
3	客户2	女	28	2021-10-25	2022-3-26	152	8	428	低	高	低
4	客户3	男	33	2022-2-27	2022-3-26	27	6	100	高	低	低
5	客户4	女	24	2022-2-18	2022-3-26	36	7	530	高	高	高
6	客户5	女	36	2021-12-7	2022-3-26	109	4	350	低	低	低
7	客户6	男	38	2022-3-5	2022-3-26	21	3	830	高	低	高
8	客户7	女	39	2021-12-19	2022-3-26	97	9	1100	低	高	高
9	客户8	女	40	2022-3-20	2022-3-26	6	7	210	高	高	低
10	客户9	男	42	2021-12-13	2022-3-26	103	4	240	低	低	低
11	客户10	男	43	2022-2-25	2022-3-26	29	8	420	高	高	低

图 5-13 各维度的评价结果

步骤 4：客户类型细分。得到客户的各维度评价结果后，就可以对每位客户进行细分，以便日后对不同类型的客户采取不同的营销策略提供依据。依据 RFM 模型 3 个维度的评价结果对客户进行细分，如图 5-14 所示。

客户细分类型	评价(R)	评价(F)	评价(M)
重要价值客户	高	高	高
重要发展客户	高	低	高
重要保持客户	低	高	高
重要挽留客户	低	低	高
一般价值客户	高	高	低
一般发展客户	高	低	低
一般保持客户	低	高	低
一般挽留客户	低	低	低

图 5–14　客户细分类型

步骤 5：RFM 模型 3 个维度的数据化处理。为了明确每位客户究竟属于哪种客户细分类型以便于后期处理，需要将 R、F、M 维度的评价用数值表示。如采用 IF 函数将评价“高”设置为数值“1”，将评价“低”设置为数值“0”，如图 5-15 所示。

L2　=IF(I2="高",1,0)

	A	B	C	D	E	F	G	H	I	J	K	L	M	N
1	姓名	性别	年龄	上次交易时间	现在时间	时间间隔(R)/天	交易笔数(F)	交易总额(M)/元	评价(R)	评价(F)	评价(M)	R	F	M
2	客户1	女	25	2022-3-16	2022-3-26	10	4	620	高	低	高	1	0	1
3	客户2	女	28	2021-10-25	2022-3-26	152	8	428	低	高	低	0	1	0
4	客户3	男	33	2022-2-27	2022-3-26	27	6	100	高	低	低	1	0	0
5	客户4	女	24	2022-2-18	2022-3-26	36	7	530	高	高	高	1	1	1
6	客户5	女	36	2021-12-7	2022-3-26	109	4	350	低	低	低	0	0	0
7	客户6	男	38	2022-3-5	2022-3-26	21	3	830	高	低	高	1	0	1
8	客户7	女	39	2021-12-19	2022-3-26	97	9	1100	低	高	高	0	1	1
9	客户8	女	40	2022-3-20	2022-3-26	6	7	210	高	高	低	1	1	0
10	客户9	男	42	2021-12-13	2022-3-26	103	4	240	低	低	低	0	0	0
11	客户10	男	43	2022-2-25	2022-3-26	29	8	420	高	高	低	1	1	0

图 5–15　RFM 各维度分析

将 R、F、M 这 3 个维度的值进行整合，并使其显示在以“RFM”命名的数据列中，公式为“=R&F&M”（本例中具体为“L2&M2&N2”），如图 5-16 所示。

O2　=L2&M2&N2

	A	B	C	D	E	F	G	H	I	J	K	L	M	N	O
1	姓名	性别	年龄	上次交易时间	现在时间	时间间隔(R)/天	交易笔数(F)	交易总额(M)/元	评价(R)	评价(F)	评价(M)	R	F	M	RFM
2	客户1	女	25	2022-3-16	2022-3-26	10	4	620	高	低	高	1	0	1	101
3	客户2	女	28	2021-10-25	2022-3-26	152	8	428	低	高	低	0	1	0	010
4	客户3	男	33	2022-2-27	2022-3-26	27	6	100	高	低	低	1	0	0	100
5	客户4	女	24	2022-2-18	2022-3-26	36	7	530	高	高	高	1	1	1	111
6	客户5	女	36	2021-12-7	2022-3-26	109	4	350	低	低	低	0	0	0	000
7	客户6	男	38	2022-3-5	2022-3-26	21	3	830	高	低	高	1	0	1	101
8	客户7	女	39	2021-12-19	2022-3-26	97	9	1100	低	高	高	0	1	1	011
9	客户8	女	40	2022-3-20	2022-3-26	6	7	210	高	高	低	1	1	0	110
10	客户9	男	42	2021-12-13	2022-3-26	103	4	240	低	低	低	0	0	0	000
11	客户10	男	43	2022-2-25	2022-3-26	29	8	420	高	高	低	1	1	0	110

图 5–16　设置 RFM 组合值

步骤 6：采用多层嵌套 IF 函数进行客户标签的设置，完成客户分类。这里可以直接输入公式“=IF(O2="111","重要价值客户",IF(O2="101","重要发展客户",IF(O2="011","重要保持客户",IF(O2="001",

"重要挽留客户",IF(O2="110","一般价值客户",IF(O2="100","一般发展客户",IF(O2="010","一般保持客户",IF(O2="000","一般挽留客户"))))))))"，显示结果如图 5-17 所示。

P2 =IF(O2="111","重要价值客户",IF(O2="101","重要发展客户",IF(O2="011","重要保持客户",IF(O2="001","重要挽留客户",IF(O2="110","一般价值客户",IF(O2="100","一般发展客户",IF(O2="010","一般保持客户",IF(O2="000","一般挽留客户"))))))))

	A	C	D	E	F	G	H	I	J	K	L	M	N	O	P
1	姓名	年龄	上次交易时间	现在时间	时间间隔(R)/天	交易笔数(F)	交易总额(M)/元	评价(R)	评价(F)	评价(M)	R	F	M	RFM	客户标签
2	客户1	25	2022-3-16	2022-3-26	10	4	620	高	低	高	1	0	1	101	重要发展客户
3	客户2	28	2021-10-25	2022-3-26	152	8	428	低	高	低	0	1	0	010	一般保持客户
4	客户3	33	2022-2-27	2022-3-26	27	6	100	高	低	低	1	0	0	100	一般发展客户
5	客户4	24	2022-2-18	2022-3-26	36	7	530	高	高	高	1	1	1	111	重要价值客户
6	客户5	36	2021-12-7	2022-3-26	109	4	350	低	低	低	0	0	0	000	一般挽留客户
7	客户6	38	2022-3-5	2022-3-26	21	3	830	高	低	高	1	0	1	101	重要发展客户
8	客户7	39	2021-12-19	2022-3-26	97	9	1100	低	高	高	0	1	1	011	重要保持客户
9	客户8	40	2022-3-20	2022-3-26	6	7	210	高	高	低	1	1	0	110	一般价值客户
10	客户9	42	2021-12-13	2022-3-26	103	4	240	低	低	低	0	0	0	000	一般挽留客户
11	客户10	43	2022-2-25	2022-3-26	29	8	420	高	高	低	1	1	0	110	一般价值客户

图 5–17　客户标签

完成客户分类不是最终目的。企业进行客户细分的最终目的是依据不同类型的客户特征，有针对性地制定营销策略，以提高客户的满意度和忠诚度，最终提高销售额和转化率。不同客户细分类型对应的营销策略如表 5-1 所示。

表 5–1　不同客户细分类型对应的营销策略

客户细分类型	评价（R）	评价（F）	评价（M）	营销策略
重要价值客户	高	高	高	保持现状。客户最近的消费时间间隔短，购买次数多，金额大，营销策略保持现状即可
重要发展客户	高	低	高	提升消费频率。客户的消费金额高，近期有消费，但因其最近的消费次数较少，企业需要通过优惠活动、客户忠诚计划等提升客户的消费频率
重要保持客户	低	高	高	客户唤醒。客户的消费频率和消费金额都高，因其最近一次消费时间间隔比较长，企业需要唤醒该客户，如通过优惠活动等刺激其再次消费
重要挽留客户	低	低	高	重点召回。虽然客户最近消费时间间隔较长，消费次数较少，但消费金额高，企业可通过各种优惠活动、客户忠诚计划等重点召回该客户
一般价值客户	高	高	低	刺激消费。客户虽然消费金额低，但消费频繁，企业可利用一些优惠活动、个性化服务等刺激其消费
一般发展客户	高	低	低	挖掘需求。客户近期有消费，但消费频率低，消费金额低，可能是新客户，正在进行试探性消费，企业可以继续引导消费，如为其推送优惠活动等
一般保持客户	低	高	低	流失召回。客户消费频率高，消费金额低，最近消费时间间隔较长，存在流失的可能，企业可为其推送日常活动，维持客户关系
一般挽留客户	低	低	低	可放弃。客户消费频率低，消费金额低，最近消费时间间隔较长，可能已经流失，企业可考虑放弃

思辨探究

请举例说明店铺在进行客户细分管理时，如何依据数据分析结果制定精准的营销策略，增加不同层级客户的黏度。

数据安全

《数据防泄露（DLP）技术指南》解答如何保护数据安全

随着互联网、大数据的广泛应用，人们越来越多地享受到数据带来的红利和价值，数据成为新的生产要素。

然而，数据价值的变化也让数据泄露带来的损失升级，同时也带来了恶性的社会影响，数据丢失和个人信息泄露事件频发，社会热点事件层出不穷，甚至危害国家安全。

IBM 与 Ponemon Institute 基于对全球 17 个国家（或地区）500 多家真实经历过数据泄露的企业进行的分析调研报告指出，2021 年遭受数据泄露的企业单次数据泄露事件平均耗费成本为 424 万美元，这个数字相比 2020 年增长了 10%。

数据防泄露（Data Loss Prevention，DLP）作为国内广泛应用的数据安全防护手段，在提升数据安全管理能力，促进数据合理、合法、合规使用和流通，夯实数字经济发展“底座”等方面发挥着关键作用。

2022 年 4 月 26 日，中国信息协会信息安全专业委员会和天空卫士共同发布了《数据防泄露（DLP）技术指南》。

健全国家安全体系，要坚持党中央对国家安全工作的集中统一领导，完善高效权威的国家安全领导体制。国家信息中心信息与网络安全部副主任禄凯表示：“数据安全作为当前国家安全的重要组成部分，被提到前所未有的高度。当前迫切需要技术手段推动两法的落实，尽快有效地解决数据安全问题，特别是数据泄露的问题。”

1.2.4　任务实战：利用 RFM 模型细分客户

任务目标

1. 明确利用 RFM 模型开展客户细分的含义。
2. 掌握利用 RFM 模型开展客户细分的方法及步骤。

任务背景

小王在某淘宝店铺担任运营助理一职。目前店铺正在进行客户管理优化调整，小王接到经理的任务，需要对店铺客户进行合理分级，以便制定有针对性的营销策略。小王通过生意参谋采集了客户数据，如图 5-18 所示。接下来该如何利用 RFM 模型分析数据并对客户进行细分呢？

	A	B	C	D	E
1	姓名	性别	上次交易时间	交易笔数(F)	交易总额(M)/元
2	客户1	女	2022-3-11	2	98.23
3	客户2	男	2022-3-4	3	123.77
4	客户3	男	2021-12-8	1	13.92
5	客户4	男	2022-2-20	1	32.84
6	客户5	男	2021-12-16	2	85.6
7	客户6	女	2021-11-30	1	38.17
8	客户7	男	2021-12-23	1	73.45
9	客户8	女	2022-3-23	3	41.76
10	客户9	男	2021-10-25	2	319
11	客户10	女	2022-2-27	3	98.52

图 5–18　客户数据

任务分析

利用 RFM 模型对客户进行细分，首先需要利用 Excel 整理采集到的客户数据，然后对 RFM 模型

3 个维度进行等级划分并设置评价，将所有维度的结果转化为 RFM 得分并分析数据，进行客户标签设置，最后完成客户分类。

任务操作

步骤 1：计算表 5-2 中的时间间隔，理解 RFM 模型各要素的含义，填写表 5-3。

表 5-2 计算时间间隔

姓名	性别	上次交易时间	时间间隔（R）/天	交易笔数（F）	交易总额（M）/元
客户 1	女	2022-3-11		2	98.23
客户 2	男	2022-3-4		3	123.77
客户 3	男	2021-12-8		1	13.92
客户 4	男	2022-2-20		1	32.84
客户 5	男	2021-12-16		2	85.6
客户 6	女	2021-11-30		1	38.17
客户 7	男	2021-12-23		1	73.45
客户 8	女	2022-3-23		3	41.76
客户 9	男	2021-10-25		2	319
客户 10	女	2022-2-27		3	98.52

表 5-3 RFM 模型各要素的含义

名称	含义
R（Recency）	
F（Frequency）	
M（Monetary）	

步骤 2：进行 RFM 模型 3 个维度的等级划分，填写表 5-4。

表 5-4 RFM 模型 3 个维度的平均值

名称	平均值	备注
R		
F		
M		

步骤 3：设置 RFM 模型 3 个维度的评价，填写表 5-5。

表 5-5 设置 RFM 模型 3 个维度的评价

名称	评价	备注
R		
F		
M		

步骤 4：依据评价对客户进行细分，并对 RFM 模型 3 个维度进行数据化处理。

步骤 5：采用多层嵌套 IF 函数进行客户标签设置，完成客户分类，填写表 5-6。

表 5-6　客户细分类型及营销策略

客户细分类型	R 评价	F 评价	M 评价	营销策略

任务 2　客户忠诚度分析

对客户忠诚度进行分析，有助于了解客户对企业的态度、满意度等情况，检验企业对客户忠诚度的管理效果，为后期优化客户忠诚度管理方案提供参考。

任务 2.1　客户忠诚度认知

2.1.1　客户忠诚度的定义

客户忠诚度又称客户黏度，是指受质量、价格、服务等诸多因素的影响，客户对某企业商品或服务产生感情，形成偏爱并长期重复购买该企业商品或服务的程度，也是客户对企业商品或服务在长期竞争中优势表现的综合评价。

2.1.2　客户忠诚度分析的意义

随着电商市场竞争的日益加剧，客户忠诚度已成为影响企业利润高低的重要因素。企业管理者应将营销管理的重点转到提高客户忠诚度方面，使企业在激烈的竞争中获得关键性的竞争优势。客户忠诚度分析的意义表现在以下 7 个方面。

（1）有利于企业巩固现有市场。

（2）有利于降低营销成本。

（3）使企业在竞争中得到更好的保护。

（4）使企业收入增长并获得溢价收益。

（5）降低企业的经营风险并提高经营效率。

（6）确保企业实现长久收益。

（7）促进企业诚信建设。

2.1.3　客户忠诚度的影响因素

忠诚的客户都是良性消费者，他们向企业重复购买商品或服务，而不会刻意追求价格上的折扣，并且可能会带动自己周围的人发生同样的购买行为，从而促使企业的销量不断增加。客户忠诚度的影响因素如下。

（1）客户期望的满足程度。

（2）客户满意度。

（3）客户因忠诚获得利益的多少。

（4）客户的信任和情感因素。

（5）客户认知价值。

（6）转移成本。

（7）管理因素。

（8）其他因素：如企业的社会行为、社会口碑、参与公益事业的多少等。此外，客户因为搬迁或经营地点转移，可能会离开企业；企业的主要联系人辞职、退休等，也会影响客户对企业的忠诚。

任务 2.2　客户忠诚度识别

2.2.1　客户忠诚度分析的关键指标

客户复购率和客户回购率常用来衡量客户忠诚度。

（1）客户复购率：是指在一定时间内产生两次及以上购买行为的客户数占购买客户总数的比例，有两种计算方法。

$$\text{复购率}=\frac{\text{一定时间内重复购买的客户数}}{\text{购买客户总数}}\times 100\%$$

$$复购率=\frac{一定时间内客户重复交易的总次数}{购买客户总数}\times100\%$$

（2）客户回购率：上一期末活跃客户在下一期内产生购买行为的客户占比。客户回购率和客户流失率是相对的概念。

例如，淘宝平台某休闲服店铺在 2021 年 9 月底有活跃客户 4000 名，其中，2500 名客户在第 4 季度有购买记录，1200 名客户有至少 2 次购买记录，其中有 500 名客户有 3 次购买记录，没有客户购物 3 次以上。请计算客户复购率、回购率。

按复购人数计算客户复购率：1200 ÷ 2500=48%。

按复购次数计算客户复购率：[500 × 2+（1200−500）× 1] ÷ 2500=68%。

客户回购率为：2500 ÷ 4000=62.5%。

客户流失率为：100%−62.5%=37.5%。

2.2.2　客户忠诚度分析的方法

某企业发现近 3 个月客户忠诚度有所下降，为了核实客户忠诚度下降的程度并及时优化客户忠诚度管理办法，部门经理安排数据分析师小李对企业客户忠诚度进行分析，以便了解目前企业的客户忠诚度情况并进行优化。

步骤 1：将客户信息整理成一列，插入数据透视表。

通过生意参谋采集近 3 个月有购买记录的客户信息，如图 5-19 所示。

	A
1	用户名
2	英半elie8
3	妙之ein
4	柳妍y74
5	雨more31
6	妍静emor5
7	之慕nlov5
8	童书ores
9	怡畅lfi
10	千风eint130

图 5–19　有购买记录的客户信息

插入数据透视表，将其放置在新工作表，将“用户名”作为“行”标签，并以计数方式进行“值”计算；修改相应的数据透视图名称为“客户忠诚度表”，此时就得到了每位客户的购买频次，并将“计数项”按照降序排列，以便后面统计，如图 5-20 所示。

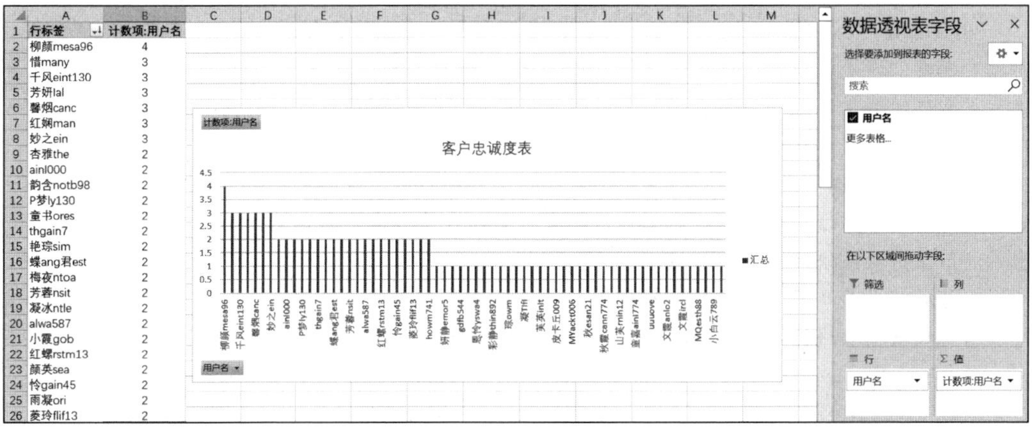

图 5–20　客户忠诚度表

步骤 2：进行数据统计，完成客户忠诚度统计表，如图 5-21 所示。

先筛选出有两次以上购买记录的客户，并根据不同的筛选结果填写“客户购买频次分析”区域。通过排序找到购买频次最多的客户，将筛选出的最忠诚的客户信息填在表中，这位客户有 4 次购买记录；然后将有 3 次购买记录的客户填入对应单元格。

随后，取消数据筛选，统计出客户总数量为 64 位，有重复购买记录的客户数量为 27 位，利用公式“重复购买率=重复购买客户数 ÷ 客户总数量 × 100%”，则客户重复购买率=27 ÷ 64 × 100% ≈ 42.19%。

	A	B
1	客户购买频次分析	
2	购买频次排名	客户及购买频次
3	第一名	柳颜mesa96/4次
4	第二名	惜many、千风eint130、芳妍Ial、馨烟canc、红娴man、妙之ein/3次
5	第三名	杏雅the、ainI000、韵含notb98、P梦ly130、童书ores、thgain7、艳琮sim、蝶ang君est、梅夜ntoa、芳蓉nsit、凝冰ntle、alwa587、小霞gob、红螺rstm13、颜英sea、怜gain45、雨凝ori、菱玲flif13、梅珊anyt00、howm741/2次
6	第四名	雨more31、妍静emor5、红牡丹hjl、gdfb544、依飞emem、恩怜yswa4、之慕nlov5、彩静thin892、MQply96、琮owm、艳aga、凝TIfI、亦丹mest977、芙英inIt、蝶君ofl、皮卡丘009、柳妍y74、MYackt006、晓蝶othe5、秋esan21、e2颜IfI、秋霞cann774、华芝ktot58、山芙rnin12、蕾惜nlov45、童嘉ainI774、怡畅Ifi、Uuuove、英半elie8、文霞anlo2、雨梅ieve45、文霞ircl、哆啦A梦、MQesth88、姿念etur9、小白云789、小布丁123/1次
7		
8		
9	客户重复购买率分析	
10	客户总数量	64
11	重复购买客户数	27
12	重复购买率	42.19%

图 5-21　客户忠诚度统计表

思考练习

以图 5-21 所示的客户忠诚度统计表中的数据为例，请从客户购买频次和重复购买率的角度，分析该企业目前的客户忠诚度情况如何，并提出相应的优化建议。

数据工匠

蒋步星：“大数据匠人”是怎样炼成的？

蒋步星作为北京润乾信息系统技术有限公司（以下简称“润乾”）的创始人、首席科学家，先后荣获“2016 年中国软件和信息服务业十大领军人物”和“2017 中国数据大工匠”称号，始终秉承“创新技术推动应用进步”的理念，在中国大数据发展道路上书写着大国工匠情怀。

“精雕细琢”做“匠人”。从创业至今，蒋步星执着于“要拥有自己的核心技术”。无论是最初的报表研发，还是后来的“数据计算”，他都坚信“唯有创新才能生存”。在做报表之初，为了解决数据展现问题，他研究了数千张报表，研发出非线性报表模型，一举解决了中国报表问题，大大提高了制表效率。

“勇于创新”树“匠心”。为了解决报表的数据准备问题，他又带领团队勇于创新，研发出一套数据计算引擎，设计了一套程序语言，解决了数据计算在描述和实施上的效率问题，实现了对国内外行业传统做法的颠覆和超越。

正是凭着对商品高品质的坚持和追求，蒋步星带领着润乾实现了“计算引擎”中国造，以实际行动对大数据领域的工匠精神进行了深度诠释。

同步练习

一、单选题

1. 对于网店来说，（ ）才是最有价值的客户。

A. 潜在客户 B. 忠诚客户 C. 流失客户 D. 以上都不对

2. RFM 模型中的“R”是（ ）。

A. 单次消费金额 B. 最近一次消费的时间

C. 消费频率 D. 消费金额

二、多选题

1. RFM 模型中各字母的含义是（ ）。

A. R 指最近一次消费的时间 B. F 指消费频率

C. M 指消费金额 D. M 指消费人群

2. 客户忠诚度主要受到（ ）的影响。

A. 客户满意度 B. 客户贡献度 C. 商品关联性 D. 客户依存度

3. 客户忠诚度分析的意义是（ ）。

A. 有利于企业巩固现有市场 B. 使企业在竞争中得到更好的保护

C. 使企业收入增长并获得溢价收益 D. 有利于降低营销成本

E. 降低企业的经营风险并提高经营效率 F. 确保企业实现长久收益

G. 促进企业诚信建设

4. 客户画像数据涉及（ ）。

A. 时段分布 B. 地域分布 C. 特征分布 D. 行为分布

5. （ ）常用来衡量客户忠诚度。

A. 客户复购率 B. 客户流失率 C. 客户回购率 D. 浏览量

三、判断题

1. 客户对商品首先需要有一个认知、熟悉的过程，然后试用，再决定是否继续消费使用，最后成为忠诚客户。（ ）

2. 客户细分能有效促进客户沟通，提高客户满意度和忠诚度。（ ）

3. 客户复购率越高，表明客户对品牌的忠诚度越低，反之则越高。（ ）

4. 在 RFM 模型中，M 值越大，表明客户产生的价值越低；M 值越小，表明客户的购买力越强或者购买欲望越强。（ ）

5. 客户画像为网店提供了足够的信息基础，能够帮助网店快速找到精准客户群体及客户需求等更为广泛的反馈信息。（ ）

四、技能训练

实训任务

网店客户画像数据分析

实训背景

小李大学毕业后进入一家经营化妆品的电商企业，担任淘宝店铺运营助理一职。为协助店长布局上架新品，小李需要了解网店客户画像的数据分析维度，充分理解网店用户画像在电商运营中的作用。

实训目标

1. 了解网店客户画像的数据分析维度。
2. 分析各维度数据反映的信息。

实训操作

1. 登录生意参谋，查看淘宝某店铺客户画像的数据。
2. 分析各维度数据反映的信息，完成表 5-7。

表 5–7　网店客户画像数据分析

分析维度	各维度数据反映的信息
时段分布	
地域分布	
特征分布	
行为分布	

3. 小组分享并展示分析结果，教师进行点评。

项目 6

销售数据分析

学习目标

知识目标

- 了解订单数据采集的方法
- 理解销售额、售罄率等基本概念
- 理解毛利、毛利率、净利润、净利率等销售数据指标的含义
- 了解电商平台的促销活动及特点

能力目标

- 能从状态、时间、支付金额等角度对订单数据进行分析
- 能从结构、售罄率、来源等角度对销售数据进行分析
- 能对单品及网店整体利润进行分析
- 能对大型促销活动全程数据进行分析

素质目标

- 培养良好的职业道德，合理收集销售数据，保障企业核心数据的安全
- 培养数据思维，增强数据化运营意识
- 培养精益求精的工匠精神，能多维度、多角度地分析数据

思维导图

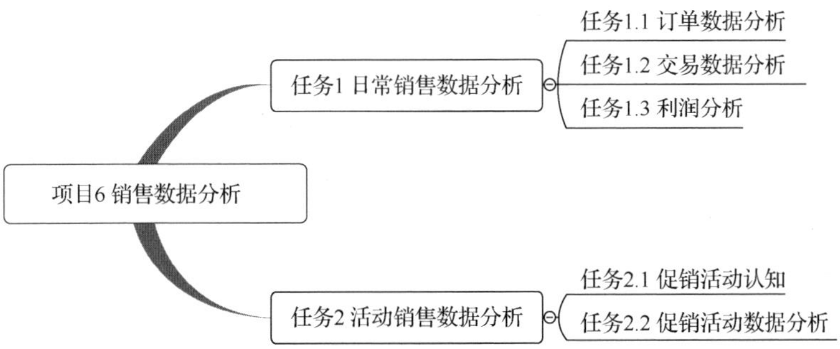

任务导入

品牌形象助力销售增长

2021 年 7 月，河南突发暴雨灾情，国产运动老品牌鸿星尔克低调捐款 5000 万元，并引发了一波消费热潮，其线上直播间和线下实体店相继断货。

在该事件发生前一周（7 月 15 日—7 月 21 日），鸿星尔克直播间的观看人次都不到 1 万，甚至有些直播场次的观看人次不到 1000，在各电商平台上的销量也平淡无奇。而在 7 月 23 日，该直播间的观看人次突破 300 万，主播多次喊话要“理性消费”，直播间单场销售额超过 1000 万元，各电商平台和直播间商品销售一空，这一现象同时也带动了其他国产品牌销量增长。

京东发布的报告显示，7 月 22 日、23 日两天，国产运动品牌的整体销售额同比增长超过 280%。其中，跑步鞋、篮球鞋、运动裤、T 恤等成为销量最高的品类，鸿星尔克、安踏、361 度、匹克等国产运动品牌销量暴涨，位居市场前列，鸿星尔克 7 月 23 日的销售额同比增长超 52 倍。

2022 年 4 月，一场大火又将鸿星尔克推上舆论高峰，其合作工厂鑫泰永升在当地火灾中受到波及，设备被损毁，商品也无法如期交付。鸿星尔克得知后，并未追究订单违约责任，而是第一时间协调人力、物力救灾，帮助受灾工厂渡过难关。消息一经报道，迅速引发了大范围讨论，并赢得了网友好评，诸如“国货之光”“良心企业”等正面评价让鸿星尔克的品牌声量再一次得到了提升。

通过积极履行社会责任，鸿星尔克塑造了爱国、有责任、有担当的民族品牌形象，也提高了消费者对品牌的认可度，带动了品牌商品的销售。良好的品牌形象，为企业的长期健康发展打下了坚实的基础。

任务思考：偶然的事件有时候会带来意料之外的销量暴涨，但在暂时的快速增长之后，当热度下降，企业发展回归常态，企业该如何打牢持续健康发展的基础呢？这需要企业经营者深入思考。

任务 1　日常销售数据分析

销售数据是对企业经营状况的直接反映。经营者可以根据销售数据及市场状况，及时调整经营策略，实现经营目标。在电商运营过程中，日常销售数据分析一般包括订单数据分析、交易数据分析及利润分析。

任务 1.1　订单数据分析

在电商运营过程中，订单数据是极其重要的资源。卖家通过分析处理订单数据，可以挖掘出丰富且有价值的信息，从而促进店铺良性运营。

1.1.1　订单数据采集

订单数据一般可从店铺后台采集。以淘宝为例，卖家登录千牛平台，选择“交易”栏中的“已卖出的宝贝”选项，即可查看店铺的订单数据。数据采集人员可以通过筛选功能筛选所需订单，如“等待买家付款”订单或者具体某个时间段的订单，并导出相关详细数据进行分析，如图 6-1 所示。

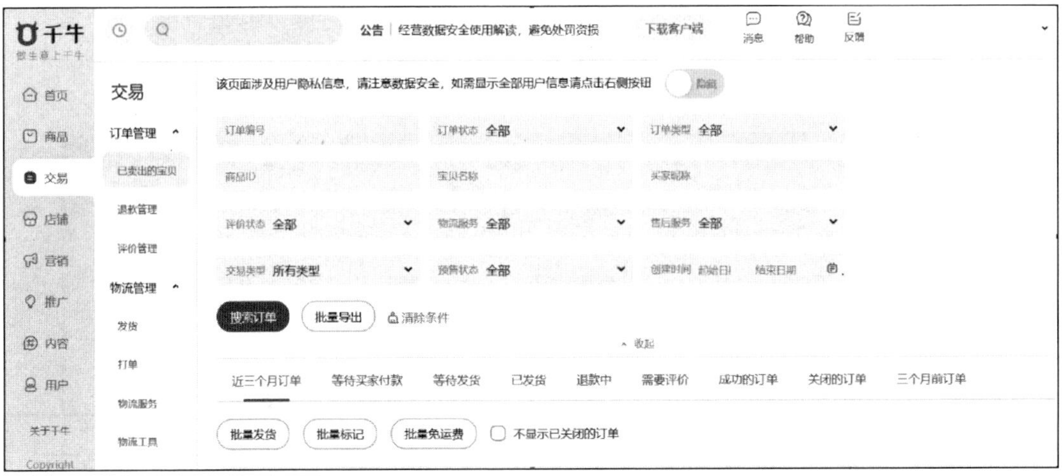

图 6-1　千牛平台订单数据采集界面

1.1.2　订单状态数据监控

在店铺运营过程中，卖家需重点关注订单状态数据。订单状态是指订单在处理过程中表现出来的各种情况。不同平台的订单状态不同。以淘宝为例，其订单状态分为待付款、待发货、待售后、待评价、待处理投诉等，订单状态数据会随着业务推进发生变动。

例如，某女装店监测发现，店铺经营效率有所下降，于是收集近 7 天店铺订单明细数据，如图 6-2 所示。通过柱状图可以看出，店铺待付款、待发货及待售后订单数量持续上升，影响了经营效果。其原因是客服人员与下单客户沟通不及时，没有持续跟进，导致待付款订单增加；同时店铺“爆款”商品销量出现短时快速增长，导致缺货，待发货订单增加；缺货导致发货速度慢，部分客户付款后又申请退款，待售后订单增加。

针对上述情况，可从以下方面进行优化。一是要求客服人员持续跟进下单客户，针对待付款订单推送优惠活动，增强客户购买意愿，促进订单转化。二是加快“爆款”商品的采购，并将发货时间从下午 4 点集中发货调整为上午 10 点及下午 4 点两次发货，加快发货速度。三是安排专门的客服人员处理待售后订单，对于因为物流速度慢而申请退款的客户，客服人员通过定向优惠活动引导其取消售后，并针对上述订单优先安排发货。

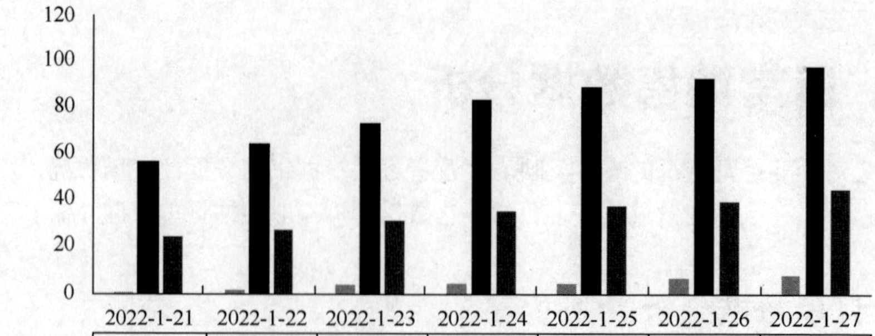

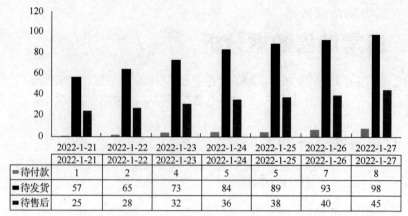

	2022-1-21	2022-1-22	2022-1-23	2022-1-24	2022-1-25	2022-1-26	2022-1-27
待付款	1	2	4	5	5	7	8
待发货	57	65	73	84	89	93	98
待售后	25	28	32	36	38	40	45

图 6-2　某女装店订单状态分析图

1.1.3　订单时间数据分析

订单时间数据分析主要是卖家针对一天或一周的订单数据进行分析，据此推测商品销售时段分布规律，合理安排商品上下架及推广活动时间。淘宝平台卖家可通过生意参谋按日查看实时数据的变动情况，如图 6-3 所示；也可以按周查看每日订单交易数据，如图 6-4 所示。通过生意参谋自动生成的折线图，卖家可直观地了解店铺的流量及订单交易高峰时间段，以此优化商品上下架时间及推广策略。

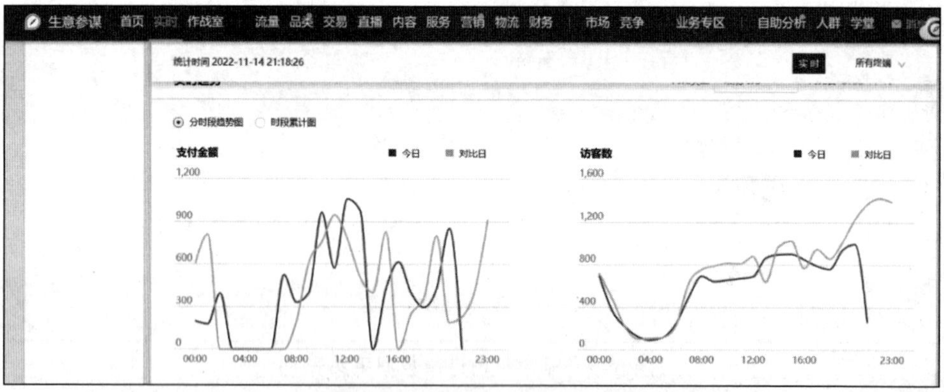

图 6-3　生意参谋中查询每日实时数据的功能界面

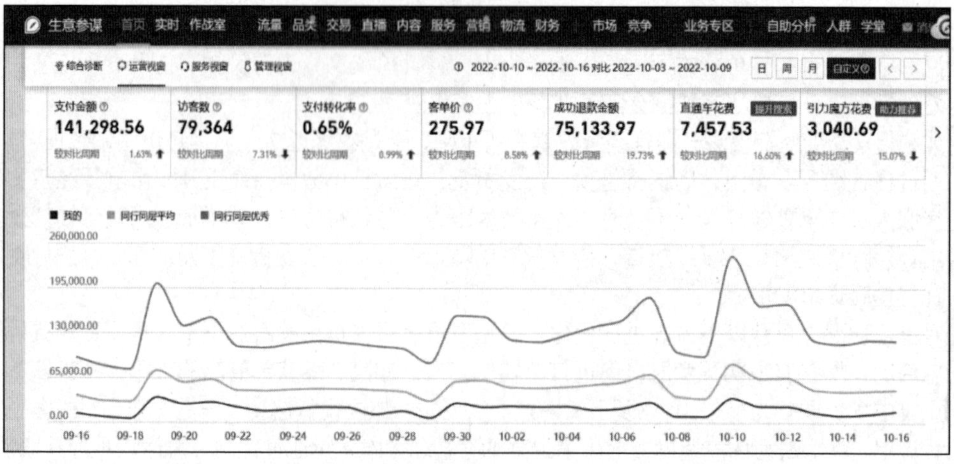

图 6-4　生意参谋中按周查询每日订单交易数据的功能界面

1.1.4　订单支付金额数据分析

订单支付金额（销售额）为访客数、支付转化率及客单价的乘积。其中，访客数与商品展现量及点击率相关，受商品的搜索排名、价格、主图设计等因素影响。支付转化率与商品主图、店铺首页、商品详情页设计、促销活动、客户评价等密切关联，反映商品对访客的吸引力。客单价与商品价格、促销活动等紧密相关，反映平均每个客户（订单）的支付金额。

促使订单成交是电商经营的主要目的之一，在具体运营过程中，卖家需要时刻关注订单支付金额数据，并根据市场变化情况，及时调整销售策略。例如，某女装店监测发现 10 月 10 日—23 日店铺订单支付金额明显下降，如图 6-5 所示，通过折线图对比分析发现，近期订单支付金额下降与支付转化率低密切相关。卖家据此进一步分析支付转化率下降的原因，将提高支付转化率作为方向来优化运营策略。

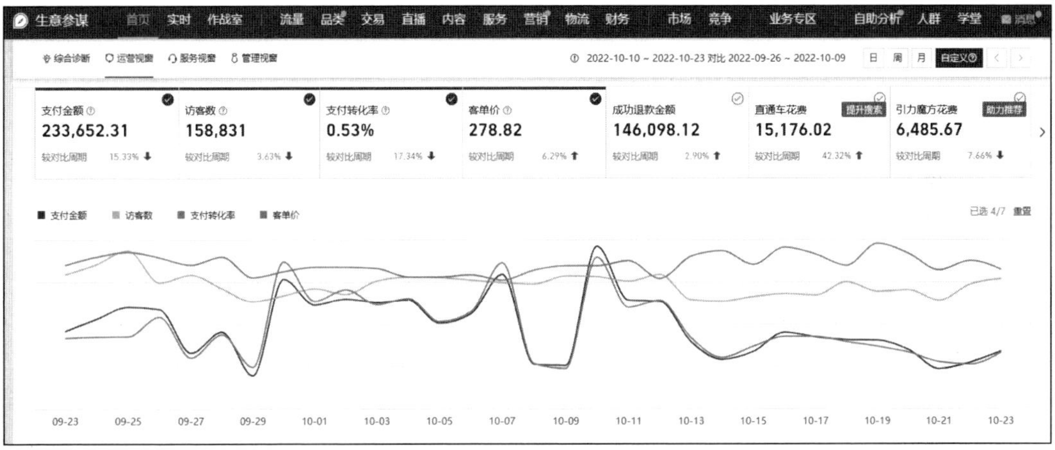

图 6-5　生意参谋中查询支付金额、访客数、支付转化率及客单价的功能界面

1.1.5　任务实战：订单数据分析

任务目标

1. 能够分析一段时间内订单的变化情况，探索客户下单的时间规律。
2. 能够根据订单数据分析结果提出优化店铺运营的方案。

任务背景

1 月底是女装行业换季的关键时期，某女装店正紧锣密鼓地调整店铺商品，测试春季衣服的潜力款式。运营人员收集了店铺的订单数据，按订单状态汇总近 1 周的数据，如表 6-1 所示；按每日订单的支付金额及访客数，汇总近 3 周的数据，如表 6-2 所示。

表 6-1　　某女装店订单状态汇总表

时间	待付款订单数/笔	待发货订单数/笔	待售后订单数/笔	待处理订单总数/笔
2022-1-21	11	157	35	203
2022-1-22	12	165	38	215
2022-1-23	14	173	42	229
2022-1-24	15	184	46	245
2022-1-25	15	189	48	252
2022-1-26	17	193	40	250
2022-1-27	18	198	45	261

表 6-2　　某女装店支付订单情况表

时间	支付金额/元	访客数/人	时间	支付金额/元	访客数/人
2022-1-7	8869.07	2201	2022-2-18	12352.21	2738
2022-1-8	9519.98	2460	2022-2-19	8913.10	2205
2022-1-9	10281.58	2322	2022-2-20	9583.10	2237
2022-1-10	11104.11	2484	2022-2-21	9409.20	2335
2022-1-11	11992.44	2658	2022-2-22	10099.75	2610
2022-1-12	8653.50	2141	2022-2-23	10907.73	2463
2022-1-13	9303.98	2171	2022-2-24	11780.35	2635
2022-1-14	9135.15	2267	2022-2-25	12722.78	2820
2022-1-15	9805.58	2534	2022-2-26	9180.49	2272
2022-1-16	10590.03	2391	2022-2-27	9870.59	2304
2022-1-17	11437.23	2559	—	—	—

任务分析

订单分析是店铺日常运营监测的重要内容之一，须从订单状态角度，分析一定时间内不同状态订单的变化情况，掌握店铺的经营状态；从订单支付时间角度，观察一段时间内支付订单的变化规律，以便更好地安排商品上下架时间。

任务操作

步骤 1：根据表 6-1，按照不同订单状态，绘制柱状图，观察不同状态订单的变化情况，分析店铺经营状态，填写表 6-3。

表 6-3　　不同状态订单的变化趋势及特征

指标	变化趋势及特征描述
待处理订单总数	
待支付订单数	
待发货订单数	
待售后订单数	

步骤 2：分析订单状态发生变化的原因，提出有针对性的优化建议。

____

____

____

步骤 3：根据表 6-2，按照时间绘制由柱状图及折线图组成的组合图，并观察这段时间支付金额及访客数的变化规律，填写表 6-4。

表 6-4　　支付金额及访客数变化规律

指标	变化规律
支付金额	
访客数	

步骤 4：根据支付金额及访客数的变化规律，提出网店运营优化的建议。

____

____

____

任务 1.2　交易数据分析

从商品销售结构、售罄率、交易客户结构等维度及时分析销售过程中存在的问题，有助于准确了解营销计划执行结果，提高销售业绩及服务水平。

1.2.1　商品销售结构分析

商品销售结构是指在一段时间内，不同商品在销售量或销售额上的比例构成。通过分析商品销售结构，运营人员可以及时了解店铺的收入来源，以此调整销售策略。某品牌女装店 3 月主要商品销售情况如表 6-5 所示。计算销售额，用饼图可视化显示各商品销售额占比，如图 6-6 所示。结果显示，店铺销量前 5 名的商品销售额合计占比达 62%，其中，销量前 3 名均为连衣裙，销售额合计占比达 46%。据此，该店铺应加快连衣裙品类的选款及上架，并加大对该类商品的推广力度。

表 6-5　　某品牌女装店主要商品销售情况表

商品标号	销售额/元	销售量/件	单价/元
白色连衣裙	68970.00	285	242
学院风连衣裙	40848.00	184	222
联名款连衣裙	34902.00	126	277
荷叶边衬衣	28548.00	122	234
涂鸦上衣	21594.00	183	118
其他	119502.00	273	—

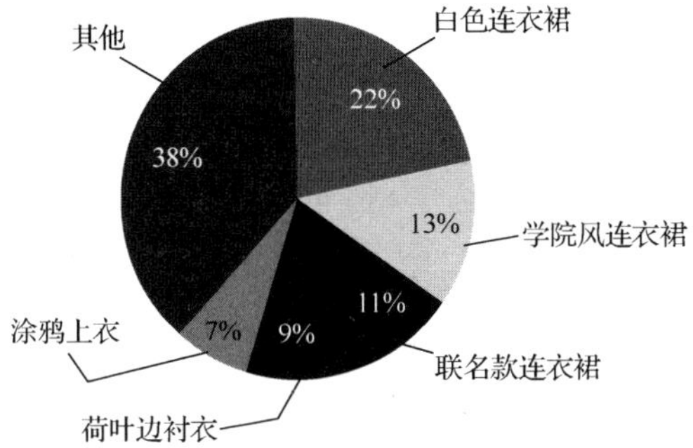

图 6–6　某品牌女装店商品销售结构图

1.2.2　售罄率分析

售罄率是指一定时间内某商品的销售量占总进货量的比例，反映商品销售速度及上市后的受欢迎程度。分析该指标有助于确定商品销售过程中存在的问题，以便及时采取措施。

某品牌女装店 3 月的商品销售进度情况如表 6-6 所示。计算各商品的累计销售量及售罄率，并用条形图进行可视化显示，如图 6-7 所示。结果显示，3 款连衣裙销售情况均较好，需要适当补货。两款上衣销售情况一般，需要加大促销力度，减少库存积压。

表 6-6　　某品牌女装店商品销售进度情况

商品标号	进货量/件	第 1 周销售量/件	第 2 周销售量/件	第 3 周销售量/件	第 4 周销售量/件
白色连衣裙	100	25	23	29	18
学院风连衣裙	100	23	22	18	22
联名款连衣裙	100	22	18	19	20
荷叶边衬衣	100	18	16	15	16
涂鸦上衣	100	19	20	16	15

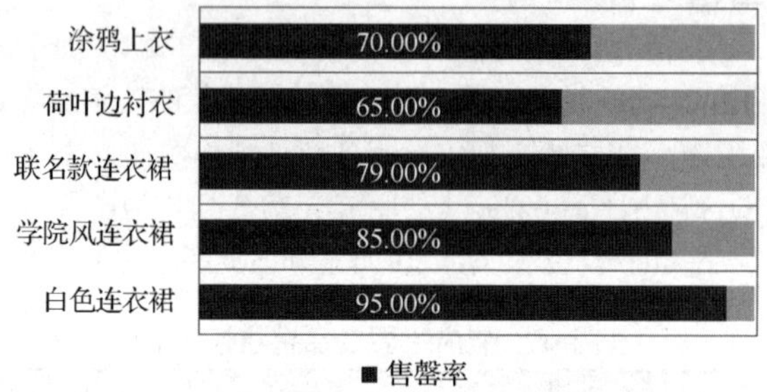

图 6-7　某品牌女装店商品售罄率分析

数据思维

大数据助推可口可乐销售量增长

近年来，可口可乐推出“快乐昵称瓶”，将一些流行称呼或昵称印到可乐瓶身上，形成了该品牌新的包装风格。

可口可乐与第三方大数据公司 AdMaster（精硕科技）合作，通过捕捉社交媒体的数据，从中提取出使用频率最高的、充满正能量的词印在可乐瓶身上的醒目位置，引起客户的情感共鸣，促使其产生购买行为。“快乐昵称瓶”推出首年，获得了“中国艾菲奖”，可口可乐的销售量也随之提高了 20%。

大数据时代，企业有效利用数据，通过数据洞察市场，掌握消费需求，推出适销对路的商品，才能切实提升运营成效。

1.2.3　交易客户结构分析

在店铺运营过程中，卖家除了分析商品对销售额的贡献之外，还需要重点关注不同客户对销售额的贡献；对新客户重点关注连带率，对老客户则重点关注复购率。连带率是指客户平均每次消费的商品件数，会对客单价产生影响。复购率是指再次购买商品的老客户数占老客户总数的比率，反映客户对品牌的忠诚度。

某品牌女装店 2—3 月的销售来源情况如表 6-7 所示。对 2、3 月的销售额按照新老客户进行拆解，结果如图 6-8、图 6-9 所示。结果显示，2、3 月新客户销售额贡献度分别为 67.35%和 68.35%，说明该店铺销售额的主要来源是新客户。对比发现，3 月销售额环比下降了 15.08%，而且新老客户的销售额同步下降。原因是 3 月提高了用于引流的促销套餐价格，导致其对新客户的吸引力下降，进店新客户减少了 110 人；而且也下调了老客户的商品折扣，导致老客户复购率下降，复购人数减少了 14 人。据此，该店铺应该优化针对新客户的引流套餐，加大对老客户的优惠力度，从而吸引新客户、留住老客户。

表 6-7　　某品牌女装店 2—3 月销售来源情况

数据指标	2 月	3 月
月销售额/元	121300	103004
新客户销售额/元	81700	70400
老客户销售额/元	39600	32604
新客户客单价/元	190	220
老客户客单价/元	132	114
老客户购买商品平均标价/元	150	120
老客户平均折扣	88%	95%
新客户数/人	430	320
老客户数/人	300	286
新客户连带率/件	2	2
新客户平均件单价/元	95	110
老客户总数量/人	1000	1430
老客户复购率	30%	20%

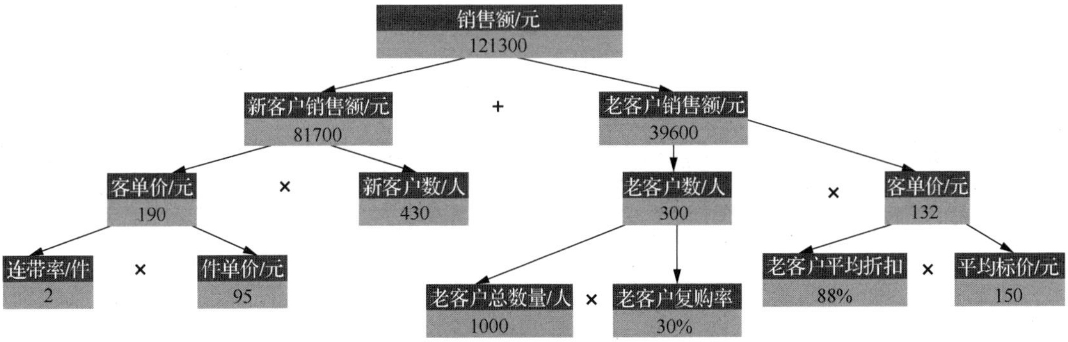

图 6-8　某品牌女装店 2 月销售额拆解

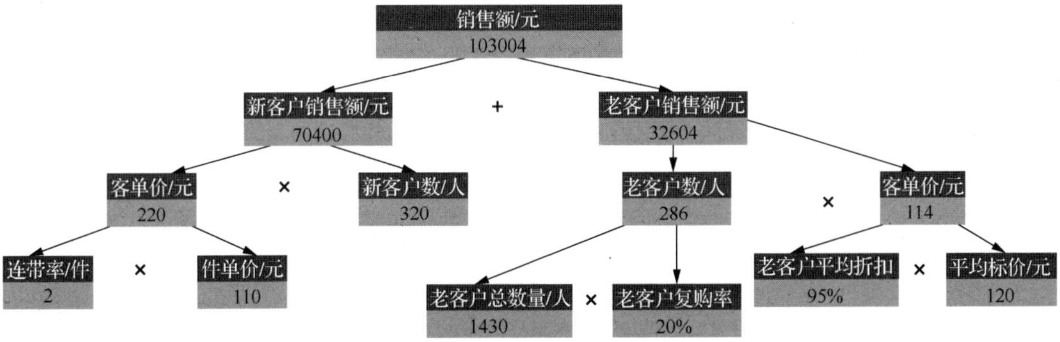

图 6-9　某品牌女装店 3 月销售额拆解

数据思维

销售数据分析的主要维度及方法

销售数据分析是网店数据分析的重点之一，卖家可以遵循以下维度及方法进行。

维度 1：分析是哪个品类的数据发生了变动。关注运营过程中哪类或者哪几类商品的销售数据发生变动，从而对网店整体经营造成较大影响。

维度 2：分析是哪个区域发生了变动。分析引起数据变动的销售区域在哪里，是整体销售区域都发生了变动，还是局部销售区域发生了变动。

维度 3：分析是哪个渠道发生了变动。分析引起数据变动的主要渠道是哪些，每个渠道数据变动的比例各是多少。

通过对以上 3 个维度的分析，卖家可以判断销售数据变动的基本情况，为精准判断销售业绩变动的原因提供依据。

1.2.4 任务实战：交易数据分析

任务目标

1. 能够分析不同商品对店铺销售额的贡献度。
2. 能够分析不同商品的售罄率。
3. 能根据商品的贡献度及售罄率提出优化网店运营的策略。

任务背景

5 月底，夏季女装开始热销，某女装店 5 月销售总额达 214364 元。运营人员计划根据销售数据，优化整个店铺夏季商品的推广方案，于是收集了该店铺 5 月的热销商品销售数据，初步汇总后如表 6-8 所示。

表 6-8 某女装店热销商品销售数据

商品名称	进货量/件	第 1 周销售量/件	第 2 周销售量/件	第 3 周销售量/件	第 4 周销售量/件	单价/元
纯色连衣裙	180	35	38	43	48	242
日韩风连衣裙	180	36	33	38	40	222
英伦风短裙	150	32	38	38	40	277
荷叶边衬衣	120	20	18	22	24	234
涂鸦上衣	150	29	25	20	15	118
牛仔超短裤	200	45	48	43	40	120

任务分析

分析店铺热销商品销售数据，首先需关注商品对店铺销售总额的贡献度；其次需要关注商品的售罄率，掌握商品的销售速度，做好商品的进货安排；最后需要根据分析结果，提出商品推广的优化建议。

任务操作

步骤 1：根据表 6-8，对 5 月的热销商品销售量进行汇总，计算商品销售额及其对店铺销售总额的贡献度，填写表 6-9。

表 6–9　　商品销售情况分析

商品名称	销售总量/件	销售额/元	贡献度
纯色连衣裙			
日韩风连衣裙			
英伦风短裙			
荷叶边衬衣			
涂鸦上衣			
牛仔超短裤			
销售总额	—		—

步骤 2：根据步骤 1 的计算结果，绘制饼图并分析，依此提出店铺商品推广的优化建议。

____

____

____

步骤 3：根据表 6-8 计算店铺 5 月的热销商品销售总量，并结合进货量计算售罄率，填写表 6-10。

表 6–10　　商品售罄率分析

商品名称	销售总量/件	进货量/件	售罄率
纯色连衣裙			
日韩风连衣裙			
英伦风短裙			
荷叶边衬衣			
涂鸦上衣			
牛仔超短裤			

步骤 4：根据步骤 3 的计算结果，绘制柱状图并分析，依此提出店铺商品推广的优化建议。

____

____

____

任务 1.3　利润分析

利润是电商运营成效的最终体现，实现利润最大化是网店经营的重要目的。分析利润变化的影响因素，有助于网店优化运营，提高利润率，更好地实现商业价值。

1.3.1　利润与利润率概述

利润反映网店及其商品的盈利能力，利润分析可以分为 3 个层次：毛利及毛利率分析、净利润及净利润率分析、成本费用利润率分析。

（1）毛利及毛利率分析。毛利是销售收入与销售成本之差，毛利率是毛利占销售收入的比率，该指标表示销售收入扣除销售成本后，有多少资金可以用于支付各项期间费用和形成盈利。毛利率体现了获利的基础和空间。

$$毛利=销售收入-销售成本$$

$$毛利率=\frac{销售收入-销售成本}{销售收入}\times 100\%$$

（2）净利润及净利润率分析。净利润是企业营业总收入与各项成本费用之差，净利润率是指净利润同营业总收入的比率，该指标用以衡量企业一定时期内获利的能力。分析净利润率的变化，有助于企业在扩大销售的同时改善运营管理，提高盈利水平。

$$净利润=营业总收入-各项成本费用$$

$$净利润率=\frac{净利润}{营业总收入}\times 100\%$$

（3）成本费用利润率分析。成本费用利润率是指净利润与各项成本费用的比率，它是全面考核企业各项成本费用所取得的收益的指标，反映企业投入相应成本所能获得利润的多少。成本费用利润率越高，表明投入成本的利润效果越好，盈利水平越高。

$$成本费用利润率=\frac{净利润}{各项成本费用}\times 100\%$$

1.3.2 单品利润分析

电商数据化运营需关注单个商品或商品组合的毛利率情况。网店常见的单品为引流款、“爆款”和利润款。通常引流款相对低价，用于吸引客户，毛利率较低，甚至会亏损；“爆款”是根据市场需求推出的热销单品，一般有一定的毛利率；利润款主要用于保障网店的整体盈利能力，毛利率较高。分析单品的毛利率及其毛利对网店整体毛利的贡献度，可以帮助运营人员完善价格策略，优化商品组合，提升网店盈利能力。

某品牌女装店 3 月制定了春季商品组合，具体销售情况如表 6-11 所示。已知该店 3 月总销售额为 1368224 元，总销售成本为 841984 元，毛利为 526240 元，毛利率为 38.46%。

表 6-11　　某品牌女装店 3 月商品组合销售情况表

款式	单价/元	销售量/件	单件销售成本/元	库存量/件
引流款	88	1254	75	20
“爆款”	238	1860	150	200
利润款	328	880	158	300

再根据销售情况对单品的毛利率及贡献度进行分析，如表 6-12 所示，可看出该商品组合比较成功。引流款虽然毛利率低，但引流效果明显。“爆款”毛利率为 36.97%，接近网店整体毛利率，销售情况良好，对整体毛利的贡献度达 31.10%。利润款毛利率为 51.83%，远高于网店整体毛利率，对整体毛利的贡献度达 28.43%，起到了稳定网店整体毛利率的作用。与此同时，网店运营人员发现，引流款库存较少，春季服饰换季时间临近，“爆款”及利润款库存较多，特别是利润款消化周期较长。据此，网店运营人员应及时补充引流款库存，对“爆款”及利润款进行降价处理，并根据夏季服饰需求，重新制定“爆款”及利润款组合。

表 6-12　　某品牌女装店 3 月商品组合利润分析表

款式	销售收入/元	销售成本/元	毛利/元	毛利率	贡献度
引流款	110352	94050	16302	14.77%	3.10%
“爆款”	442680	279000	163680	36.97%	31.10%
利润款	288640	139040	149600	51.83%	28.43%
其他	526552	329894	196658	37.35%	37.37%
网店总体情况	1368224	841984	526240	38.46%	—

1.3.3　网店整体利润分析

网店整体利润分析需关注净利润的变化及总成本的结构，影响净利润的两大因素分别是总收入和总成本。要实现利润最大化，必须“开源节流”，比较好的做法是提高销售额，降低总成本。一般情况下，运营人员都会通过降低总成本来提升利润。

影响网店总成本的主要因素包括：人力成本、固定成本、营销成本、商品成本、退换货损利、尾货滞销损利及平台扣点费用等。

（1）人力成本是指网店经营过程中，使用劳动者所支付的直接费用及间接费用的总和。

（2）固定成本又称固定费用，是指在一定时期和一定业务量范围内，不受业务量增减变动影响而能基本保持不变的支出。就网店而言，固定成本主要包括场地租金、办公费用、水电费等。

（3）营销成本是指开展营销活动所支付的直接成本及间接成本的总和。就网店而言，营销成本主要包括推广费用、物料费用及赠品成本等。

（4）商品成本又称销售成本，是总成本的关键组成部分之一，是指销售商品相关的费用总和。就网店而言，商品成本一般包括采购成本、包装成本及物流成本等。

（5）退换货损利是指因退换货产生的各类费用总和。网店经营不可避免地会产生售后订单，而处理售后订单产生的费用对网店来讲是一种损失。就网店而言，退换货损利一般包括卖家发货费用及弥补买家运费。

（6）尾货滞销损利是指处理尾货导致的亏损及各类费用之和。由于市场需求变化，网店需要对滞销商品进行低价处理，尾货处理的价格通常低于该商品的成本，因此造成损失。就网店而言，尾货滞销损利一般为尾货成本减去处理尾货收入。

（7）平台扣点费用是指电商平台根据网店销售额收取的一定比例的费用，但有些平台不会收取该费用，如淘宝平台。

分析网店整体利润时，运营人员可根据各项成本对利润进行拆分，分析成本结构的变化及利润的影响因素，再据此加强管理，提升网店盈利能力。

某品牌女装店对 2—3 月的利润进行分解，如图 6-10、图 6-11 所示，通过分析发现，3 月该店营业额环比增长 12.5%，但净利润仅增长 0.98%。为此，运营人员对该店的成本结构进行分析，制作了 2 月、3 月的成本结构对比图，如图 6-12 所示。观察发现，与 2 月相比，3 月营销成本特别是推广费用明显增加，但未能带来相应的营业额增长，导致 3 月净利润增长不明显。据此，该网店优化推广方案，提高推广费用的效益。

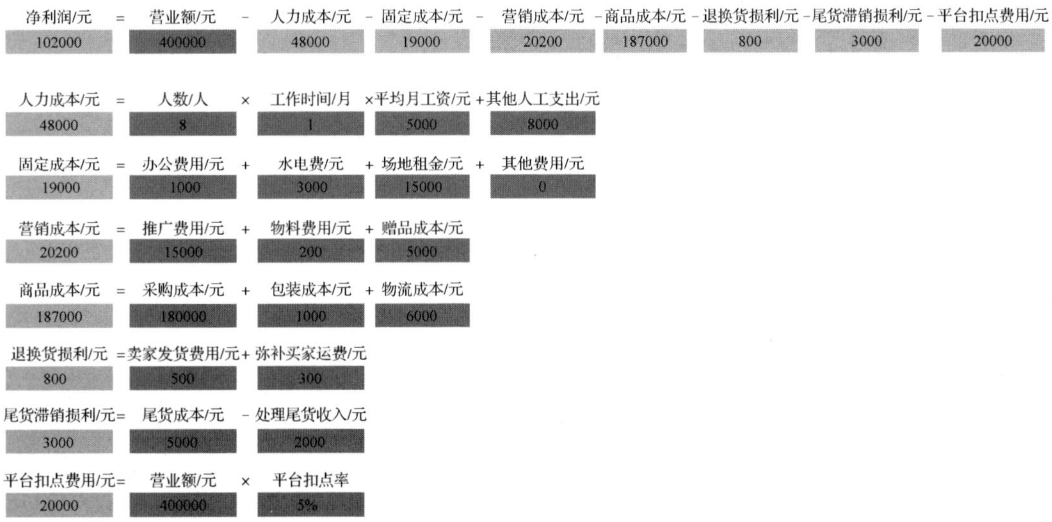

图 6-10　某品牌女装店 2 月利润分解图

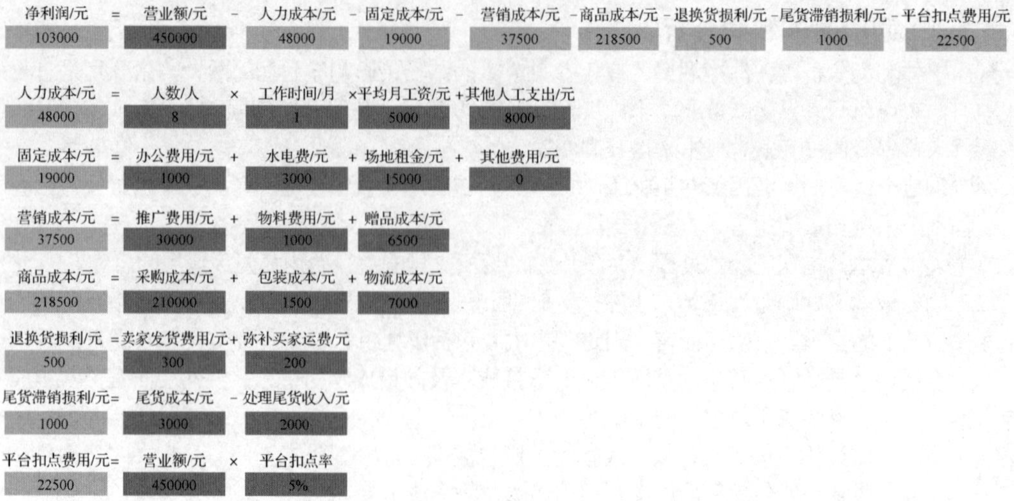

图 6–11　某品牌女装店 3 月利润分解图

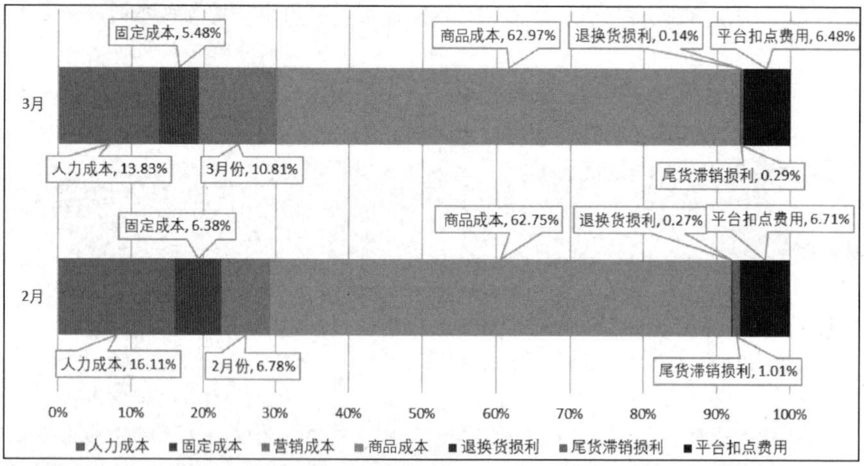

图 6–12　某品牌女装店 2 月、3 月成本结构对比图

思考练习

利润是企业经营成效的综合体现，获利则是企业经营的重要目标之一。随着现代商业文明的发展，企业经营者不再单纯地追逐利润及利润的增长。请你结合身边的企业，举例说明除了获利，企业在经营过程中还有哪些目标。

1.3.4　任务实战：利润分析

任务目标

1. 能根据基础数据，计算人力成本、固定成本、营销成本、商品成本、退换货损利、尾货滞销损利、平台扣点费用等各类成本。

2. 能根据各类成本计算网店的净利润。

3. 能对比不同时期成本的结构，找到影响净利润的主要因素，制定提高网店经营效益的方案。

任务背景

净利润是衡量网店经营效益的重要指标。6 月和 7 月是夏季女装的销售旺季，某女装店的运营人员发现净利润出现了一定程度的波动，为进一步了解网店销售情况，其决定对各类成本进行对比分析，并根据网店的成本结构，优化成本支出方案，加强成本控制，提高经营效益。某女装店销售及成本相关数据如表 6-13 所示。

表 6-13　　　　　　　　　某女装店销售及成本相关数据

数据指标	6 月	7 月
营业额/元	350 000	420 000
人数/人	5	5
平均月工资/元	5000	5000
其他人工支出/元	3000	3600
办公费用/元	1000	1000
水电费/元	3000	3000
场地租金/元	8000	8000
推广费用/元	18 000	25 000
物料费用/元	200	500
赠品成本/元	6000	8000
采购成本/元	210 000	250 000
包装成本/元	1000	2000
物流成本/元	6000	7500
退换货卖家发货费用/元	1500	1200
退换货弥补买家费用/元	500	300
尾货成本/元	5000	3000
处理尾货收入/元	3000	2500
平台扣点率	5%	5%

任务分析

利润分析需重点关注成本结构，计算各类成本，了解主要的成本及各类成本的占比，关注成本是否达到预期的目标。运营人员需对 6 月和 7 月的成本结构进行对比分析，了解影响净利润的关键因素，并根据利润分析结果提出优化建议。

任务操作

步骤 1：根据表 6-13 和图 6-13，计算 6 月和 7 月的净利润及各项成本，填写表 6-14。

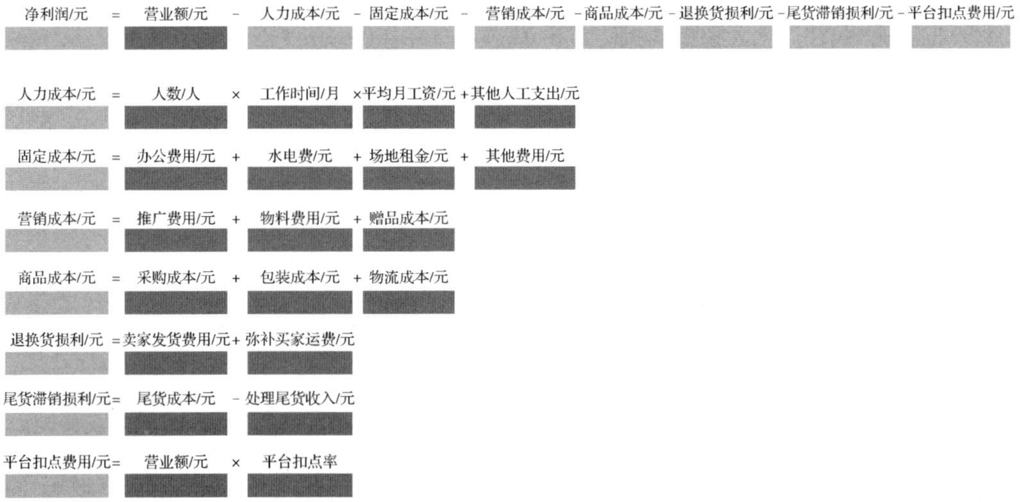

图 6-13　利润分解图

表 6-14　　　　成本和利润分析

数据指标	6月	7月	环比增减幅度
净利润			
营业额			
人力成本			
固定成本			
营销成本			
商品成本			
退换货损利			
尾货滞销损利			
平台扣点费用			

步骤 2：根据表 6-13 计算各类成本的占比，填写表 6-15，并绘制成本结构对比图。

表 6-15　　　　成本结构分析

数据指标	6月	7月
人力成本占比		
固定成本占比		
营销成本占比		
商品成本占比		
退换货损利占比		
尾货滞销损利占比		
平台扣点费用占比		

步骤 3：根据上述步骤，分析净利润变化的影响因素，查找原因并制定提高经营效益的方案。

净利润变化情况：________________________________

____

净利润变化的影响因素：________________________________

____

提高经营效益的方案：________________________________

____

____

____

任务 2 活动销售数据分析

任务 2.1 促销活动认知

电商促销活动包括大型促销活动和日常促销活动。大型促销活动有“双十一”“6 · 18”“双十二”等。除大型促销活动外，在日常经营过程中，为增加平台热度，激发客户购买欲望，各主流电商平台都会借助主要的节日分不同主题开展日常促销活动。运营人员可根据实际情况报名参加不同的活动，以增加网店人气，提高商品销量。淘宝（天猫）平台全年活动如图 6-14 所示，如春节前的“年货节”，3 月的“妇女节”、5 月的“母亲节”、6 月的“儿童节”等。

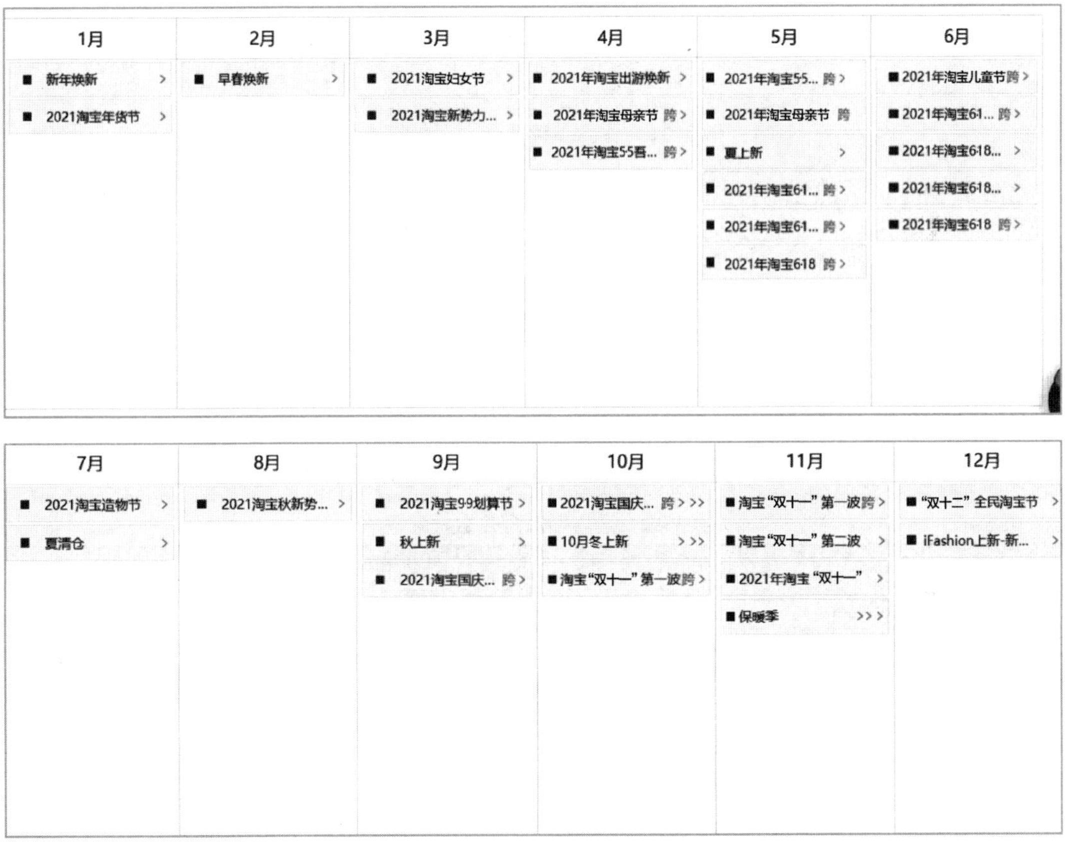

图 6-14 淘宝（天猫）平台全年活动

任务 2.2 促销活动数据分析

参加大型促销活动可在短时间内给网店带来较大的流量，促进商品销售。活动结束后，运营人员则需对活动数据进行分析，复盘活动情况，分析活动是否带动网店商品销售，是否提高网店相关数据，是否达到预期目标，并根据数据分析结果优化网店经营方向及策略，进一步提高网店经营效益。

2.2.1 活动数据采集

各主流电商平台的数据服务工具均提供网店活动数据分析功能。以淘宝为例，卖家登录千牛平台，单击“数据”选项，进入生意参谋，再单击“作战室”选项，打开“数据作战室”页面，可以查询网店参加的各项活动的数据，也可以对活动数据进行对比分析，如图 6-15 所示。

图 6-15　生意参谋活动数据采集界面

2.2.2　活动预热数据分析

活动开始前，电商平台均会加大活动优惠力度，为活动预热。报名参加活动的网店可积极参与预热活动，增加曝光度，吸引流量，锁定目标客户。活动预热需重点关注活动前的流量变化情况以及加购、收藏人数情况。

以某品牌女装店为例，该店报名参加了 2021 年“双十一”活动，运营人员收集了 10 月 29 日—10 月 31 日的活动预热数据，如表 6-16 所示，对 3 天内的活动预热数据进行了分析，如表 6-17 所示，并对数据进行了可视化呈现，如图 6-16 所示。结果显示，活动预热取得初步效果，但预热数据逐日下降，未能达到预期目标，因此该店在活动开始前应优化活动方案，加大活动优惠力度。

表 6-16　某品牌女装店活动预热数据汇总表

数据指标	10 月 29 日	10 月 30 日	10 月 31 日	合计	预期目标
预热总访客数/人	62678	59544	54780	177002	200000
预热加购人数/人	5259	4956	5096	15311	—
预热加购件数/件	6456	6133	5642	18231	20000
预热商品收藏人数/人	4388	4168	3635	12191	—
预热商品收藏次数/次	4889	4644	4072	13605	—
商品预售件数/件	3180	3021	2579	8780	10000
预售支付金额/元	31800	30210	25790	87800	100000

表 6-17　某品牌女装店活动预热数据分析表

数据指标	10 月 30 日较上日增长率	10 月 31 日较上日增长率
预热总访客数/人	−5.00%	−8.00%
预热加购人数/人	−5.76%	2.82%
预热加购件数/件	−5.00%	−8.01%
预热商品收藏人数/人	−5.01%	−12.79%
预热商品收藏次数/次	−5.01%	−12.32%
商品预售件数/件	−5.00%	−14.63%
预售支付金额/元	−5.00%	−14.63%

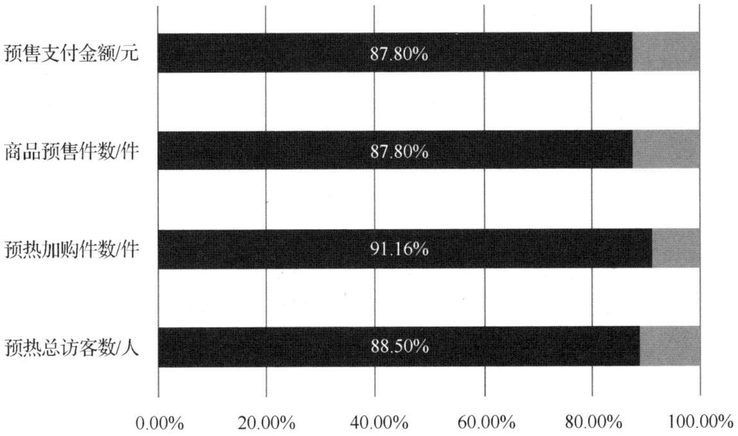

图 6–16　活动预热目标完成情况图

2.2.3　活动核心数据分析

活动结束后，网店应对活动情况进行复盘，检验活动效果并优化经营策略。主流电商平台均提供活动数据分析功能，如生意参谋的“作战室”可查看活动核心数据。运营人员可从活动总销售情况、活动商品销售情况、新客购买情况及退货情况等角度对活动核心数据进行分析。

某品牌女装店参加了 2021 年“双十一”活动，活动结束后，运营人员提取了活动核心数据进行分析，如表 6-18 所示，同时也提取了 2020 年“双十一”活动核心数据，如表 6-19 所示。

表 6–18　某品牌女装店 2021 年“双十一”活动核心数据表

数据指标	数据	数据指标	数据
支付金额/元	1892976.90	支付件数/件	10805
客单价/元	239.74	支付买家数/人	7896
访客数/人	226789	支付转化率	3.48%
活动商品支付金额/元	1884160.10	活动商品支付件数/件	10739
活动商品支付买家数/人	7896	活动商品访客数/人	218529
新买家支付金额/元	1440408.50	支付新买家数/人	6498
人均浏览量/次	5.67	退货金额/元	72721.28

表 6–19　某品牌女装店 2020 年“双十一”活动核心数据表

数据指标	数据	数据指标	数据
支付金额/元	1656354.8	支付件数/件	9616
客单价/元	249.75	支付买家数/人	6632
访客数/人	186647	支付转化率	3.55%
活动商品支付金额/元	1526169.68	活动商品支付件数/件	9231
活动商品支付买家数/人	6632	活动商品访客数/人	183847
新买家支付金额/元	1225702.54	支付新买家数/人	6010
人均浏览量/次	5.54	退货金额/元	66903.57

（1）活动总销售情况分析

运营人员通过对活动总销售情况进行分析发现，2021 年“双十一”活动期间网店整体经营情况较好，支付金额、支付件数、支付买家数、访客数指标同比均有所上涨，同比涨幅分别为 14.29%、12.36%、19.06%、21.51%；但客单价、支付转化率指标则小幅下降，客单价下降了 4.01%，支付转化率从 3.55% 下降至 3.48%，详情如表 6-20 所示。

表 6-20　活动总销售情况分析

数据指标	2021 年	2020 年	同比涨幅
支付金额/元	1892976.90	1656354.80	14.29%
支付件数/件	10805	9616	12.36%
支付买家数/人	7896	6632	19.06%
访客数/人	226789	186647	21.51%
客单价/元	239.74	249.75	-4.01%
支付转化率	3.48%	3.55%	—

（2）活动商品销售情况分析

运营人员对活动商品销售情况展开分析，结果如表 6-21 所示。2021 年活动商品支付金额、支付件数、支付买家数、访客数同比分别增长了 23.46%、16.34%、19.06%、18.86%，增长情况良好。活动商品支付金额、支付件数、支付买家数、访客数占网店整体情况的比重分别为 99.95%、99.39%、100%、96.36%，表明活动商品引流及销售情况良好。

表 6-21　活动商品销售情况分析

数据指标	2021 年	2020 年	同比涨幅
活动商品支付金额/元	1884160.10	1526169.68	23.46%
活动商品支付件数/件	10739	9231	16.34%
活动商品支付买家数/人	7896	6632	19.06%
活动商品访客数/人	218529	183847	18.86%

（3）新客购买情况分析

运营人员对新客购买情况进行分析，结果如表 6-22 所示。新买家支付金额、支付新买家数同比增长了 17.52%、8.12%，分别占网店整体支付金额及买家数的 76.09%、82.29%，这说明活动销售额主要来自新买家，参加活动对新买家的引流效果较好。

表 6-22　新客购买情况分析

数据指标	2021 年	2020 年	同比涨幅
新买家支付金额/元	1440408.5	1225702.54	17.52%
支付新买家数/人	6498	6010	8.12%

（4）退货情况分析

运营人员对退货情况进行分析，结果如表 6-23 所示。退货金额同比增长了 8.7%，但退货率为 3.84%，同比下降了 0.2%。

表 6-23　退货情况分析

数据指标	2021 年	2020 年	同比涨幅
退货金额/元	72721.28	66903.57	8.7%
支付金额/元	1892976.90	1656354.8	14.29%
退货率	3.84%	4.04%	—

2.2.4　活动总结及优化

活动结束后，运营人员应通过数据分析对活动进行全面复盘，为网店后续的健康经营奠定基础，特别是复盘“双十一”活动可为冲刺“双十二”“年货节”等促销活动打下良好基础。活动总结除了关注自身网店数据，还需关注平台、类目、竞争对手等的数据。

上述品牌女装店通过数据分析，对活动整体情况有了全面的了解，具体介绍如下。

一是活动早期的预热效果未达到预期，预热数据逐日下降，说明本次活动对预热商品的安排不符合市场需求，缺少竞争力，需要及时调整。加大优惠力度后，流量明显增多，带动了整体销售量，说明活动期间较大的优惠力度是吸引客户的关键。

二是由于及时优化活动方案，网店在本次活动中表现良好，整体销售情况呈上升趋势。活动商品的销售及引流情况良好，带动了网店整体销售额的增长，同时新买家对网店销售额的贡献度较大，说明网店参加该活动取得了较好的效果。

据此，该网店运营人员在制定“双十二”“年货节”活动方案时，应参照“双十一”活动效果进行相应的调整和优化。

2.2.5　任务实战：“6・18”活动数据分析

任务目标

1. 能够对活动预热数据进行分析。
2. 能够分析活动核心数据，了解网店在活动中的表现。
3. 能对活动进行总结，并提出优化建议。

任务背景

某女装店参加了 2022 年“6・18”活动，希望通过本次活动带动销售，增加人气，为夏秋两季的经营打下基础。活动结束后，运营人员对活动效果进行全面总结，采集了网店活动数据并进行了汇总，如表 6-24、表 6-25 所示。

表 6-24　某女装店“6・18”活动预热数据

数据指标	5 月 29 日	5 月 30 日	5 月 31 日	预期目标
预热总访客数/人	77093	72048	67927	200000
预热加购人数/人	6468	5996	6319	—
预热加购件数/件	7940	7420	6996	20000
预热商品收藏人数/人	5397	5043	4507	—
预热商品收藏次数/次	6013	5619	5048	—
商品预售件数/件	3911	3655	3197	10000
预售支付金额/元	39110	36550	31970	100000

表 6-25　某女装店“6·18”活动核心数据

数据指标	2021 年	2022 年	数据指标	2021 年	2022 年
支付金额/元	2497783.02	2744816.51	支付件数/件	13559	15235
客单价/元	221.93	219.23	支付买家数/人	9797	11133
访客数/人	305824.92	328844	支付转化率	3.20%	3.39%
活动商品支付金额/元	2431508.62	2732032.15	活动商品支付件数/件	13475	15141
活动商品支付买家数/人	11255	12520	活动商品访客数/人	277312	308125
新买家支付金额/元	1984162.71	2088592.33	支付新买家数/人	8612	9162
人均浏览量/次	6.23	5.7	退货金额/元	118860.89	122537

任务分析

一般来说，活动数据包括活动预热数据和活动核心数据。开展活动数据分析，首先需分析活动预热数据，了解活动预热是否达到预期效果；然后重点分析活动核心数据，了解网店在活动中的整体表现；最后根据相关数据，总结活动经验，找出不足，提出优化方案。

任务操作

步骤 1：根据表 6-24，计算主要预热目标的完成情况及活动预热期内各数据指标的变化趋势，填写表 6-26、表 6-27，并用图表可视化呈现。

表 6-26　预热目标完成情况分析

数据指标	合计	预期目标	完成度
预热总访客数/人			
预热加购件数/件			
商品预售件数/件			
预售支付金额/元			

表 6-27　活动预热数据分析

数据指标	5 月 30 日较上日增长率	5 月 31 日较上日增长率
预热总访客数/人		
预热加购人数/人		
预热加购件数/件		
预热商品收藏人数/人		
预热商品收藏次数/次		
商品预售件数/件		
预售支付金额/元		

步骤 2：根据上述分析结果总结活动预热情况，并有针对性地提出优化建议。

____

____

____

步骤 3：从活动总销售情况、活动商品销售情况、新客购买情况、退货情况等角度，对活动核心数据进行分析，填写表 6-28～表 6-31。

表 6-28 活动总销售情况分析

数据指标	2021 年	2022 年	同比涨幅
支付金额/元			
支付件数/件			
支付买家数/人			
访客数/人			
客单价/元			
支付转化率			

表 6-29 活动商品销售情况分析

数据指标	2021 年	2022 年	同比涨幅
活动商品支付金额/元			
活动商品支付件数/件			
活动商品支付买家数/人			
活动商品访客数/人			

表 6-30 新客购买情况分析

数据指标	2021 年	2022 年	同比涨幅
新买家支付金额/元			
支付新买家数/人			

表 6-31 退货情况分析

数据指标	2021 年	2022 年	同比涨幅
退货金额/元			
退货率			

步骤 4：根据步骤 3 对活动核心数据进行分析。

____

____

____

步骤 5：通过活动核心数据分析对活动效果进行全面复盘，并提出网店运营优化建议。

活动总结：____

____

____

网店运营优化建议：____

____

____

同步练习

一、单选题

1. 千牛平台中，用户可从（　　）功能模块查询订单数据。
   A. 商品　B. 交易　C. 店铺　D. 数据
2. 订单支付金额与（　　）指标无关。
   A. 访客数　B. 支付转化率　C. 客单价　D. 商品标价
3. 以淘宝为例，订单状态不包括（　　）。
   A. 待付款　B. 待发货　C. 待售后　D. 待退款
4. 电商平台主要的大型促销活动不包括（　　）。
   A. "6・18"　B. "双十一"　C. "双十二"　D. PLUS 会员日

二、多选题

1. 访客数主要受到（　　）因素影响。
   A. 商品搜索排名　B. 商品价格　C. 主图设计　D. 商品详情页设计
2. 支付转化率与（　　）因素密切相关。
   A. 商品主图　B. 店铺首页　C. 商品详情页设计
   D. 促销活动　E. 支付转化率
3. 利润分析涉及（　　）。
   A. 毛利率　B. 净利润率　C. 成本费用利润率　D. 总利润率
4. 就电商企业而言，固定成本主要包括（　　）。
   A. 场地租金　B. 办公费用　C. 水电费　D. 商品成本
5. 网店运营的总成本主要包括（　　）。
   A. 人力成本　B. 固定成本　C. 营销成本　D. 商品成本
   E. 退换货损利　F. 尾货滞销损利　G. 平台扣点费用
6. 店铺活动过程中，活动预热期主要关注（　　）指标。
   A. 访客数　B. 商品加购数　C. 商品收藏数　D. 预售支付金额

三、判断题

1. 活动能给网店带来的好处：薄利多销、清库存、打造"爆款"商品、引流。（　　）
2. 售罄率反映商品销售速度及上市后的受欢迎程度。（　　）
3. 连带率是指客户平均每次消费的商品件数，对客单价没有影响。（　　）
4. 毛利率体现了获利的基础和空间。（　　）

笔记

项目 7

供应链数据分析

学习目标

知识目标

- 了解库存的基本概念及主要分析方法
- 了解采购管理的内涵及特点
- 了解采购计划制订的依据及采购数据分析的内容

能力目标

- 能对网店商品总体库存量进行分析
- 能快速查找并分析单一商品的库存信息
- 能对采购数据进行分析，并制订采购计划

素质目标

- 增强数据敏感性，通过数据分析优化供应链管理，培养精益求精的工匠精神
- 熟悉库存及采购管理相关的法律法规，培养良好的职业道德
- 加强沟通交流，培养团队合作意识

思维导图

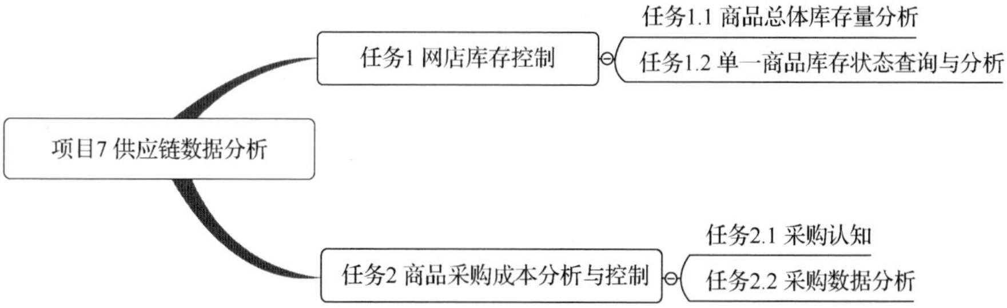

任务导入

京东物流一体化供应链助力家电家居商家降本增效

随着住房改善和家居环境改善需求提升，新型、新式家电家居消费受热捧。相较其他品类，大件家电家居销售渠道业态多元、库存不共享，末端交付难保障、大促备货入仓难，企业面临重重困境。近日，京东物流举办家电家居行业推介会，为行业提供一体化供应链解决方案，助力商家提高销量与降本增效。

一、商品新升级实现仓配一体、正逆一体、送装一体

京东物流针对家电行业重点升级了“仓配一体”和“售后一体化”服务模式，通过前置仓、TC干线送仓、商务仓和省仓的BC仓配+送装一体、备件仓配以及逆向处置服务的一体化供应链解决方案，单一窗口对接，提供一站式服务，有效帮助家电企业减少管理难度，提高协同效率，提升用户体验。

京东物流针对家居行业打造了“城市仓配”一体化服务模式，加大城市末端送装资源投入和能力的提升，包括送装+逆向+维修+保养等一体化服务，并精进家具商品产地始发“一单到底”服务模式，通过库内齐套全品化、末端履约工单化、送装服务一体化、售后服务精细化，来降低履约成本，提升管理效率，降低破损概率，并通过全流程可视化管理，实现全程监控，提升客户满意度，助力品牌销售。

京东物流还通过升级大小件全商品品类、线上线下多销售渠道、正逆向一体的融仓服务模式，打造多渠道库存共享的“一盘货”服务模式，实现各级各渠道库存整合管理，提供场景化、多元化、个性化的解决方案，助力客户降本增效，叠加供应链计划、预测补调等数字化服务，打造高效协同的智慧化供应链，提升企业竞争力，助推增长。

此外，京东物流对多款服务商品进行了全新升级。依托全国大件仓网布局，京东物流对商务仓商品进行了全面升级，平台仓网由7仓升级至13仓，省内订单时效提升1天；提升BC同仓一盘货能力、打造金融专仓，为家电类客户提供仓配一体、正逆一体、送装一体的供应链一体化服务。

二、线上线下多渠道一盘货，助力客户降本增效

京东物流以线上线下多渠道“一盘货”的供应链解决方案，助力客户整合渠道、优化仓网结构、降低运营成本，助力客户整合渠道、优化仓网结构、降低运营成本。

截至2022年12月31日，京东物流已拥有超过200个大件重货仓库及分拣中心，总管理面积超过400万平方米。未来三年，京东物流将努力实现全品类100%送装一体，实现智能预测、补货备货覆盖99%商家，推动供应链履约成本降低20%，通过定义行业服务标准、提升行业数智化水平、降低行业供应链成本，成为引领行业的一体化供应链解决方案提供商。

任务思考：在互联网信息技术变革的推动下，供应链的竞争将成为电商企业竞争的焦点。一体化供应链解决方案将如何助力商家提高销量与降本增效？

任务 1　网店库存控制

电商环境下的供应链借助互联网服务平台，实现交易过程的全程电子化，将商品选择、销售预测、动态补货等环节整合起来，实现“全位一体”，彻底变革传统的上下游商业协同模式，以达到降低成本的目的。库存管理作为供应链管理的一个重要环节，如果出现问题，运营过程中就容易出现断货、超卖、滞销等情况，所以做好库存管理是确保网店正常运营的基础。

任务 1.1　商品总体库存量分析

库存是指处于储存状态的商品。对流通企业而言，库存一般包括用于销售的商品及用于管理的低值易耗品。在电商环境下，库存管理是指对有形商品如服装、家电等进行保管、存取和控制的过程。供应链中库存的存在是为了解决供给与需求之间的不匹配问题，它直接影响整个供应链持有的资产、产生的成本以及响应的快慢。如客户下单后，商品一旦缺货，就会影响订单的履行，因此运营过程中要及时监测和分析库存数据，一方面要准确核对商品数量，另一方面要判断库存结构是否完整、商品数量是否适中、库存是否处于健康水平、库存是否存在经济损失的风险。

1.1.1　库存结构分析

库存结构就是由不同类型的商品构成的相互关联的库存架构，通常由畅销品、平销品、滞销品等组成。畅销品、平销品、滞销品处于动态变化中，因此网店在经营过程中，需要时刻关注库存结构，通过分析各类商品的库存占比，了解库存结构是否符合市场需求，及时调整销售策略，有效提高销售结构与库存结构的匹配度。

6 月是春夏衣服换季销售的高峰期，某女装店数据分析人员收集了库存数据及近一个月的销售数据，如表 7-1 所示；数据分析人员根据原始数据计算库存占比及销售占比，如表 7-2 所示；绘制库存及销售占比对比图，如图 7-1 所示。对比分析显示，短袖连衣裙库存占比与销售占比基本一致，但随着夏季来临，短袖连衣裙销售占比预计将进一步提升，因此需要适当补充库存；长袖连衣裙销售占比比库存占比高 3.54%，预计库存能正常销售完；打底裤库存占比比销售占比高 5.99%，且库存较多，随着春夏换季，打底裤市场需求的款式及厚度有所变化，因此需要加大促销力度，适当减少库存量，优化库存结构。

表 7-1　　某女装店库存及销售数据

商品名称	库存量/条	近一个月销售量/条
短袖连衣裙	600	500
长袖连衣裙	500	480
打底裤	530	350
其他	300	300
合计	1930	1630

表 7-2　　某女装店库存及销售数据对比分析

商品名称	库存占比	销售占比	库销偏差
短袖连衣裙	31.09%	30.67%	-0.42%
长袖连衣裙	25.91%	29.45%	3.54%
打底裤	27.46%	21.47%	-5.99%
其他	15.54%	18.40%	2.86%

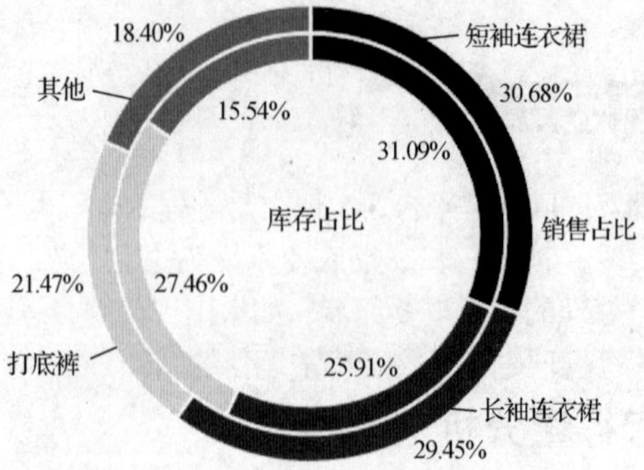

图 7-1 某女装店库存及销售占比对比图

1.1.2 库存数量分析

商品库存数量要保持适中，既要保证商品供应充足，满足日常销售所需，又不能积压，产生较高的仓储成本，因此网店需要对商品库存数量进行分析，为下次入库数量提供数据支持。

可将结余库存与网店的库存标准进行对比，找出库存不足和库存过量的商品，在下次入库时进行调整；还可以参考网店历史数据，根据商品特点调整库存。例如，某款商品进货周期为 7 天，每天销售量约为 100 件，库存数量在 700 件的时候就要准备补货了。再如某服装店夏装销售量相较于秋装多 20%左右，冬装销售量相较于春秋装会少 10%～20%，遇到节假日时销售量往往会增加 30%左右，则库存策略可以根据销售量变化的比例进行调整。

1.1.3 库存健康度分析

库存健康度分析是指针对库存的实际情况，以一定的指标进行测验，以判断库存是否处于健康水平，是否存在经济损失的风险。

进行库存健康度分析时，要控制库存周转为目标库存的 80%～150%，以确保库存处于健康的周转水平；同时，需要将有效期在一半以下的商品、残次品及其他不良库存及时处理掉，将其库存控制为零。

思考练习

零库存管理

20 世纪 80 年代，“零库存”作为一种先进的管理理念，诞生于日本的制造业企业，产生了良好的经济效益，并被企业广泛使用。零库存并不是指以仓库形式储存的某种或某些物品的数量为零，而是通过实施特定的库存控制策略，使各种物品均处于周转状态，从而实现库存量最小化。

零库存管理应当包含以下两层含义：一是库存物品的数量趋于零或等于零；二是库存设施、设备的数量及库存劳动耗费同时趋于零或等于零。零库存是库存结构的合理调整和库存集中化的表现，是库存控制的延续和升华。要做到零库存，既要做好最基本的库存控制，又要制定适宜的库存控制策略。

电子商务时代，随着信息系统及数据管理技术的广泛应用，零库存管理更容易实现，在电商企业中的应用更为广泛。请收集资料，了解哪些电商企业正开展零库存管理，以及零库存管理会对电商企业产生什么作用。

1.1.4 任务实战：总体库存量分析

任务目标

1. 能对网店现有库存量与标准库存量进行对比分析，确保前者保持正常水平。
2. 能根据对比分析结果提出优化库存的建议。

任务背景

某 3C 商品淘宝店需在每月底对库存信息进行分析，以优化库存，保障健康经营。8 月底，数据分析人员收集了库存数据，如表 7-3 所示，将其与该店制定的库存标准量进行对比分析，并据此提出库存优化建议。

表 7-3 某 3C 商品淘宝店 8 月库存数据表

单位：台

商品具体名称	期初数量	入库数量	出库数量	库存标准量
白色平板电脑	17	18	14	15
黑色数码单反相机	14	10	17	15
青色数码单反相机	27	10	16	15
灰色数码单反相机	14	8	15	10
紫色智能手机（5.6 英寸）	24	19	14	25
黑色智能手机（6.0 英寸）	35	20	23	35
白色智能手机（5.4 英寸）	36	29	32	35
紫色智能手机（6.0 英寸）	26	18	14	25

任务分析

分析网店总体库存量时，可根据网店历史经营数据计算库存标准量，并将实际库存量与标准量进行对比，分析各类商品是否库存不足或者库存过量，并据此提出优化库存的建议。

任务操作

步骤 1：根据表 7-3 计算库存的结存数量及其与库存标准量的差值，填写表 7-4。具体计算公式为“结存数量=期初数量+入库数量-出库数量”“差值=结存数量-库存标准量”。

表 7-4 库存差值计算表

单位：台

商品具体名称	结存数量	库存标准量	差值
白色平板电脑			
黑色数码单反相机			
青色数码单反相机			
灰色数码单反相机			
紫色智能手机（5.6 英寸）			
黑色智能手机（6.0 英寸）			
白色智能手机（5.4 英寸）			
紫色智能手机（6.0 英寸）			

步骤 2：根据表 7-4，制作结存数量与库存标准量关系的柱状图，观察图表，填写表 7-5。

表 7-5 各类商品库存特征

商品具体名称	库存分析结论
白色平板电脑	
黑色数码单反相机	
青色数码单反相机	
灰色数码单反相机	

续表

商品具体名称	库存分析结论
紫色智能手机（5.6 英寸）	
黑色智能手机（6.0 英寸）	
白色智能手机（5.4 英寸）	
紫色智能手机（6.0 英寸）	

步骤 3：根据以上分析结果提出优化库存的相关建议。

____

____

____

____

任务 1.2　单一商品库存状态查询与分析

随着网店经营逐步成熟，商品 SKU 通常会逐渐增多，库存管理需要做到精细化。在库存数据中，数据分析人员除了关注网店整体库存情况外，还要对单一商品库存状态进行快速查询与分析。

1.2.1　单一商品库存状态查询

当商品 SKU 达到一定数量时，如果在繁杂的库存数据中逐一查询，不仅费时费力，操作也比较烦琐。因此，数据分析人员可通过专门的查看和分析工具，查阅指定商品的库存情况，并使用图表进行分析和展示。

通过 Excel 快速查找、分析单一商品库存数据，可按照快速查询指定商品、指定商品库存数据引用、图表可视化显示 3 个步骤完成。下面以销售 3C 商品的某天猫店为例，开展单一商品库存状态查询与分析。

（1）快速查询指定商品

数据分析人员收集了店内商品的库存数据，形成了相关的库存数据表，并设置了库存商品快速查询和分析区，如图 7-2 所示。

商品	品牌	类型/尺寸	颜色	单位	原有库存	入库	订单库存	出库	结存数量
智能手机	华为	5.4英寸	白色	台	7	6	3	6	7
智能手机	华为	5.5英寸	红色	台	10	5	2	4	11
智能手机	华为	6.0英寸	青色	台	6	6	4	5	7
智能手机	华为	5.4英寸	黑色	台	6	8	3	6	8
数码单反相机	佳能	高端	红色	台	8	6	4	3	11
数码单反相机	佳能	入门	紫色	台	8	8	2	5	11
智能手机	vivo	5.9英寸	灰色	台	7	9	1	4	12
智能手机	vivo	5.4英寸	青色	台	7	9	3	3	13
智能手机	vivo	6.0英寸	黑色	台	7	7	1	4	10
平板电脑	联想	8英寸	紫色	台	6	7	2	6	7
平板电脑	联想	8英寸	粉色	台	7	11	4	4	14
平板电脑	联想	6英寸	灰色	台	7	9	3	3	13
智能手机	三星	5.6英寸	紫色	台	4	9	4	4	9
智能手机	三星	6.0英寸	黑色	台	5	10	2	3	12
智能手机	三星	5.4英寸	白色	台	6	9	4	2	13

库存商品快速查询和分析区

商品全称	原有库存	订单库存	入库	出库	结存数量	备注

图 7-2　某 3C 商品天猫店商品库存数据

步骤 1：找出商品相关属性，形成商品全称，确保商品全称的唯一性。具体计算过程如下：在 E 列右侧插入空白列，在 F2 单元格中输入公式“=A2&B2&C2&D2”，使用连接符“&”将商品的 4 个相关属性连接在一起形成商品全称，保证商品全称唯一且可识别，再将运算结果填充到整列，结果如图 7-3 所示。

图 7–3　增加商品全称

步骤 2：设置有效性条件，在 A22 单元格中单击“数据”选项卡中的“数据工具”组中的“数据验证”按钮，打开“数据验证”对话框，将“允许”设置为“序列”，数据集来源选择 F2:F16 数据区域，如图 7-4 所示，单击“确定”按钮后可以看到“商品全称”下拉列表中各商品的名称，可以选择要查询的商品。

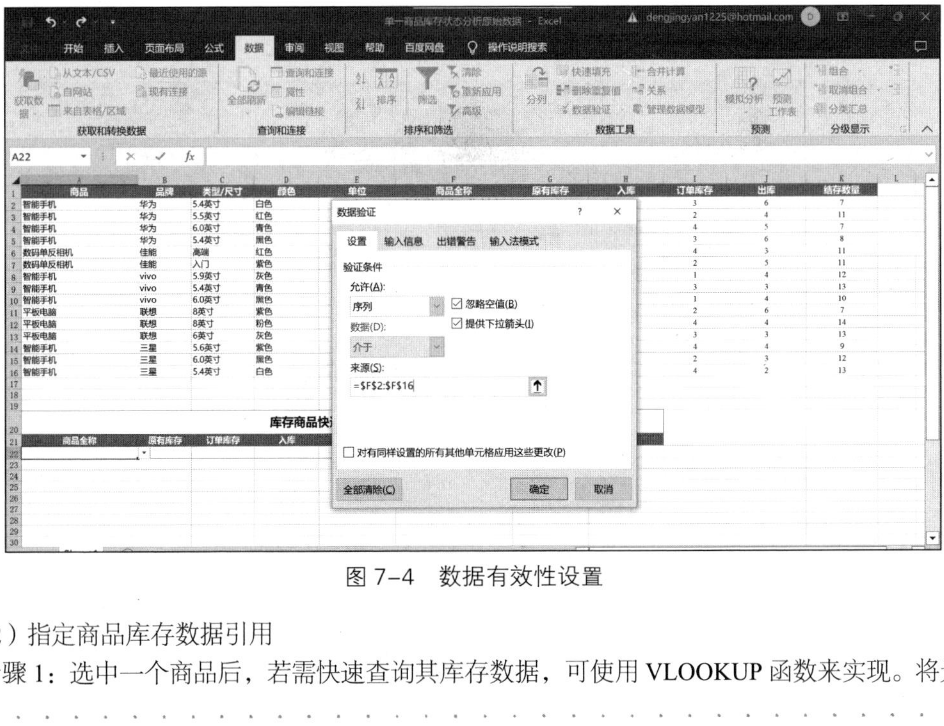

图 7–4　数据有效性设置

（2）指定商品库存数据引用

步骤 1：选中一个商品后，若需快速查询其库存数据，可使用 VLOOKUP 函数来实现。将光标定位在 B22 单元格中，在 VLOOKUP 函数的“函数参数”对话框中设置参数，第 1 个参数是查找区域，对应的是已选择的商品名称，因此选择 A22 单元格；第 2 个参数是查找和引用区域，对应的是 F2:K16 数据区域；第 3 个参数是指要引用的“原有库存”数据在选定区域中的第几列，这里是第 2 列，所以输入参数 2；第 4 个参数是匹配方式，选择 0。上述设置过程的完整公式为“=VLOOKUP(A22,F2:K16,2,0)”，如图 7-5 所示，单击“确定”按钮后便可得出结果。其他的数据分别在选定区域中的第 3、4、5、6 列，可参照上述公式进行计算，最后检查调用显示的数据与原数据是否一致。

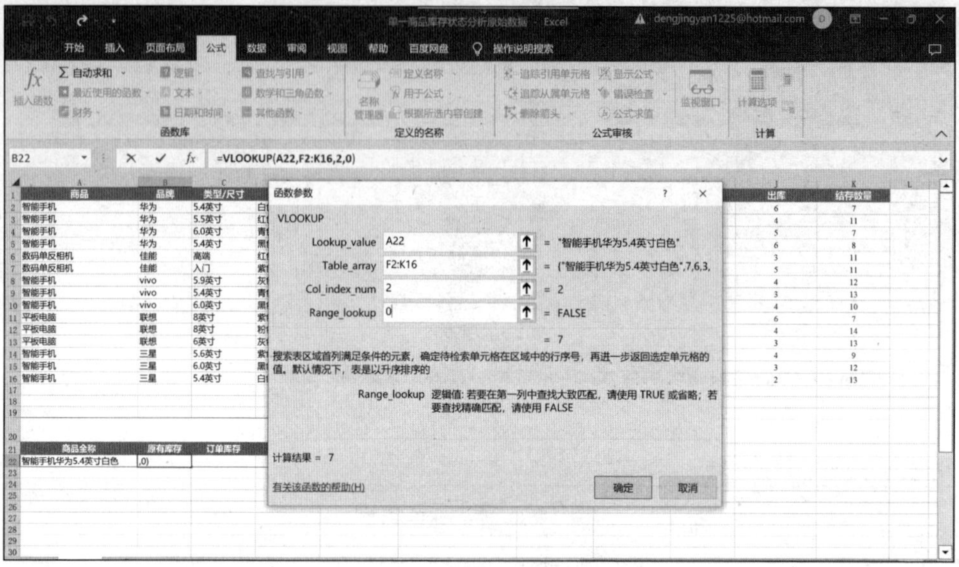

图 7-5　库存数据查找

步骤 2：为了智能提示每个商品的库存状态，可以通过 IF 函数在“备注”列进行设置。设置的思路是，将结存数量划分为不同的区间，小于 0 就提示需补货，0～10 为正常值，大于 10 就提示库存积压。选中 H22 单元格，手动插入两个嵌套的 IF 函数，公式为“=IF(G22<=0,"需补货",IF(G22>=10,"库存积压","正常"))”，输入完成后按 Enter 键，即可在“备注”列显示相应的信息，如图 7-6 所示。

图 7-6　库存状态查询

（3）图表可视化显示

查询库存数据后，应用图表对选中的商品库存数量进行可视化呈现，选中 A21:G22 单元格区域，插入柱形图，调整图表大小，即可看到该款商品的库存信息，如图 7-7 所示。当切换至其他商品时，数据和图表也会同步更新，这样便可详细了解和分析任一商品的库存信息。

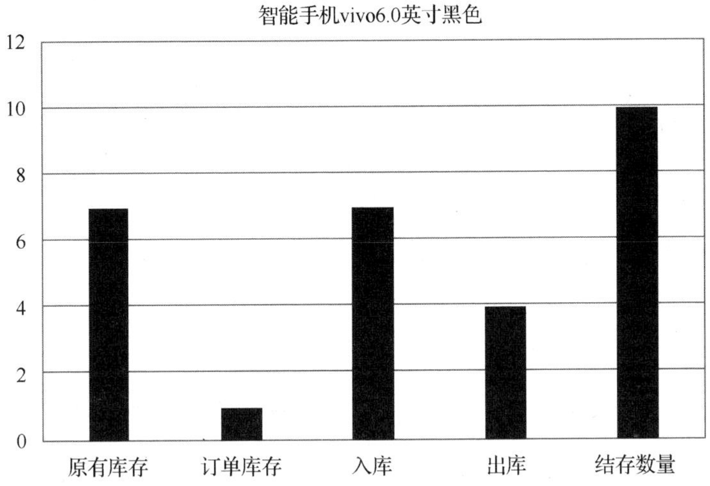

图 7–7 单一商品库存数据图

最后对图表进行优化。为了不影响原表格中的数据，实现上述功能后，可将新增的“商品全称”列进行隐藏。

1.2.2 任务实战：单一商品库存状态查询与分析

任务目标

1. 对库存数据表中指定商品的库存情况进行查询与分析，并对库存状态进行标注。
2. 根据库存数据查询结果，提出商品库存管理建议。

任务背景

某品牌电子商品天猫店在每月底进行库存盘点，对各商品的库存信息进行查询与分析，以优化库存，制订下个月的进货计划，保障供应链的稳定性。8 月底，数据分析人员收集了商品库存数据，如表 7-6 所示。为准确了解各商品的库存情况，需快速查询各商品的库存数据，并对库存数据进行分析，结合网店运营状况提出有针对性的库存管理建议。

表 7–6 某品牌电子商品天猫店 8 月库存数据

商品	品牌	类型/尺寸	颜色	单位	原有库存	入库	订单库存	出库	结存数量
平板电脑	华为	6 英寸	白色	台	6	8	3	6	8
平板电脑	华为	7 英寸	灰色	台	10	6	4	6	10
平板电脑	华为	11 英寸	红色	台	7	7	5	4	10
平板电脑	华为	7 英寸	紫色	台	6	8	4	3	11
平板电脑	华为	7 英寸	粉色	台	6	9	2	4	11
智能手机	华为	6.0 英寸	金色	台	5	6	4	2	9
智能手机	华为	5.6 英寸	黑色	台	6	10	4	5	11

续表

商品	品牌	类型/尺寸	颜色	单位	原有库存	入库	订单库存	出库	结存数量
智能手机	华为	5.6 英寸	青色	台	5	9	4	7	7
智能手机	华为	5.4 英寸	白色	台	7	6	3	6	7
智能手机	华为	5.5 英寸	红色	台	10	5	2	4	11
智能手机	华为	6.0 英寸	青色	台	6	6	4	5	7
智能手机	华为	5.4 英寸	黑色	台	6	8	3	6	8
笔记本电脑	华为	13 英寸	银色	台	4	7	2	4	7
笔记本电脑	华为	14 英寸	黑色	台	8	6	4	3	11
笔记本电脑	华为	15 英寸	黑色	台	8	8	2	5	11

任务分析

在库存数据表中查询单一商品库存信息时，可将数据验证功能与 VLOOPUP 函数、IF 函数结合起来使用，以实现对任一商品库存数据的调用，以及对调用数据的可视化处理。

任务操作

步骤 1：设置“库存商品快速查询和分析区”，如图 7-8 所示。

商品	品牌	类型/尺寸	颜色	单位	原有库存	入库	订单库存	出库	结存数量
平板电脑	华为	6英寸	白色	台	6	8	3	6	8
平板电脑	华为	7英寸	灰色	台	10	6	4	6	10
平板电脑	华为	11英寸	红色	台	7	7	5	4	10
平板电脑	华为	7英寸	紫色	台	6	8	4	3	11
平板电脑	华为	7英寸	粉色	台	6	9	2	4	11
智能手机	华为	6.0英寸	金色	台	5	6	4	2	9
智能手机	华为	5.6英寸	黑色	台	6	10	4	5	11
智能手机	华为	5.6英寸	青色	台	5	9	4	7	7
智能手机	华为	5.4英寸	白色	台	7	6	3	6	7
智能手机	华为	5.5英寸	红色	台	10	5	2	4	11
智能手机	华为	6.0英寸	青色	台	6	6	4	5	7
智能手机	华为	5.4英寸	黑色	台	6	8	3	6	8
笔记本电脑	华为	13英寸	银色	台	4	7	2	4	7
笔记本电脑	华为	14英寸	黑色	台	8	6	4	3	11
笔记本电脑	华为	15英寸	黑色	台	8	8	2	5	11

库存商品快速查询和分析区

商品全称	原有库存	订单库存	入库	出库	结存数量	备注

图 7-8 设置“库存商品快速查询和分析区”

步骤 2：在上述表格数据区域中新增一列，使用连接符“&”根据商品属性设置商品全称，并确保商品全称的唯一性。在 A21 单元格内设置数据验证，实现快速查找商品。

步骤 3：使用 VLOOKUP 函数和 IF 函数快速查询相关商品的库存信息及库存状态，并将查询结果逐一填入表 7-7 中。

表 7–7 商品库存信息查询结果

序号	商品全称	库存数量/台	库存状态
1			
2			
3			
4			
5			
6			
7			
8			
9			
10			
11			
12			
13			
14			
15			

步骤 4：对商品库存信息进行可视化呈现，并根据查询结果给出 9 月进货建议。

任务 2　商品采购成本分析与控制

在采购过程中，数据分析具有极其重要的战略意义，可为优化供应链、提高采购决策的准确性提供科学依据。

任务 2.1　采购认知

良好的采购管理能缩短生产周期、提高生产效率、减少库存、增强对市场的应变能力，同时可以节约资金、降低风险等。

2.1.1　采购管理的内涵

采购管理是企业为了完成生产或销售计划，从合适的供应商（Right Place）那里，在确保合适的品质（Right Quality）的前提下，于合适的时间（Right Time），以合适的价格（Right Price），购入合适数量（Right Quantity）的商品所进行的管理活动。采购管理的 5R 原则如图 7-9 所示。

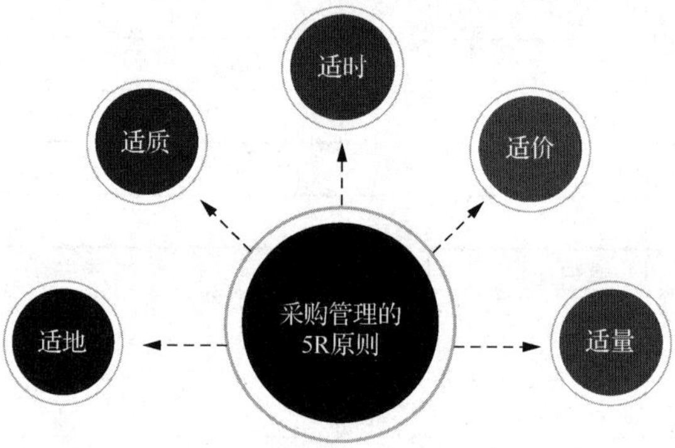

图 7–9　采购管理的 5R 原则

2.1.2　供应链管理模式下采购模式的转变

供应链管理是一种现代的、集成的管理思想和方法，是利用计算机网络技术全面规划供应链中的物流、信息流、资金流等，实行计划、组织、协调与控制，采用系统方法整合供应商、生产制造商、零售商的业务流程。供应链管理有助于提高成员企业的合作效率，使商品及服务以正确的数量、质量，在正确的时间、地点，以最佳的成本进行生产与销售。供应链管理模式下的采购模式与传统采购模式相比，发生了以下 3 个方面的转变。

（1）从为库存采购到为订单采购的转变，即通过生产订单带动采购订单，再通过采购拉动供应商订单。

（2）从内部资源管理向外部资源管理的转变，加强了企业与供应商的联系。

（3）从一般买卖关系向长期合作伙伴关系甚至战略协作伙伴关系的转变。在供应链发展环境下，买卖双方为了长久的利益愿意共同努力，降低风险。

数据思维

供应链数字化红利如何赋能电商行业发展

电商行业分层深化，数字化有效提高流量端效率。从垂直电商到内容电商，再到直播带货，电商行业不断涌现出许多新模式。虽然流量形式不断改变，但本质上流量商业的底层逻辑未变，并在新的增长中收获新的红利及新一轮变化。

第一个变化是流量增长法则失灵。新流量的开采红利逐渐消失，行业底层的增长逻辑也正在改变，精细化增长代替“流量增长”成为新的共识。

第二个变化是电商行业分层进一步深化。流量的分层：反垄断压力下，平台壁垒被打破，但公域流量到私域流量的通道变窄，导致流量分层加剧，品牌和商家运营变得更加困难。商家的分层：平台流量获取成本增加，头部商家运营困难，中小型商家又因缺乏有实力的供应链支撑而难以参与市场竞争，这使得行业格局进一步固化。

第三个变化是行业开始进入新的供给驱动阶段。当市场竞争进入供应链层面后，一些具有优质供应链渠道的中小型商家如果能找优质供应链，就能够进一步增长，这意味着，当下行业正在进入“供给驱动增长”的新阶段。

从表面上看，数据作为生产资料让流量电商变现的效率远超电商模式；从深层次看，算法数据提升了行业的供应效率，也提升了电商链条的交易效率。

2.1.3　采购计划制订的依据

采购计划在企业的多层计划中处于一个比较重要的地位，涉及整个企业物料的安全、有效采购。企业必须保证一系列有效措施的落实，才能更好地完成采购任务。编制采购计划的目的是根据企业发展情况、生产情况、销售情况以及研发情况，以尽量低的价格尽可能采购好的物料、合适的物料和获得优质的服务。制订合理的采购计划需要统筹考虑以下几个问题。

（1）供应商是否稳定。长期合作的供应商在质量、价格、服务等方面会更稳定，有助于降低采购管理成本。

（2）采购价格是否合理，有没有异常变动，将直接影响采购成本。

（3）采购时机的选择是否合理，它将影响资金的使用效益。

（4）退货比例是否合理，它反映了商品的质量和品类结构是否合理。

任务 2.2　采购数据分析

从采购数据分析入手，才能制订出合理的采购计划。采购数据分析主要包括 4 个方面：采购需求计划分析、采购成本数据分析、采购策略分析及供应商选择方法。

2.2.1　采购需求计划分析

在供应链领域，需求可以定义为“销售需求”，需求计划也可以称为“销量预测”。采购需求计划分析是基于实际销售数据对未来的销量进行预测，通常按照以下思路进行：先对过去的销量进行统计，得出以 SKU 为颗粒度的销量统计表；再分别对日常销量和活动销量进行预判，得出预测需求；然后基于时间维度汇总预测需求；最后结合市场和销售策略，定期对所有需求进行符合事实的更新。

思考练习

企业该如何制订采购需求计划

某电商企业以销售女装为主，因没有生产线，商品都需要外购。但该企业在销售过程中经常会出现销售商品供应不足或库存积压现象，在急需采购时又出现资金困难等情况，严重影响了企业销售的正常进行。

请结合实例分析以下问题。

1. 销售商品供应不足或库存积压现象的原因是什么？
2. 企业该如何制订采购需求计划？

2.2.2　采购成本数据分析

企业运营追求的是以低成本获取高利润，这就涉及资金的投入，其中占有较大比重的是采购成本。

因此，企业需要进行数据分析，找出科学的依据，采取相应的措施，有效控制采购成本，其具体分析可以从以下几个方面入手。

（1）采购成本走势分析。在进行商品采购时，商品价格会受到各种因素的影响，如图 7-10 所示。可以选择在商品价格走低时进行大量采购，以节省成本，增加利润。

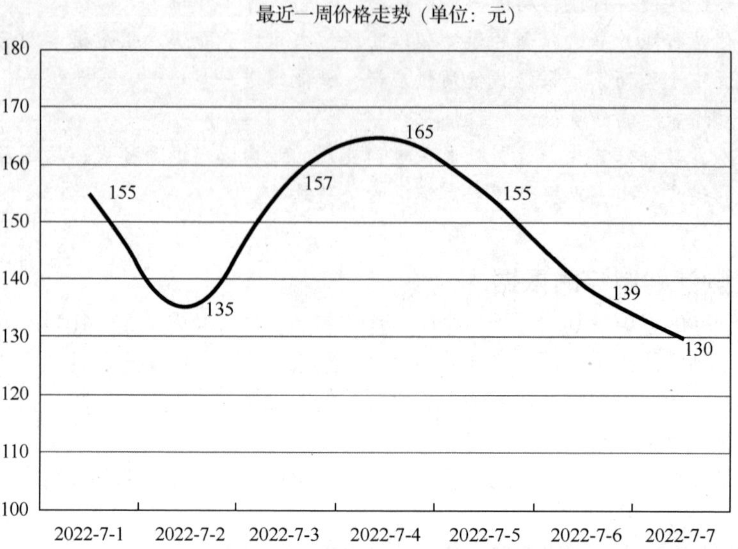

图 7-10　最近一周价格走势

（2）对不同采购渠道成本走势进行分析。对于多家供应商都能够提供的商品，可以对比以往商品的采购价格走势，如图 7-11 所示，选择向价格更低的供应商采购。

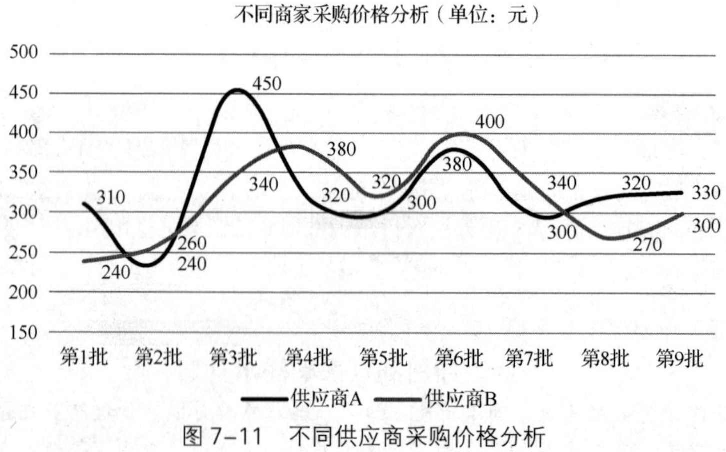

图 7-11　不同供应商采购价格分析

（3）各类商品采购金额占比分析。在运营过程中，企业一般依据市场导向制订商品采购计划，即需要参考客户的搜索量、下单量和成交量，同时因商品具有周期性，还需要考虑整体商品结构的平衡。因此，统计各类商品的采购金额，分析其占比情况，从整体上把握采购策略，可有效保持商品结构的平衡。

以某电商企业登山鞋等各类鞋子的采购数据为例，分析各类商品采购金额占比情况。

步骤 1：计算商品进货成本。打开各类商品采购金额数据表，表中记录了登山鞋等各类鞋子的采购数据，可以采用公式计算每次采购各类商品花费的进货成本：进货成本=数量×单价。将光标定位在 H2 单元格，输入对应的公式“=F2*G2”，按 Enter 键，即可计算出第一个商品的进货成本，如图 7-12 所示，再用填充柄将计算公式填充到整列，完成所有商品进货成本的计算。

H2　=F2*G2

	进货单据编号	进货日期	货物名称	货物编号	供货商名称	数量 /双	单价 /元	进货成本 /元
2	J202206-001	2022-6-3	跑步鞋	PB000001	供货商 A	8	190.00	1,520.00
3	J202206-002	2022-6-3	足球鞋	ZQ000012	供货商 B	18	420.00	
4	J202206-003	2022-6-4	跑步鞋	PB000008	供货商 A	20	200.00	
5	J202206-004	2022-6-12	登山鞋	DS000007	供货商 A	14	300.00	
6	J202206-005	2022-6-12	篮球鞋	LQ000004	供货商 B	20	600.00	
7	J202206-006	2022-6-18	足球鞋	ZQ000013	供货商 B	16	410.00	
8	J202206-007	2022-6-18	登山鞋	DS000006	供货商 A	14	280.00	
9	J202206-008	2022-6-18	跑步鞋	PB000005	供货商 A	9	200.00	
10	J202206-009	2022-6-20	登山鞋	DS000008	供货商 A	10	300.00	
11	J202206-010	2022-6-20	篮球鞋	LQ000014	供货商 B	14	580.00	
12	J202206-011	2022-6-22	登山鞋	DS000005	供货商 A	20	270.00	
13	J202206-012	2022-6-22	足球鞋	ZQ000010	供货商 B	12	400.00	
14	J202206-013	2022-6-22	跑步鞋	PB000007	供货商 A	10	220.00	
15	J202206-014	2022-6-22	篮球鞋	LQ000011	供货商 B	10	600.00	
16	J202206-015	2022-6-24	篮球鞋	LQ000004	供货商 B	22	600.00	
17	J202206-016	2022-6-24	登山鞋	DS000009	供货商 A	18	300.00	
18	J202206-018	2022-6-25	跑步鞋	PB000007	供货商 A	10	200.00	
19	J202206-019	2022-6-25	登山鞋	DS000006	供货商 A	12	320.00	
20	J202206-020	2022-6-26	登山鞋	DS000008	供货商 A	8	300.00	
21	J202206-021	2022-6-27	跑步鞋	PB000001	供货商 A	8	250.00	
22	J202206-022	2022-6-27	登山鞋	DS000003	供货商 A	14	300.00	
23	J202206-025	2022-6-27	篮球鞋	LQ000011	供货商 B	8	610.00	
24	J202206-028	2022-6-28	跑步鞋	PB000005	供货商 A	9	200.00	
25	J202206-029	2022-6-28	篮球鞋	LQ000014	供货商 B	12	600.00	

图 7–12　计算商品进货成本

步骤 2：统计商品种类。先选中当前表格，在“开始”选项卡中的“编辑”组中单击“排序和筛选”按钮，在打开的下拉列表中选择“自定义排序”选项，打开“排序”对话框，按照“货物名称”排序，如图 7-13 所示，单击“确定”按钮便可查看商品种类，有登山鞋、篮球鞋、跑步鞋和足球鞋 4 类商品，如图 7-14 所示。这种方式适用于数据量不大、商品种类不是很多的情况，如果商品种类较多，可以采用分类汇总等方式进行统计。

图 7–13　商品自定义排序

步骤 3：计算各类商品的采购金额。将 4 类商品的名称复制到一个合适的位置，然后按照类别在原表格中找到相应的进货成本，并利用 SUMIFS 函数进行求和。将光标定位在 D28 单元格中，在“公式”选项卡中的“函数库”组中选择“数学和三角函数”下拉列表中的 SUMIFS 函数，打开“函数参数”对话框，然后设置相应的参数，如图 7-15 所示。

第 1 个参数是求和区域，指需要对哪些数据进行求和，对应的是进货成本，即采购金额，选中相应的数据区域，按 F4 键取绝对值，结果为“$H$2:$H$25”。第 2 个参数指在哪个区域中找满足条件的数据，这里根据货物名称查找并取绝对值，结果为“$C$2:$C$25”。第 3 个参数是指定满足什么条件，如这里对应的是登山鞋，直接输入“"登山鞋"”。3 个参数设置完成后，单击“确定”按钮，便可计算出具体金额，然后将计算公式填充到其他商品类型，填充完成后需要逐一检查，并修改随着位置变动而发生变化的参数。这里需要逐一修改函数的第 3 个参数，依次改为“"篮球鞋"”“"跑步鞋"”“"足球鞋"”。此处也可以直接输入公式“=SUMIFS($H$2:$H$25,$C$2:$C$25,"登山鞋")”进行计算。

	A	B	C	D	E	F	G	H
1	进货单据编号	进货日期	货物名称	货物编号	供货商名称	数量 /双	单价 /元	进货成本 /元
2	J202206-004	2022-6-12	登山鞋	DS000007	供货商 A	14	300.00	4,200.00
3	J202206-007	2022-6-18	登山鞋	DS000006	供货商 A	14	280.00	3,920.00
4	J202206-009	2022-6-20	登山鞋	DS000008	供货商 A	10	300.00	3,000.00
5	J202206-011	2022-6-22	登山鞋	DS000005	供货商 A	20	270.00	5,400.00
6	J202206-016	2022-6-24	登山鞋	DS000009	供货商 A	18	300.00	5,400.00
7	J202206-019	2022-6-25	登山鞋	DS000006	供货商 A	12	320.00	3,840.00
8	J202206-020	2022-6-26	登山鞋	DS000008	供货商 A	8	300.00	2,400.00
9	J202206-022	2022-6-27	登山鞋	DS000003	供货商 A	14	300.00	4,200.00
10	J202206-005	2022-6-12	篮球鞋	LQ000004	供货商 B	20	600.00	12,000.00
11	J202206-010	2022-6-20	篮球鞋	LQ000014	供货商 B	14	580.00	8,120.00
12	J202206-014	2022-6-22	篮球鞋	LQ000011	供货商 B	10	600.00	6,000.00
13	J202206-015	2022-6-24	篮球鞋	LQ000004	供货商 B	22	600.00	13,200.00
14	J202206-025	2022-6-27	篮球鞋	LQ000011	供货商 B	8	610.00	4,880.00
15	J202206-029	2022-6-28	篮球鞋	LQ000014	供货商 B	12	600.00	7,200.00
16	J202206-001	2022-6-3	跑步鞋	PB000001	供货商 A	8	190.00	1,520.00
17	J202206-003	2022-6-4	跑步鞋	PB000008	供货商 A	20	200.00	4,000.00
18	J202206-008	2022-6-18	跑步鞋	PB000005	供货商 A	9	200.00	1,800.00
19	J202206-013	2022-6-22	跑步鞋	PB000007	供货商 A	10	220.00	2,200.00
20	J202206-018	2022-6-25	跑步鞋	PB000007	供货商 A	10	200.00	2,000.00
21	J202206-021	2022-6-27	跑步鞋	PB000001	供货商 A	8	250.00	2,000.00
22	J202206-028	2022-6-28	跑步鞋	PB000005	供货商 A	9	200.00	1,800.00
23	J202206-002	2022-6-3	足球鞋	ZQ000012	供货商 B	18	420.00	7,560.00
24	J202206-006	2022-6-18	足球鞋	ZQ000013	供货商 B	16	410.00	6,560.00
25	J202206-012	2022-6-22	足球鞋	ZQ000010	供货商 B	12	400.00	4,800.00

图 7-14　商品排序结果

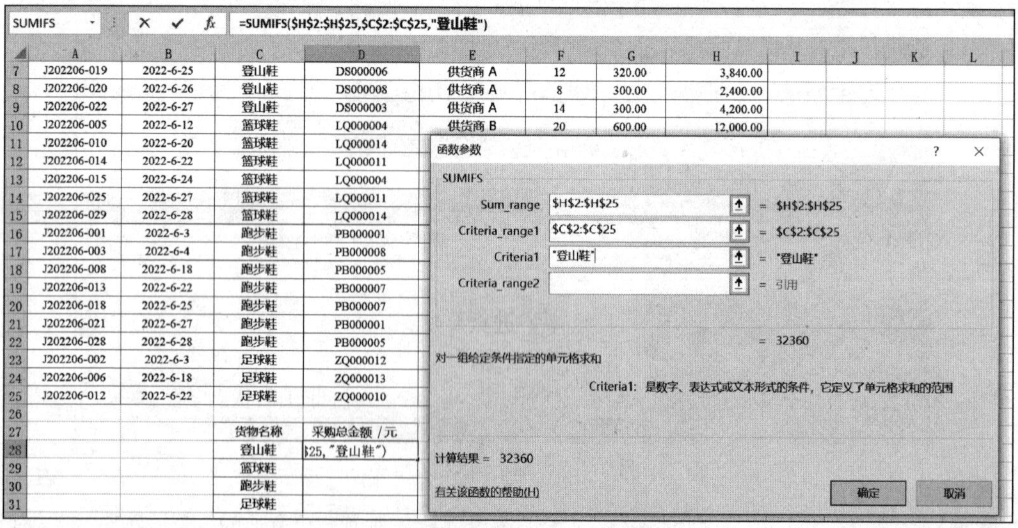

图 7-15　计算各类商品的采购金额

步骤 4：插入三维饼图。选中 C28:D31 数据区域，插入三维饼图，调整图表位置并添加标题。再选中饼图，单击鼠标右键，在弹出的快捷菜单中选择“添加数据标签”命令，默认标签是采购金额；再次单击鼠标右键，在弹出的快捷菜单中选择“设置数据标签格式”命令，打开“设置数据标签格式”任务窗格，同时选中“值”和“百分比”复选项即可，如图 7-16 所示。图表中展示了各类商品的采购金额占比情况，其中占比最高的是“篮球鞋”，占比最低的是“跑步鞋”，所以在各类商品中采购最多、卖得最好的是“篮球鞋”。由此，通过三维饼图可以直观了解各类商品的采购金额占比情况，以便从整体上保持商品结构的平衡。

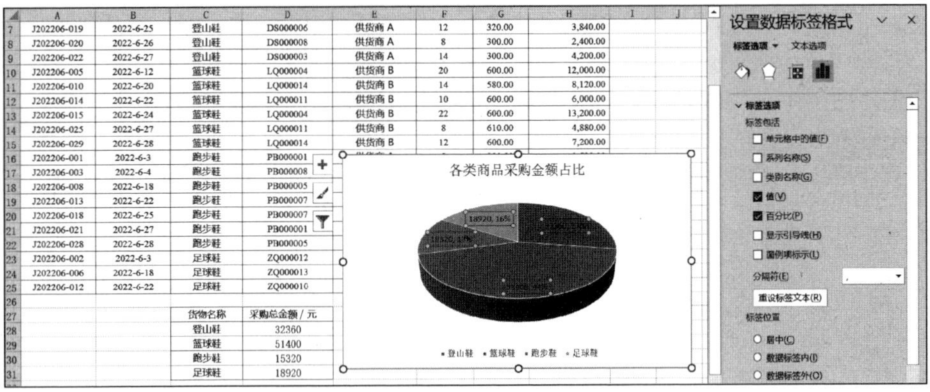

	A	B	C	D	E	F	G	H
7	J202206-019	2022-6-25	登山鞋	DS000006	供货商 A	12	320.00	3,840.00
8	J202206-020	2022-6-26	登山鞋	DS000008	供货商 A	8	300.00	2,400.00
9	J202206-022	2022-6-27	登山鞋	DS000003	供货商 A	14	300.00	4,200.00
10	J202206-005	2022-6-12	篮球鞋	LQ000004	供货商 B	20	600.00	12,000.00
11	J202206-010	2022-6-20	篮球鞋	LQ000014	供货商 B	14	580.00	8,120.00
12	J202206-014	2022-6-22	篮球鞋	LQ000011	供货商 B	10	600.00	6,000.00
13	J202206-015	2022-6-24	篮球鞋	LQ000004	供货商 B	22	600.00	13,200.00
14	J202206-025	2022-6-27	篮球鞋	LQ000011	供货商 B	8	610.00	4,880.00
15	J202206-029	2022-6-28	篮球鞋	LQ000014	供货商 B	12	600.00	7,200.00
16	J202206-001	2022-6-3	跑步鞋	PB000001				
17	J202206-003	2022-6-4	跑步鞋	PB000008				
18	J202206-008	2022-6-18	跑步鞋	PB000005				
19	J202206-013	2022-6-22	跑步鞋	PB000007				
20	J202206-018	2022-6-25	跑步鞋	PB000007				
21	J202206-021	2022-6-27	跑步鞋	PB000001				
22	J202206-028	2022-6-28	跑步鞋	PB000005				
23	J202206-002	2022-6-3	足球鞋	ZQ000012				
24	J202206-006	2022-6-18	足球鞋	ZQ000013				
25	J202206-012	2022-6-22	足球鞋	ZQ000010				

货物名称	采购总金额 / 元
登山鞋	32360
篮球鞋	51400
跑步鞋	15320
足球鞋	18920

图 7–16　各类商品采购金额占比情况

（4）各类商品采购时机分析。商品价格会随着市场变化进行动态调整，在商品价格的变动中把握最佳采购时机，可较大程度降低采购成本，增大利润空间。采购时机的把握可通过实际价格与均价的对比来实现。

仍以某电商企业登山鞋等各类鞋子的采购数据为例，通过筛选商品、计算均价、对比分析 3 个步骤，动态显示各类商品采购数据的对比结果，分析各类商品采购时机。

打开 Excel 表格，表格中记录了一个月内某企业畅销鞋类商品的采购数据，如图 7-17 所示。需要注意的是，采购时机的确定是针对同类商品而言的，不同的商品一般没有可比性，因此针对不同商品需要分别进行分析。为了动态显示分析结果，可以按照如下步骤操作。

	A	B	C	D	E	F	G	H
1	进货单据编号	进货日期	货物名称	货物编号	供货商名称	数量 / 双	单价 / 元	均价 / 元
2	J202206-004	2022-6-12	登山鞋	DS000007	供货商 A	14	300.00	
3	J202206-007	2022-6-18	登山鞋	DS000006	供货商 A	14	280.00	
4	J202206-009	2022-6-20	登山鞋	DS000008	供货商 A	10	300.00	
5	J202206-011	2022-6-22	登山鞋	DS000005	供货商 A	20	270.00	
6	J202206-016	2022-6-24	登山鞋	DS000009	供货商 A	18	300.00	
7	J202206-019	2022-6-25	登山鞋	DS000006	供货商 A	12	320.00	
8	J202206-020	2022-6-26	登山鞋	DS000008	供货商 A	8	300.00	
9	J202206-022	2022-6-27	登山鞋	DS000003	供货商 A	14	300.00	
10	J202206-005	2022-6-12	篮球鞋	LQ000004	供货商 B	20	600.00	
11	J202206-010	2022-6-20	篮球鞋	LQ000014	供货商 B	14	580.00	

图 7–17　某企业畅销鞋类商品采购数据

步骤 1：插入折线图。针对所有商品，选中“进货日期”“单价”“均价”3 列，注意此时暂不计算均价，等确定了分析商品之后再进行计算。插入二维折线图，调整图表位置和大小，设置图表标题为“各类商品采购时机分析”，如图 7-18 所示。这时图表显示的是一种非正常状态，原因是把不同的商品放在一起了。

	A	B	C	D	E	F	G	H
1	进货单据编号	进货日期	货物名称	货物编号	供货商名称	数量 / 双	单价 / 元	均价 / 元
2	J202206-004	2022-6-12	登山鞋	DS000007	供货商 A	14	300.00	
3	J202206-007	2022-6-18	登山鞋	DS000006	供货商 A	14	280.00	
4	J202206-009	2022-6-20	登山鞋	DS000008	供货商 A	10	300.00	
5	J202206-011	2022-6-22	登山鞋	DS000005	供货商 A	20	270.00	
6	J202206-016	2022-6-24	登山鞋	DS000009	供货商 A	18	300.00	
7	J202206-019	2022-6-25	登山鞋	DS000006	供货商 A	12	320.00	
8	J202206-020	2022-6-26	登山鞋	DS000008	供货商 A	8	300.00	
9	J202206-022	2022-6-27	登山鞋	DS000003	供货商 A	14	300.00	
10	J202206-005	2022-6-12	篮球鞋	LQ000004	供货商 B	20	600.00	
11	J202206-010	2022-6-20	篮球鞋	LQ000014	供货商 B	14	580.00	
12	J202206-014	2022-6-22	篮球鞋	LQ000011	供货商 B	10	600.00	
13	J202206-015	2022-6-24	篮球鞋	LQ000004	供货商 B	22	600.00	
14	J202206-025	2022-6-27	篮球鞋	LQ000011	供货商 B	8	610.00	
15	J202206-029	2022-6-28	篮球鞋	LQ000014	供货商 B	12	600.00	
16	J202206-001	2022-6-3	跑步鞋	PB000001	供货商 A	8	190.00	
17	J202206-003	2022-6-4	跑步鞋	PB000008	供货商 A	20	200.00	
18	J202206-008	2022-6-18	跑步鞋	PB000005	供货商 A	9	200.00	
19	J202206-013	2022-6-22	跑步鞋	PB000007	供货商 A	10	220.00	
20	J202206-018	2022-6-25	跑步鞋	PB000007	供货商 A	10	200.00	
21	J202206-021	2022-6-27	跑步鞋	PB000001	供货商 A	8	250.00	
22	J202206-028	2022-6-28	跑步鞋	PB000005	供货商 A	9	200.00	

图 7–18　商品采购时机分析图

步骤 2：计算均价。为了选择不同的商品进行分析，可采用筛选的方式。激活当前表格，单击“数据”选项卡中的“排序和筛选”组中的“筛选”按钮，单击“货物名称”下拉按钮，可以看到当前有 3 类商品，如图 7-19 所示。

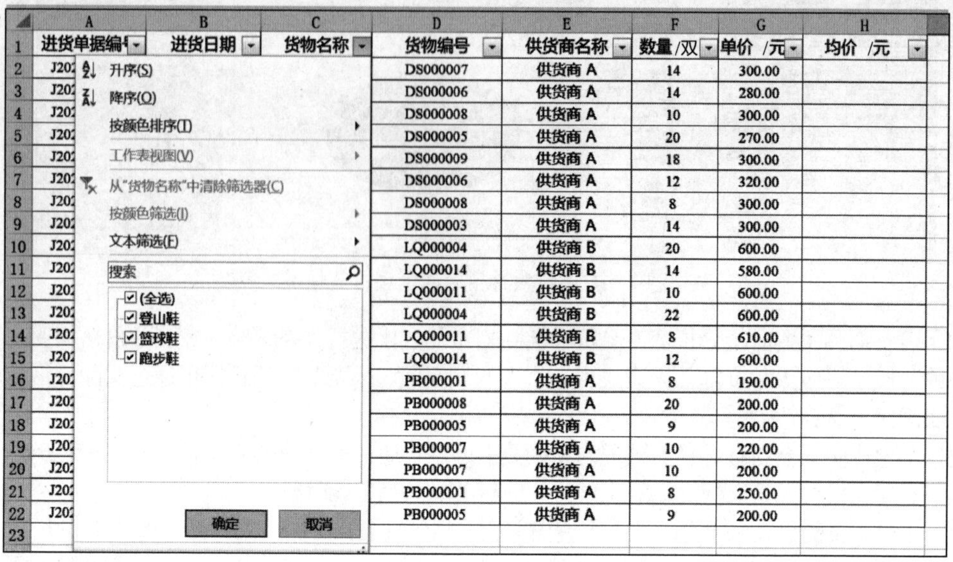

	进货单据编号	货物编号	供货商名称	数量/双	单价/元	均价/元
2	J202	DS000007	供货商 A	14	300.00	
3	J202	DS000006	供货商 A	14	280.00	
4	J202	DS000008	供货商 A	10	300.00	
5	J202	DS000005	供货商 A	20	270.00	
6	J202	DS000009	供货商 A	18	300.00	
7	J202	DS000006	供货商 A	12	320.00	
8	J202	DS000008	供货商 A	8	300.00	
9	J202	DS000003	供货商 A	14	300.00	
10	J202	LQ000004	供货商 B	20	600.00	
11	J202	LQ000014	供货商 B	14	580.00	
12	J202	LQ000011	供货商 B	10	600.00	
13	J202	LQ000004	供货商 B	22	600.00	
14	J202	LQ000011	供货商 B	8	610.00	
15	J202	LQ000014	供货商 B	12	600.00	
16	J202	PB000001	供货商 A	8	190.00	
17	J202	PB000008	供货商 A	20	200.00	
18	J202	PB000005	供货商 A	9	200.00	
19	J202	PB000007	供货商 A	10	220.00	
20	J202	PB000007	供货商 A	10	200.00	
21	J202	PB000001	供货商 A	8	250.00	
22	J202	PB000005	供货商 A	9	200.00	

图 7-19　各类商品筛选结果

选择登山鞋，即可看到图表发生了变化，呈现出常见的状态。可对图表进行完善，选择数据线，单击鼠标右键，在弹出的快捷菜单中选择“设置数据系列格式”命令，打开“设置数据系列格式”任务窗格，选中“平滑线”复选框即可将线型设为平滑线，这样更符合日常观看习惯，如图 7-20 所示。

	进货单据编号	进货日期	货物名称	货物编号	供货商名称	数量/双	单价/元	均价/元
2	J202206-004	2022-6-12	登山鞋	DS000007	供货商 A	14	300.00	
3	J202206-007	2022-6-18	登山鞋	DS000006	供货商 A	14	280.00	
4	J202206-009	2022-6-20	登山鞋	DS000008	供货商 A	10	300.00	
5	J202206-011	2022-6-22	登山鞋	DS000005	供货商 A	20	270.00	
6	J202206-016	2022-6-24	登山鞋	DS000009	供货商 A	18	300.00	
7	J202206-019	2022-6-25	登山鞋	DS000006	供货商 A	12	320.00	
8	J202206-020	2022-6-26	登山鞋	DS000008	供货商 A	8	300.00	
9	J202206-022	2022-6-27	登山鞋	DS000003	供货商 A	14	300.00	

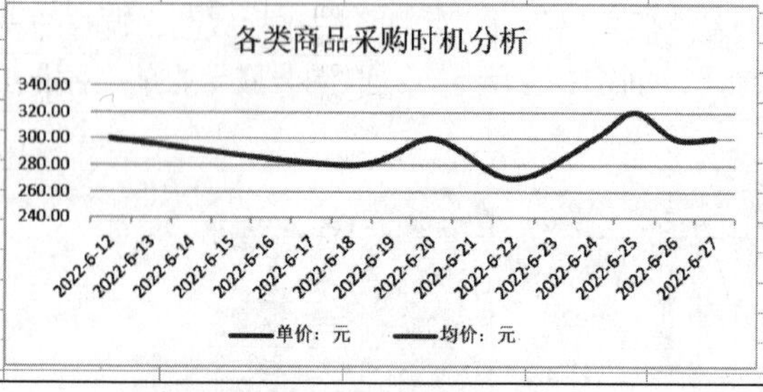

图 7-20　设置平滑线

此时已经可以看到登山鞋的价格波动情况，为了判断当前是否是合适的采购时机，还需要与均价进行对比。计算登山鞋的均价，将光标定位在 H2 单元格，在“公式”选项卡中的“函数库”组中的“自动求和”下拉列表中选择“平均值”选项，对应的数据是当前商品的单价，为了便于填充，这里采用绝对值进行计算。选中数据区域，按 F4 键即可得出结果，然后用填充柄将计算结果填充到整列，结果如图 7-21 所示。此时图表也同步更新，均价线已显示在图表中，同时添加了数据标签。

	A	B	C	D	E	F	G	H
1	进货单据编号	进货日期	货物名称	货物编号	供货商名称	数量 / 双	单价 / 元	均价 / 元
2	J202206-004	2022-6-12	登山鞋	DS000007	供货商 A	14	300.00	296.25
3	J202206-007	2022-6-18	登山鞋	DS000006	供货商 A	14	280.00	296.25
4	J202206-009	2022-6-20	登山鞋	DS000008	供货商 A	10	300.00	296.25
5	J202206-011	2022-6-22	登山鞋	DS000005	供货商 A	20	270.00	296.25
6	J202206-016	2022-6-24	登山鞋	DS000009	供货商 A	18	300.00	296.25
7	J202206-019	2022-6-25	登山鞋	DS000006	供货商 A	12	320.00	296.25
8	J202206-020	2022-6-26	登山鞋	DS000008	供货商 A	8	300.00	296.25
9	J202206-022	2022-6-27	登山鞋	DS000003	供货商 A	14	300.00	296.25

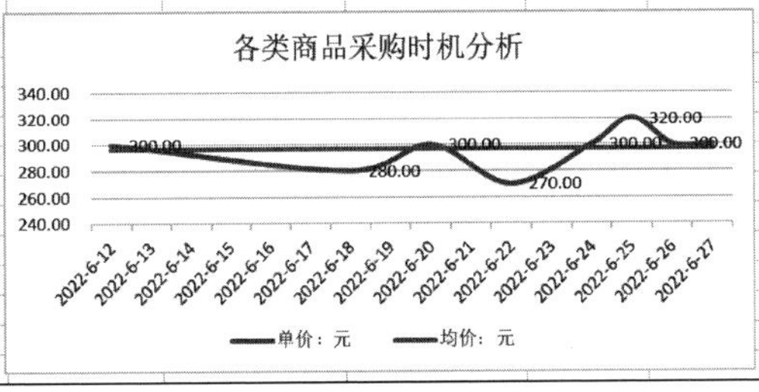

图 7-21　登山鞋均价计算

用同样的方法完成另外两类商品均价的计算，相应的图表如图 7-22、图 7-23 所示。

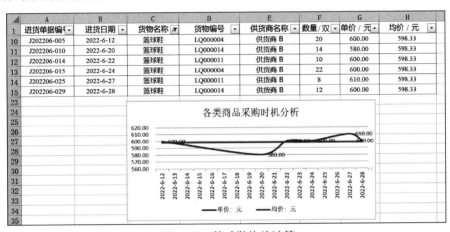

	A	B	C	D	E	F	G	H
1	进货单据编号	进货日期	货物名称	货物编号	供货商名称	数量 / 双	单价 / 元	均价 / 元
10	J202206-005	2022-6-12	篮球鞋	LQ000004	供货商 B	20	600.00	598.33
11	J202206-010	2022-6-20	篮球鞋	LQ000014	供货商 B	14	580.00	598.33
12	J202206-014	2022-6-22	篮球鞋	LQ000011	供货商 B	10	600.00	598.33
13	J202206-015	2022-6-24	篮球鞋	LQ000004	供货商 B	22	600.00	598.33
14	J202206-025	2022-6-27	篮球鞋	LQ000011	供货商 B	8	610.00	598.33
15	J202206-029	2022-6-28	篮球鞋	LQ000014	供货商 B	12	600.00	598.33

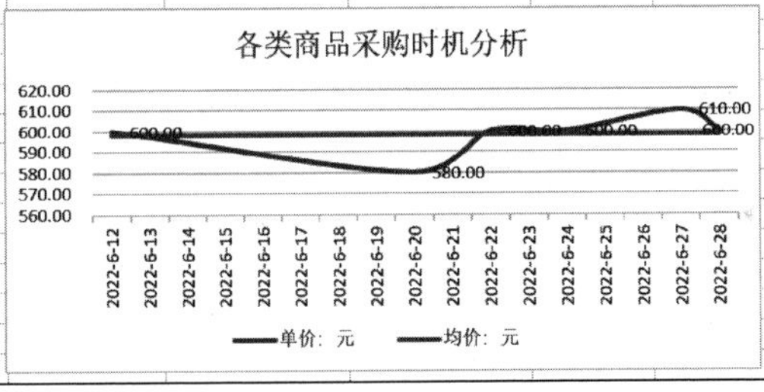

图 7-22　篮球鞋均价计算

	A	B	C	D	E	F	G	H
1	进货单据编号	进货日期	货物名称	货物编号	供货商名称	数量 / 双	单价 / 元	均价 / 元
16	J202206-001	2022-6-3	跑步鞋	PB000001	供货商 A	8	190.00	208.57
17	J202206-003	2022-6-4	跑步鞋	PB000008	供货商 A	20	200.00	208.57
18	J202206-008	2022-6-18	跑步鞋	PB000005	供货商 A	9	200.00	208.57
19	J202206-013	2022-6-22	跑步鞋	PB000007	供货商 A	10	220.00	208.57
20	J202206-018	2022-6-25	跑步鞋	PB000007	供货商 A	10	200.00	208.57
21	J202206-021	2022-6-27	跑步鞋	PB000001	供货商 A	8	250.00	208.57
22	J202206-028	2022-6-28	跑步鞋	PB000005	供货商 A	9	200.00	208.57

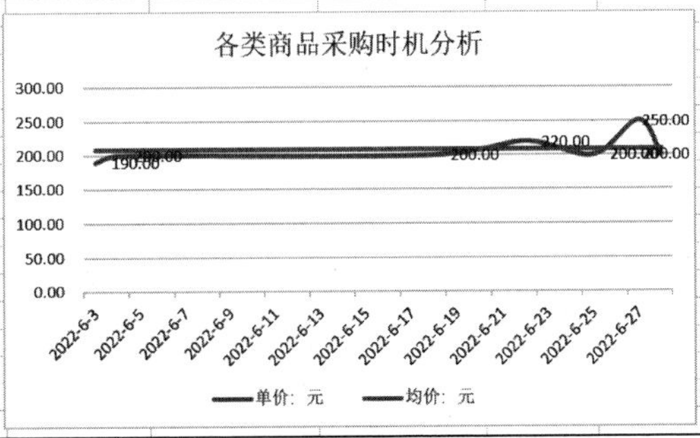

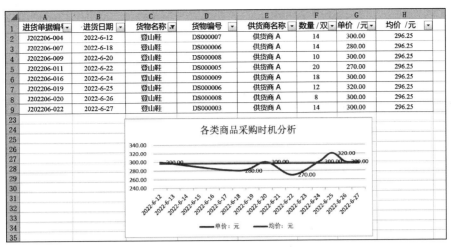

图 7-23　跑步鞋均价计算

步骤 3：对比分析。由上述图表可视化结果可知，登山鞋的单价围绕均价上下波动，在 6 月 27 日，单价略高于均价且有略微上升的趋势，如果需要补货，此时可以考虑进行采购，采购成本不会太高。篮球鞋的价格波动规律显示，当前单价接近均价，而且有明显的下降趋势，如有补货需求，可以进行跟踪观察，等到单价更低的时候再进行采购，便可将采购成本控制在更低的水平。跑步鞋价格变化规律与篮球鞋类似，当前单价略低于均价，而且有明显的下降趋势，如有补货需求，可以进行跟踪观察，等到单价更低的时候再进行采购。

2.2.3　采购策略分析

采购策略分析的目的是了解目前采购策略所处的状态，并根据状态进行调整优化，以便更好地适应企业业务的需求。

采购策略分析需要从以下 4 个方面进行。

（1）采购业务是自己做还是外包。企业需要根据供应链的利润情况，决定采购业务是由自己完成还是外包，如外包后利润能达到预期且没有额外的风险，就可以选择外包形式。

（2）供应商选择。企业需要根据业务情况及总成本决定是单一供应商供货还是多方供货。如果是多方供货，要制定明确的供应商选择机制，如招投标、直接谈判等。

（3）供货方式选择。选好供应商后，企业还需要根据运营需要确定供货的形式，如供应商直接代发、先集中采购再自行发货等。

（4）关注与采购相关的指标，如付款期、供货质量、服务质量等，从而不断优化采购业务。

2.2.4　供应商选择方法

与传统的供应商和企业的关系不同，供应链环境下的企业更强调与供应商建立长期、稳定的合作关系，主张通过双方的共同努力实现目标。它们之间追求信息共享、风险共担、相互依存，企业的供应商选择除了要考虑价格因素，供应商的优质服务、技术革新以及产品设计等方面也是选择的重要依据。

供应商的选择方法有很多，归纳如下。

（1）定性选择法：主要通过招标、直观判断及协商选择进行。

（2）定量选择法：主要包括采购成本法与作业成本法。

（3）定性与定量相结合的选择方法：主要包括神经网络算法、层次分析法与数据包络分析法。

数据安全

强化供应链安全保障工作，保护关键信息基础设施安全

《关键信息基础设施安全保护条例》（以下简称《条例》）自 2021 年 9 月 1 日起施行，标志着国家对关键信息基础设施保护工作的制度设计已经完成，关键信息基础设施保护工作进入新阶段。

保障关键信息基础设施安全的一个很重要的方面是确保关键信息基础设施使用的网络产品和服务的供应链安全。网络产品和服务供应链安全风险在当前日趋严峻的网络安全形势下日益突出，一旦出现问题，就会给关键信息基础设施带来严重危害。2020 年 12 月 13 日，FireEye 发布了关于“太阳风”供应链攻击的通告，某基础网络管理软件的更新包中被黑客植入后门。该事件波及范围极大，超过 250 家美国联邦机构和企业受到影响。总体而言，供应链安全存在以下 4 个方面的主要风险。

（1）网络产品和服务自身安全风险，以及被非法控制、干扰和中断运行的风险。

（2）网络产品及关键部件生产、测试、交付、技术支持过程中的风险。

（3）网络产品和服务提供者利用提供产品和服务的便利条件非法收集、存储、处理、使用用户相关信息的风险。

（4）网络产品和服务提供者利用用户对产品和服务的依赖损害网络安全和用户利益的风险。

《条例》第十九条明确“运营者应当优先采购安全可信的网络产品和服务；采购网络产品和服务可能影响国家安全的，应当按照国家网络安全规定通过安全审查”。为控制关键信息基础设施供应链安全风险，国家陆续出台了相关制度，建立并不断完善供应链安全保障体系。一是网络安全审查制度，二是云计算服务安全评估制度，三是网络关键设备和网络安全专用产品安全检测认证，四是加强关键信息基础设施供应链安全管理和督促检查的制度。

《条例》的发布划定了关键信息基础设施的范围，明确了运营者、保护工作部门，以及有关网络安全职能部门的职责，为开展关键信息基础设施供应链安全工作提供了制度保障。

2.2.5　任务实战：各类商品采购金额占比分析

任务目标

1. 能够统计同类商品的采购金额。
2. 能够对比各类商品采购金额所占的比重，以此确定下一步的采购策略。

任务背景

某销售女装的电商企业需要采购下一季度的商品，为了从整体上把握采购策略，有效保持店铺商品结构的平衡，需要对各类商品采购金额占比情况进行分析。现整理前期的各类商品采购数据，如图 7-24 所示。

	B	C	D	E	F	G
1	进货日期	货物名称	供货商名称	数量 / 件	单价 / 元	进货成本 / 元
2	2022-5-2	衬衣	供货商 A	24	200.00	
3	2022-5-3	衬衣	供货商 A	8	250.00	
4	2022-5-4	衬衣	供货商 A	8	190.00	
5	2022-5-8	休闲套装	供货商 A	14	300.00	
6	2022-5-10	休闲套装	供货商 A	12	320.00	
7	2022-5-12	休闲套装	供货商 A	14	300.00	
8	2022-5-12	职业套装	供货商 B	22	600.00	
9	2022-5-15	职业套装	供货商 B	20	600.00	
10	2022-5-17	衬衣	供货商 A	9	200.00	
11	2022-5-18	衬衣	供货商 A	9	200.00	
12	2022-5-18	休闲套装	供货商 A	14	280.00	
13	2022-5-20	休闲套装	供货商 A	20	270.00	
14	2022-5-20	职业套装	供货商 B	14	580.00	
15	2022-5-22	休闲套装	供货商 A	18	300.00	
16	2022-5-23	职业套装	供货商 B	12	600.00	
17	2022-5-24	休闲套装	供货商 A	10	300.00	
18	2022-5-25	衬衣	供货商 A	10	220.00	
19	2022-5-25	休闲套装	供货商 A	8	300.00	
20	2022-5-25	职业套装	供货商 B	10	600.00	
21	2022-5-26	衬衣	供货商 A	10	200.00	
22	2022-5-27	职业套装	供货商 B	8	610.00	

图 7–24　各类商品采购数据

任务分析

为了对各类商品采购金额占比情况进行分析，首先需要通过排序、分类汇总等方式统计出商品种类；然后应用 SUMIF 函数准确完成对各类商品采购金额的有条件求和；最后采用三维饼图呈现各类商品采购金额占比情况的可视化效果，并进行占比情况分析。

任务操作

步骤 1：计算进货成本，计算公式为“进货成本=进货数量×单价”。

步骤 2：统计商品种类，可采用简单排序或分类汇总的方式。

步骤 3：在原表空白处建立各类商品采购金额计算区域，然后使用 SUMIF 函数分别计算各类商品的采购金额，如图 7-25 所示。

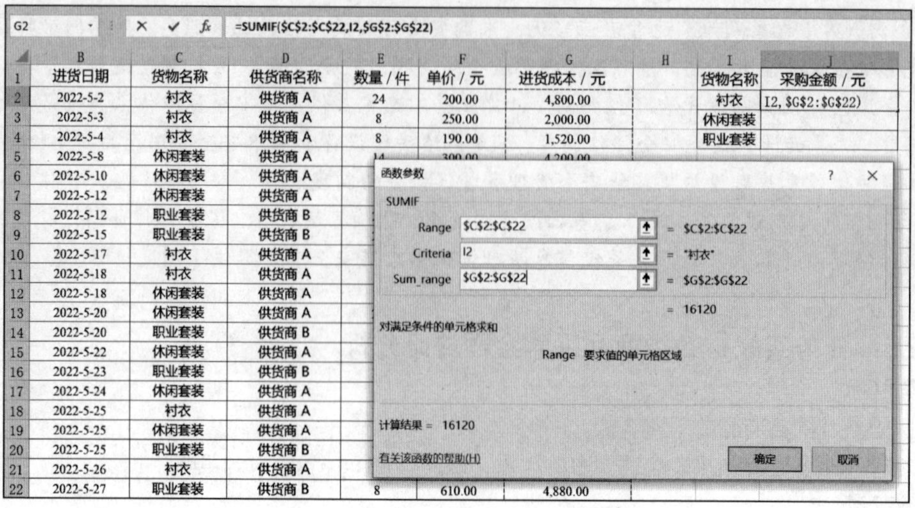

图 7–25　各类商品采购金额计算

步骤 4：选择各类商品采购金额，插入三维饼图，根据饼图分析各类商品采购金额占比情况，完成表 7-8。

表 7–8　　各类商品采购金额占比情况分析

商品名称	采购金额/元	占比	占比情况分析